KB271044

한국 근대 산문의 계보학

The Genealogy of Korean Modern Prose

　이 책의 목표는 한국 근대 산문에 대한 계보학적 탐색이다. 근대 산문은, 흔히 떠올리는 수필뿐 아니라 여행기·일기·전기·자서전·서한문 등을 포함하며, 좀더 범위를 확장하면 법률서·역사서·과학서·지지(地誌)·교과서·학술논문 등도 포괄한다. 이 다양한 산문적 상징체계는 변화하는 사회 환경과 매체 환경, 그리고 이념, 지식, 제도, 기관 등과 밀접한 관련을 가지면서 다기한 형태로 분화되었고, 기능을 전환시켜 나갔다. 나의 기본적인 관심사는 그러한 '관계'와 '과정'이다.

　여행기에 대한 연구에서 가장 중시한 것은 근대성과 여행기 양식 사이의 '관계'의 양상이었다. 여행기는 단순히 근대화의 산물이나 그것을 반영한 재현양식이 아니라 근대 세계를 모양 짓고 추진했던 사회적, 문화적 실천행위의 일부였고, 또 그에 대한 의식적/무의식적 개입이었다. 여행기의 실험적 전환 과정은, 그것이 대상을 전유하고 해석하는 방식을 변화시키고 궁극적으로 대상을 구성하는 방식을 변화시켜간 과정이었다. '중국'이나 '서양', 또는 '국토'가 이미 있었기 때문에 여행기가 씌어질 수 있었던 것이 아니라 그것들이 여행기에 의해 생산되었다고 말할 수 있다. 나는 여행기를 문화적 기능의 견지에서 해석하고 설명하고자 했다.

수필에 대해서는 그 개념이 구축된 '과정'에 초점을 두었다. '수필'이 특정한 글쓰기 양식을 가리키는 용어로 등장한 것은 1920년대 중반 이후이며, 그것은 1930년대를 거치면서 하나의 장르로 자리 잡았다. 나는 수필이라는 '장르'가 확정되기 이전 '수필적'이라고 말할 수 있는 글쓰기가 형성되는 과정을 1920년대 초 동인지에 실린 글을 통해 살펴보았다. 또 1930년대에 수필에 대한 서로 다른 생각을 대표한 김기림과 이태준의 수필론에 대한 연구를 바탕으로, 수필에 대한 대표적인 관념들이 형성되는 과정을 1930년대 후반 문학 담론의 변화와 재배치 과정과 연관하여 설명하고자 했다. 나는 '수필'이 형성된 역사적 과정을 추적했다.

3부에서는 여성 작가 네 명의 수필에 대한 평론을 실었다. 수필 연구는 보통 작가의 문체 양상에 대한 연구에 그치는 경우가 많다. 그러나 수필 텍스트를 사회적 힘으로부터 절연된 자율적인 언어 형식으로 간주하여 개인적 문체나 형식미학적 관점에서 접근한 연구들은 수필에 대한 이해를 심화하는 데 그다지 효과적인 역할을 하지 못한다. 여기서 나는 박완서·한무숙 등의 산문 글쓰기를 수필 담론의 이론적 구조와 역사적 전개 안에 배치하여 그 특징과 의미를 설명하려고 노력했다.

연구의 설계도가 명료하지 않았고 또 4년이라는 비교적 오랜 기간에 걸쳐 씌어졌기 때문에, 이 책에는 여러 가지 문제점이 있다. 먼저, 2부에 묶인 모든 글에 여행기에 대한 문제의식이 일관되게 적용되었다고는 할 수 없다. 그리고 3부에서 수필에 대한 연구가 '개념 구축 과정'의 주위만을 계속 맴돌았다는 반성을 하게 된다. 수필이 등장하여 변화해 간 맥락이 문학 담론의 변화라는 틀만으로는 해명되지 않는다는 생각을 하게 된 것은 최근이다. 4부에서도 작가들의 글쓰기를 수필 담론의 전개 속에서 비정한 결과가 어떤 중요한 '의미'를 도출하는 데까지 나아가지는 못한 듯싶다.

　나는 위와 같은 한계를 총론을 통해 보완하고자 했다. 이 책에 실은 글 가운데 가장 마지막에 씌어진 1장은 그간의 연구를 바탕으로 작성된 일종의 연구 계획서이다. 여기서 나는 근대 산문의 형성과 양식적 분화 과정을 비단 형식적 측면뿐만 아니라 수사적 · 이데올로기적 측면에서도 바라볼 수 있는 시각을 제시하고자 했다. 또 산문 연구에 문화 연구, 담론 연구, 그리고 글쓰기와 수사학 연구의 방법을 도입할 수 있는 가능성을 타진해 보았다. 검토와 질정을 바란다.

　첫 책을 내기까지 도움을 준 많은 분들께 감사의 인사를 드린다. 부족한 제자를 힘껏 가르쳐주신 연세대 여러 선생님들께 진심으로 감사드린다. 지난 몇 년 간 함께 자료를 읽고 토론을 했던 포럼－사이 친구들과 상허학회 동인지 읽기반 친구들에게도 고마움을 전하고 싶다. 이 연구는 거기서 시작되었고 그들에게서 힘을 얻었다. 연세대 사회교육원 수필반에서 인연을 맺었던 분들의 격려도 큰 힘이 되었다. 여기저기 부족한 곳을 메워 책을 만들어주신 소명출판 박성모 사장님과 편집부장님께도 감사드린다. 마지막으로 가족들에게 고맙다는 말을 전한다.

2004년 11월

김 현 주

차례

한국 근대 산문의 계보학

책머리에 · 3

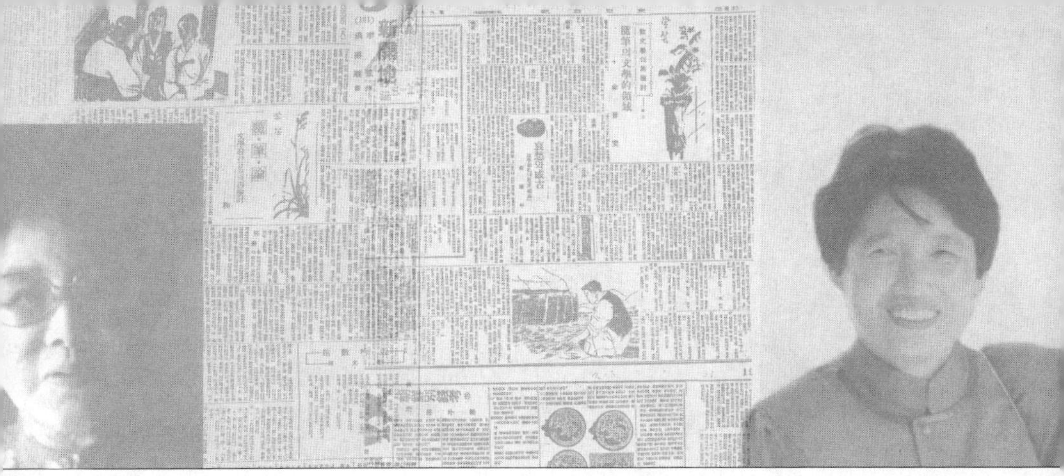

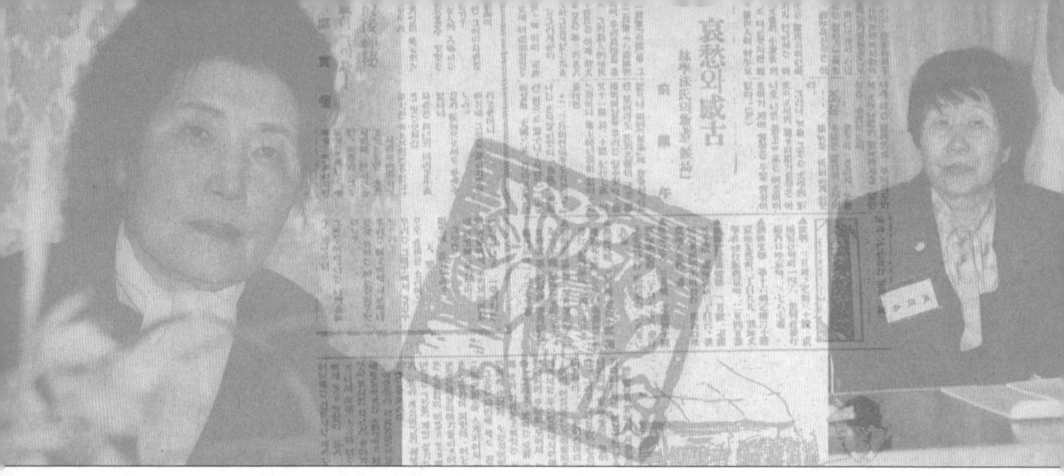

1 부

총론

제1장 한국 근대 산문 연구의 시각과 가능성

한국 근대 산문 연구의 시각과 가능성

이 장은 책에 묶인 논문들의 시각과 방법론을 제시하는 서론이라기보다 그것들을 바탕으로 새로운 연구를 계획하는 단계의 산물이다.

앞의 세 절은 역사적 논의에 가깝다. 여기서는 근대 초에 신문과 잡지 등 정기간행물을 통해 등장하여 발전해 나간 다양한 산문들의 형식적·수사적·이데올로기적 특질과 그 변천 과정을 바라보는 하나의 시각을 제시하고자 했다. 뒤의 세 절은 이론적 논의에 가깝다. 여기서는 산문 연구의 최근 경향을 문화 연구, 담론 연구, 그리고 글쓰기라는 주제를 중심으로 개괄하면서 새로운 방법론의 적용 가능성을 시험해 보고자 했다.

역사적 논의가 앞서고 이론적 논의가 그 뒤를 뒤따르는 이러한 구성은, 구체적인 지점에서 출발하여 거기서 제기된 문제들을 설명하고 해결하는 방향을 찾아나가려 한 데 따른 것이다. 이 책에 묶인 논문들은 여행기와 수필 등을 문학제도·담론·글쓰기·지식·수사학이라는 주제들과 관련하여 탐구한 결과인데, 이제 연구는 시각과 방법론을 좀더 분명하게 정립해야 할 시점에 와 있다. 이 장은 아직 구체적이고 체계적인 설계에는 이르지 못한, 소박한 검토와 모호한 제안에 머물러 있지만, 이후 연구의 계획서에 해당한다.

1. 근대와 공론장, 그리고 시민의 글쓰기

'글을 쓰고 읽는 행위가 한 공동체 안에 작용하고 있는 여러 관계와 조건들을 어떻게 구성하는가'라는 관점에서 볼 때, 근대화 과정에서 가장 주목할 만한 현상 가운데 하나가 대중 출판문화의 등장이다. 신문을 비롯한 근대적 출판물이 본격적으로 등장하면서부터 작가·지식인들은 정보, 지식, 오락, 그리고 사회적·정치적 논평에 대한 광범위한 독자 대중의 요구를 의식하고 그에 적극적으로 대응해야만 하게 되었다. 시장 중심의 문학 체계가 작가·지식인들에게 전체 사회를 대상으로 발언할 수 있는 특정한 공적 공간을 제공했다는 것은 동아시아와 서구에서 어느 정도 보편적으로 확인되는 현상이다.[1]

근대 초 지식인·작가들의 '전체 사회를 향해 이야기하기'의 경험은 특정한 글쓰기 양식의 발생과 밀접한 관련이 있다. 1890년대 후반 이후 10여 년 동안 주로 신문이라는 근대적 매체를 통해 다양한 단편 서사물들이 등장하였다. 서사적 논설과 논설적 서사,[2] 또는 시사 토론체, 우의

---

1) 근대적 의미의 공공성 개념과 사회 전체를 향한 새로운 의사소통 양식의 형성에 대해서는 위르겐 하버마스, 한승완 역,『공론장의 구조변동』, 나남출판, 2001, 95~133면; 여건종,「공공영역의 수사학—근대 시민사회의 형성과 소설의 발생」,『안과밖』, 영미문학연구회, 1997, 8~31면; 김동식,「한국의 근대적 문학개념 형성과정 연구」, 서울대 박사논문, 1999, 8~22면 참조
2) '논설'과 '서사'의 결합 양상과 그 변화에 대해서는 김영민,『한국근대소설사』, 솔,

체, 기사체, 풍자 단편3) 등으로 분류·정의되고 있는 이 서사물들은 상류층에서 아주 낮은 층까지를 포괄하는 다양한 유형적 인물의 창조, 본보기가 될 만한 행동이나 인물에 대한 기술, 사회의 여러 모습에 대한 객관적이고 충실한 묘사, 대화와 토론, 당대에 유행하고 있는 습관이나 풍속에 대한 지적·도덕적 논평 등으로 특징지어진다.

중요한 것은, 위와 같은 새로운 글쓰기 양식을 역사적 관점에서 어떻게 정의할 것인가라는 문제이다. 위의 대표적인 두 가지 분류는 형식적 특질에 초점이 맞춰진 일종의 양식적 분류이다. '논설'을 '논(論)'과 '설(說)'이라는 전대 한문학의 전통 속에서가 아니라 하나의 새로운 의사소통양식으로 정의하려는 시도도 있지만, 이때에도 '논설'은 시가·대화체·정치소설과 나란히 놓인 하나의 양식을 가리키는 명칭에 가깝다.4) 한문학 전통에서나 근대 이후의 전개 과정에서나, '논설'은 특정한 형식 혹은 양식을 가리키는 제한적 의미를 벗어나기가 어렵다. 요컨대 '논설'이나 그 밖의 여러 가지 양식 명칭은, 1890년대 후반 이후 등장하여 성장해 나간 새로운 산문들을 누가, 누구를 대상으로, 어떤 목표와 전략에 의하여 썼으며, 그것은 어떤 기능과 역할을 했는가라는 질문에 대한 답을 담는 그릇이 되기 어렵다.

단편서사물을 포함하여, 한국에서 1890년대 후반부터 신문과 잡지라는 근대 미디어를 통해 번성해 간 다양한 산문 글쓰기 양식들을 비단 형식적 측면에서뿐만 아니라 수사적·이데올로기적 측면에서도 설명해 줄 수 있는 새로운 개념이 필요하다. 지금까지 이런 요구가 제기되지 않

1997; 정선태, 『개화기 신문 논설의 수용 양상』, 소명출판, 1999 참조

3) 네 가지 단편 서사 양식에 대해서는 한기형, 『한국 근대소설사의 시각』, 소명출판, 1999, 11~50면 참조.

4) 김동식은 '논설'이 '인쇄혁명이 가져온 대중매체의 산물이며 공공성의 변화를 가장 단적으로 보여주는 글쓰기이며 새로운 공공성이 스스로를 정당화하는 담화 영역으로서, 그 자체가 계몽의 기획을 대표하는 양식'이라고 설명했다. 김동식, 앞의 논문, 23~27면 참조.

은 것은, 그것들을 문학이나 소설이 되지 못한 과도적 형식이나 결여태로 보는 관점이 지배적이었기 때문이다. 그것들에 대해 '어떤 과정을 거쳐 문학(소설)으로 발전했는가' 또는 '문학(소설)으로 발전할 어떤 가능성을 내포하고 있었는가'라는 질문을 제기하는 것은, 문학주의적·형식주의적 태도라는 아쉬움을 남긴다. 무엇보다 그러한 질문은 기원과 목표의 동일성에 의해 지배되는 '(문학 또는 소설의) 역사'를 구성하려는 욕망에 의해 산출된 것이다. 실제로 서사적인 논설이나 기사체 단편 서사는 '소설'로 흡수되면서 자취를 감춰버린 것이 아니며 『혈의 누』나 『무정』이 등장한 시점에서 그것들의 역사적 기능과 역할이 완전히 끝난 것도 아니었다. 『소년』과 『청춘』 같은 초창기 종합잡지에 실리거나 거기서 모집되었던 시문(時文), 시보(時報), 통신(通信), 문단(文壇)이나 독자투고 역시 부분적으로는 위와 같은 성격을 잇고 있었다.5) 이런 점에서, 근대소설의 선조였을 뿐만 아니라 그와 더불어 발전해 나간 산문적 글쓰기 양식들에 대한 '역사적' 시선과 규정이 요구된다.

　여기서 참조하고 싶은 것은 '시민담화(civil discourse)'라는 개념이다. 시민담화는 17세기 말부터 18세기 초 영국에서 형성된 다양한 형태의 산문 장르를 일컫기 위해 사용된, 잠정적인 역사적 장르명이다. 시민담화는 공유된 가치에 근거한 새로운 동질적 공동체를 만들려는 부르주아 계몽주의 지식인의 문화적 기획을 수행한 담화양식으로서, 한 사회의 여러 가지 삶의 모습을 포괄적으로 재현해보고자 하는 사회적 형식이면서, 그 삶의 여러 모습에 대한 비판적 성찰과 개입이었고, 그러한 재현과 비평 행위를 통해 사회를 어떤 특정한 모습으로 변화시키려는 수사적 행위이기도 했다. 여기에는 초기 근대 산문의 많은 하위 장르들—신문 에세이, 기행문, 출판된 편지, 일기, 피카레스크 형식의 산문 이야기, 그리고

---

5) 『소년』은 독자로부터 감회, 견문, 일기, 풍토기, 시사, 서한 등을 모집했으며, 이어서 『청춘』은 "특별 현상문예"로 '자기의 근황을 보지(報知)하는 문(文)'과 '고향의 사정을 록송(錄送)하는 문(文)'을 모집했다.

영국 소설의 발생을 주도했다고 평가되는 헨리 필딩과 토비어즈 스몰렛의 초기 소설들—이 포함된다. 시민담화라는 잠정적인 역사적 장르의 설정은 영국을 비롯한 서구에서 근대소설—특히 사회비판소설—과 그 장르적 모태가 되는 다양한 형태의 근대 산문 양식들이 공유하고 있는 형식적·수사적·이데올로기적 특질들을 살펴볼 수 있는 효과적인 원근법을 제공해준다.

계몽주의 장르로서 '시민담화'는 근대사회로의 이행기에 권위 관계의 구조적 재편을 이끈 강력한 사회적 주체 가운데 하나였다. 근대 시민사회의 등장이 가져온 가장 중요한 변화는, 대중이 사회 속의 여러 관계와 조건들을 이해하고 받아들이거나, 혹은 거부하고 저항하는 양식을 시민사회의 자율적 공간 안에서 창출해 냈다는 점이다. 이러한 새로운 형태의 공적 공간이 바로 '공론장'이다. 하나의 규범적 이상(理想)으로서 공론장은, 비판적·이성적 담화 능력을 가진 시민들이 공통의 관심사에 관해 대등하게 논의를 하는, 지배와 종속의 관계에서 자유로운 해방의 공간을 가리킨다. 이 '공동의 광장'에서는 비판적 이성이 유일한 통제원칙이자 기본원칙이 된다. 이성은 "지속적인 (지적) 비평"과 "끊임없는 (도덕적) 비판"을 통해 그 자신을 최고의 권위로 확립시켰는데, 이 새로운 종류의 공적 권위는 근대 출판문화에 의해 제공된 독특한 문화적 공간을 통해 구성되었다. 다시 말해 시민담화는, 근대사회의 재판관이자 입법자로서 부르주아 지식인·작가들이 사회를 통제할 수 있는 공적 권위를 확립하는 과정의 산물이자 그 과정을 추진했던 힘의 중요한 일부였다. 일반사람들의 일상적인 생활세계로의 비판적 개입을 통해 시민담화는 부르주아 도덕 입법의 중요한 제도로 자리를 잡았다.[6]

---

6) 근대 공론장 또는 공공영역에 대해서는 위르겐 하버마스, 한승완 역, 『공론장의 구조변동』, 나남출판, 2001, 79~93면 참조. '시민담화'에 대해서는 여건종, 「공공영역의 수사학—근대 시민사회의 형성과 소설의 발생」, 『안과밖』, 영미문학연구회, 1997, 8~31면 참조.

근대적 공론장의 이상과 그 안에서 도덕적·지적 비판이 획득하는 공적 권위에 대한 의식은, 1910년대 후반 이광수의 「신생활론」이나 「부활의 서광」 같은 글에 뚜렷하게 표명되고 있다. 이 글들에 의하면, 첫째 "비판"은 나의 "눈"과 "이성"에 의거하여, 즉 개인의 관찰력과 판단력에 의거하여 '정치·윤리·법률·습속 같은 사회 제반 현상의 선악진위를 아는' 인식작용이다. 즉 비판이란 "관찰"과 "추리"의 주체로서 '나'를 자각한 위에서 행해질 수 있는 인식과 판단의 작용이다. "독단과 미신"에 대척되는 것으로서 '비판'은 특히 "진보의 근본적 동력"이자 "문명인의 최대한 능력이며 자랑"으로 강조되었다. 둘째, '비판'은 "발표"되어야 하고, "교환"을 포함한 여러 가지 "경로를 통과하는 동안에" 편견과 오류가 교정되며, 이 과정에서 "도태"되거나 "신임"된다. 다시 말해 개인의 판단은 공공의 광장에서 발표·교환·시험·평가의 과정을 거쳐야 하고 여기서 타당성을 검증받음으로써만 "여론"으로 형성될 수 있는 것이다. 셋째, 비판은 과거와 현재의 정치·윤리·법률·습속을 "비평 판단"함으로써 궁극적으로 새로운 정치·법률·윤리·습속을 만들어내는 역할을 한다. '비판'은 말하자면 '사회'의 자율적인 반성 기제이자 입법 기관인 것이다.[7]

이 시기 이광수의 글은 문학·예술·정치·종교·경제·교육 등 다양한 영역에 나타난 '사회적' 현상을 진단하고 해석하고 또 그에 대하여 해결책을 제시하는 현실 비평의 성격을 띠었다. 예를 들어 「야소교의 조선에 준 은혜」, 「금일 조선 야소교회의 결점」, 「신생활론」 등은 '야소교'를 조선 "사회의 대(大)현상"으로 파악하고, 이에 대해 "비판"과 "평론"을 가하고 "토론"을 시도한 글쓰기였다.[8] 비평의 권위는, '국가'가 입국

---

7) 이광수, 「신생활론」(1918), 『이광수 전집』 17, 삼중당, 1963, 519~520면. 「부활의 서광」
   (1918), 같은 책, 36~37면에도 '나'와 '정신(이성)의 자각'과 '비판'의 관계에 대한 같은
   내용의 구절이 있다. 이 장에서 이광수의 글은 삼중당판 『이광수 전집』에서 인용하였
   으며 의미전달에 필요하다고 판단된 경우에만 한자를 그대로 표기하였으며, 『이광수
   전집』 ○○, ○○면으로 표기하였음을 밝혀둔다.

의 종지에 위배되는 종교를 '권력'으로 금할 수 있다면, "사회의 여론은
그 正義라 하는 바로 此(민족의 이상에 위배되는 종교-인용자)를 誅"할 수
있다는 명제에 의거한다.9) 또「조혼의 악습」,「자녀중심론」,「혼인에 대
한 관견」 등은 가정이라는 '새로운' 사회적 영역에서 불거지고 있는 문
제들에 대해 비판과 토론을 시도한 글쓰기였다. '사회' 현상에 대해, '사
회'의 관점에서, '사회' 안에서 '비판'하고 '토론'하는 기관으로서의 글쓰
기는 '(사회)비평' 혹은 '(사회)평론'으로 정의될 수 있다.10)

　　1910년대 후반 이광수의 글쓰기에서 '비평'이 근대적 개인의 '이성'
능력에 입각한 '비판'의 글쓰기로 성립했다면, '소설'은 근대적 개인의
'감정' 능력에 입각한 '동정(同情, sympathy)'의 글쓰기로 성립했다. 1910년
대 이광수의 소설적 글쓰기를 대표하는『무정』은 '정(情)'과 '동정(同情)'
을 중심으로 감정교육의 문제를 주제화한 서사이다. 여기서 '동정'은 감
정의 윤리적 판단 능력 또는 그 활동을 가리키는 개념으로서,『무정』에
서 인물들은 동정의 능력을 발휘함으로써 보편적인 인간으로서 '사람'
이 되고, 또 다른 인물들이 '사람'임을 발견할 수 있게 된다. 근대적 의
미의 '사회'는 바로 이러한 능력을 가진 '사람'들에 의해 형성될 수 있는
새로운 형태의 결합체였다.『무정』에서 형상화된 것은, '사회'를 형성·
유지·발전시킬 수 있는 새로운 감정 경험 혹은 감정 규칙으로서 '동정'
이 형성되는 과정이었다.『무정』의 서사목표는 '동정'이었다.11)

---

8) 이광수,「신생활론」(1918),『이광수 전집』17, 545면;「금일 조선야소교회의 결점」
　　(1917), 같은 책, 20면.

9) 이광수,「신생활론」(1918),『이광수 전집』17, 1963, 545~546면. 사회와 국가의 구분은
　　도덕적 자율과 법률적 강제의 차이에 의거하며, 이때 사회는 자율적으로 도덕적 규율
　　화가 이루어지는 영역으로 설정된다.

10) 1910년대 후반 이광수의 비평적 글쓰기가 가진 의미에 대해서는 김현주,「이광수의
　　문화 이념 연구」, 연세대 박사논문, 2002, 92~98면 참조.

11)『무정』에서 '동정'의 의미와 역할에 대해서는 김현주,「1910년대 '개인', '민족'의 구
　　성과 감정의 정치학-이광수의『무정』을 중심으로」,『현대문학의 연구』22, 한국문학
　　연구학회, 2004.2;「문학·예술과 '동정(同情)'-이광수의『무정』을 중심으로」,『상허학
　　보』12, 상허학회, 2004.2 참조.

요약하자면, 1910년대 후반에 자유로운 '개인'과 그들의 자율적인 결합체로 상상된 '사회'가 스스로 주체됨을 표명한 글쓰기 형식이 바로 '비평'과 '소설'이었다. 비평은 근대적 개인의 '이성' 능력에 입각하여 '비판'의 전략을 구사했으며, 소설은 근대적 개인의 '감정' 능력에 입각하여 '동정'의 전략을 구사했다. 비평과 소설은 모두, 사람들의 사고와 행위를 구속하고 있는 실정화된 도덕과 습속, 그리고 종교의 독단적 권위를 '불신하고, 거부하고, 제한하고, 그 적절한 한도를 모색하며, 변형시키고, 그로부터 탈피하려는' 방식이었다. 이광수는, 객관적이고 보편적이며 초월적인 진리성을 주장하는 법률, 종교, 도덕의 글쓰기와 경쟁할 글쓰기로서 비평과 소설을 실천했다고 할 수 있다. 1910년대 후반 이광수의 비평적 글쓰기와 소설적 글쓰기는 '사회'와 '개인'이라는 근대적 주체의 등장과 깊은 관련을 맺고 있었다.[12]

소설과 비평을 포함하여, 자신의 사회를 가능한 한 포괄적으로 재현하고 일반대중의 일상적 삶에 개입하여 비판적 논평을 가하며 이러한 재현행위와 비판행위를 통해 사회를 동질적인 공동체로 만들려는 문화적 욕구를 공유한 시민의 글쓰기는 1920년대 초『개벽』에서 정점을 이룬 것으로 보인다.『개벽』은, 제1차 세계대전이 끝난 1918년 경 등장하여 1919년 이후 대중운동과 무장투쟁으로 비약하였으며 언론과 출판, 집회와 결사의 상대적 자유를 바탕으로 발전한 새로운 정치문화를 반영하는 동시에 그것을 형성해 나간 강력하고도 영향력 있는 기관이었다. 형식적·이데올로기적·수사적 측면에서 볼 때,『개벽』에 실린 소설들과 보고형·감상형(수필형)·대화형·우화형 기록 서사들은 1890년대 이래 신문과 잡지를 통해 번성해 온 시민적 글쓰기의 가장 발전된 형태이다.[13]

---

12) 1910년대 후반 이광수의 소설 / 비평과 '사회'의 관계에 대한 총괄적인 논의는 김현주, 「'사회'와 비평 / 소설」,『근대문학연구』10, 한국근대문학회, 2004.9 참조.

13) 최수일은『개벽』에 실린 소설과 기록서사물의 특징으로 현실성(현실 원칙)에 입각한 외부 세계의 객관적 재현을 들었다. 최수일, 「1920년대 문학과『개벽』의 위상」, 성균관대 박사논문, 2002, 123~203면 참조.

한편『개벽』은 시민적 글쓰기가 자신의 권위를 위협받는 상황에서 그에 대해 어떻게 대응해갔는지를 보여주고 있기도 하다. 1920년대 초에는 공중의 확대와 더불어 화해되지 않는 이해관계들이 공론장 영역으로 쇄도했다. 인쇄매체와 집회와 거리에 다양한 목소리들이 흘러넘쳤다. 이에 따라 창간호에서 '다수 인민의 소리를 반영한다'고 천명했던『개벽』은 1922년에 들어서자 다수 인민으로부터 '논의할 자격이 있는 공중'을 분리하고 구제하려 했다. 예를 들어 김기전은 사람을 재산과 지식의 유무에 따라 유산유식자, 유산무식자, 무산유식자, 무산무식자 등으로 분류하고, 이들 가운데 무산유식자와 유산유식자의 '불량분자', 그리고 그들의 "암유(暗誘)"와 "충동(衝動)"에 넘어간 "군중"을 공론장에서 배제하고자 한다.14) 또 이돈화의「여론의 도」라는 글에서는 '여론'이 이미 문제적인 것이 되어 있다. 이 글에서 여론은 비관용적이고 자의적이라는 비판을 받고 있으며, 이는 곧 여론의 '공정성'과 '도덕'에 대한 강조로 나아갔다. 다양한 대중의 침투에 의해 "공중"이 약화되자마자 '공중의 자결'이라는 이념은 반박당한 것이다.15)「민족개조론」을 비롯하여,『개벽』에 실린 이광수의 글들은 시민적 글쓰기의 전환과 해체의 한 경로를 인상적으로 표현하고 있다.

2. 산문의 문학성 논의

1920년대 초반을 거치면서 소설·시·희곡·비평 등이 스스로의 장르적 특질을 확립해 간 것과 나란히, 산문적 글쓰기 양식 가운데 일부를

---

14) 김기전,「봄날의 雨露를 밟으면서」,『개벽』22, 1922.4, 47~48면.
15) 이돈화,「여론의 道」,『개벽』21, 1922.3, 4~13면.

문학 안에 수용하고 그 원리에 의거해 설명하려는 시도가 나타났다. 이광수는 맨 처음 문학적 산문의 장르적 특질을 정의하고 산문의 문학화를 실천한 인물이다.

이광수는 근대문학에 대한 체계적 설명을 시도한 글 「문학(文學)이란 하(何)오」에서 문학의 종류를 '산문문학'과 '운문문학'으로 나누고 산문문학을 다시 논문, 소설, 극, 산문시로 나누었다. 이광수가 산문문학 가운데 맨 먼저 소개한 것이 '논문'이었다.

> 논문 毋論 정치적 급 과학적 논문을 指함이 아니라 소설가가 소설로, 시인이 시로 발표하려는 바를 소설과 시의 기교적 형식을 취하지 아니하고 '말하듯이' 발표함을 謂함이니, 陶淵明의 歸去來辭, 蘇軾의 赤壁賦, 屈原의 離騷經 등 古來 所謂 문학이라던 者의 大部와 서양에 칼라일·에머슨 등의 저서와 如한 者가 此에 속하니라. 此 외에 근대에 新成한 一體가 有하니, 즉 비평문 又는 평론문이라. 人이 문학적 작품, 즉 소설, 시, 극 등에 표현된 主旨를 自家의 頭腦 中에 一旦 溶入하였다가 更히 自家의 論文으로 발표함을 謂함이니, 현대 문학계의 一半을 占하니라.16)

위 글에서 이광수는 '산문문학'의 한 분야로서 '논문'을 '정치적'·'과학적' 논문과 구분한다. 그가 말하는 논문은, 보편적 규범을 표방하는 법률이나 객관적 지식을 표방하는 과학에 토대를 둔 글쓰기와는 매우 다른 것이다. 또 그것은 1890년대 이래 신문을 통해 발전했던, 공론장의 발생과 의사소통 양식의 변화를 반영하는 '정론적 논설'과도 완전히 동일하지 않다. 「문학이란 하오」에서 '논문'은 문학비평을 포함한, 비-허구 산문문학 전체를 가리키는 하나의 장르 명칭이었다.

1920년대에는 '논문'의 장르적 특질에 대한 논의가 더욱 진척되었는데, 이는 같은 시기에『창조』·『폐허』등 문학 전문 동인지를 중심으로 진행된 장르들의 특성화 과정과 병행하여 이루어졌다. 이들 동인지에서

---

16) 이광수, 「문학이란 하오」(1916),『이광수 전집』1, 513면.

'자유시'는 겉으로 드러나는 율격적 질서가 없이도 '시'가 성립될 수 있다는 새로운 사고를 반영하고 있는 용어였다. 근대시가 전대(前代) 시와 변별점을 마련하고 장르적 독자성을 확보한 논리는, 그것이 주체의 자유로운 '내면'을 드러내는 형식이라는 점에 있었다. 한편 소설과 관련해서 중시된 것은 작가의 '관찰력'이었다. '묘사'라는 어휘는 '현실성', '사실성', '객관성' 같은 관념과 결합해 있었으며 넓게는 소설의 구상과 기술 자체를 가리키기도 했다. 소설적 자질과 기법은 '심각한 관찰과 묘사'였다. 그리고 비평도, 객관성 대 주관성, 작가 대 비평가의 논쟁을 통과하면서 스스로의 자리를 모색하고 있었다.17) 비슷한 시기 이광수의 '논문'에 대한 논의에서 가장 먼저 눈에 띄는 것은, '논문'에서 '(문학)비평'이 제외되었다는 점이다. 「문학에 뜻을 두는 이에게」에서 이광수는 '문사(文士)'를 '창작가'와 '(문학)비평가'로 나누고, 창작가를 다시 시인, 극작가, 소설가, 논문작가로 나누어 설명했다.

다 같은 창작가에도 극히 예민하며 운율의 재능이 있는 이는 시인이 될 것이오, 인생의 관찰과 분석에 예리한 눈을 가지고 또 상상력이 극히 풍부한 자로 劇을 좋아하고 잘하고 원하는 자는 극작가가 되고, 소설을 그러하는 자는 소설작가가 될 것이외다. 그리고 다 같이 인생의 관찰과 분석에 예리하고 다 같이 자연이나 인생에 대하여 민감하더라도 이를 운율 맞게 표현하거나, 상상력에 訴하지 아니하고 다소 이지적 요소를 많이 넣어 평론 비슷이 쓰기를 좋아하는 이는 논문작가 될 것이외다. (논문이라면 말이 적당치 아니합니다만은 나는 영어로 Essay라는 것을 지칭합니다.) 카알라일, 에머슨 같은 이는 영문학에 유명한 논문작자 Essayist외다. 한문에도 離騷經이나 赤壁賦나 滕王閣序 같은 것은 다 여기 속할 것이니 이것을 小品文이라 하면 긴 글도 있으니 적당치 아니하고, 賦라 하면 다소의 운율이 필요하니 그도 적당치 아니하고 논문이라 하면 신문·잡지의 정치적 논문도 논문, 모든 과학적 논문도 논문인 즉 논문이라 함도

---

17) 동인지에서 시·소설·비평이라는 각각의 장르가 스스로를 특성화한 논리에 대해서는 김행숙, 「1920년대 초기 개별 장르의 특성화 논리 연구」, 『민족문화연구』, 고려대 민족문화연구소, 2002 참조.

적당치 아니하나, 가령 에머슨의 에세이를 예로 들면 역사론, 연애론, 교우론, 이 모양으로 동양 말로 번역할 때에 論자 달릴 것이 많으니, 이 의미로 논문이라 할 것이외다. 아마 문학적 논문이라 하면 좀더 적당할는지 모르겠습니다.[18]

위 글에 따르면, (문학적) 논문의 작가, 곧 에세이스트는 시·소설·희곡 작가와 마찬가지로 인생과 자연의 관찰·분석에 예리하고 감성이 예민해야 한다는 점에서 동일하다. 그렇지만 에세이는 시의 운율이나 소설·희곡의 상상력에 대비하여 특히 '이지적 요소'가 강조되는 장르이다. '비평'과 분리되었음에도, 논문은 그와 비슷한 형식으로 이해되고 있는 것이다.

「문학에 뜻을 두는 이에게」에서 에세이가 문학 비평을 제외한, 비―허구 산문문학 전체를 가리키는 하나의 '장르' 명칭이었다면, 「조선 문단의 현상과 장래」에서 그것은, 기행문·감상문과 함께, 비―허구 산문 '장르'에 포함되는 하나의 '양식'을 가리키는 용어가 되었다.

이상에 열거한 것(소설·시·극·평론―인용자) 외에도 엣세이, 기행문, 감상문 같은 것은 마땅히 창작과 같은 대우를 받아야 옳을 것이다. 그런데 아직도 우리의 문예 비평에 이것이 오르지 아니하는 것을 유감으로 알거니와, 특히 엣세이에 관하여서는 한 말을 하고 싶다. 영문학에서도 매클리, 카알라일, 에머슨의 에세이는 문학의 일종의 형식으로 누구나 아는 바어니와 동양에서는 '唐宋八大家文' 같은 것은 여기 속하는 것이오 조선의 한문으로 문학도 詩 외에는 대부분 여기 속한다. 옛날에는 소설이나 극은 정당한 문학으로 치지 아니하고 도리어 庶孼로 여겼다.

'엣세이'는 인생의 구원한 理想(愛, 우정, 행복 등)을 題로 삼아 理智와 情意에 직접으로 (소설이나 시는 간접이라 할 수 있다) 訴하는 특색이 있다. 특히 이것은 동양인에게는 극히 적당한 문학의 형식이라고 본다.[19]

---

18) 이광수, 「문학에 뜻을 두는 이에게」(1922), 『이광수 전집』 16, 53면.
19) 이광수, 「조선문단의 현상과 장래」(1925), 『이광수 전집』 16, 94면.

위 인용문에서 특히 주목할 점은 에세이가 '이지적(理知的)' 성격뿐만 아니라 '정의적(情意的)' 성격도 가진 형식으로 이해되고 있다는 것이다. 비슷한 시기에 씌어진 「문학강화」에서도 에세이가 "事物에 대한 感激과 憧憬을 말하고자 하는 慾求를 表現하는" 형식으로 정의되고 있는 것을 보면,[20] 에세이를 포괄적인 의미의 장르가 아니라 하나의 양식으로 규정하면서 특히 감정을 중요시하게 되었음을 알 수 있다.

더불어 지적해 둘 것은, 이광수의 논문 혹은 에세이에 대한 논의가 영문학 지식에 토대를 둔 한편, 중국과 조선의 한문학 전통에 대한 재발견을 수행하고 있으며, 궁극적으로 조선문학의 현재를 진단하고 미래를 전망하는 방향으로 나아가고 있다는 점이다. 에세이에 대한 논의는 영미문학의 칼라일, 에머슨, 그리고 매클리의 에세이와, 「귀거래사」·「이소경」·「적벽부」·「등왕각서」 같은 중국의 한문학, 그리고 조선의 한문학을 연결시키고 있으며,[21] 이를 바탕으로 이광수는 조선문학이 나아갈 길을 제시하고자 했다.

1910년대 후반기에서 1920년대 전반기에 걸쳐 이루어진 이광수의 '논문'론 혹은 에세이론은 시·소설·비평이라는 핵심 장르 주위에 흩어져 있는 다양한 산문 양식의 문학적 가능성과 독자성을 설명하려는 시도였다. 요약하자면, 에세이는 다양한 하위 양식들을 가진 장르 명칭으로부터 그 안에 포함되는 하나의 양식 명칭으로, 그리고 이성보다 정의(情意), 즉 감정과 의지를 강조하는 쪽으로 변화하고 있다. 또 에세이의 목표는 '인생의 관찰과 분석'에서 '인생의 이상 추구'로 이동하고 있다. 에세이가 다른 장르와 변별되는 지점은, 그것이 인간의 지·정·의 가운데 특히 감정에 '직접 호소할 수 있는' 형식이라는 데 있었다.[22] 1920년대 전

---

20) 이광수, 「문학강화」(1924), 『이광수 전집』 16, 66면.
21) 이광수, 「문학이란 하오」(1916), 『이광수 전집』 1, 513면; 「문학에 뜻을 두는 이에게」 (1922), 『이광수 전집』 16, 53면; 「조선 문단의 현상과 장래」(1925), 『이광수 전집』 16, 94면.
22) 1920년대 이광수의 문화(문학)적 이상과 '엣세이'의 관계에 대한 더 자세한 논의는 김

반기 이광수의 에세이론은, '재현'과 '논평'에 초점을 둔 산문 글쓰기의 분화 및 전환이 시작되었음을 알리고 있다.

3. 수필이라는 문제

산문적 글쓰기의 분화와 전환을 알린 더 결정적인 표지로 1920년대 후반에서 1930년대에 걸쳐 이루어진 '수필'의 등장과 정착을 들 수 있다. 1920년대 초 동인지들에는 감(感)·감상문(感想文)·단상(斷想)·상화(想華)·소품(小品)·일기(日記)·기행문(紀行文)·산문시(散文詩)·서간(書簡) 등의 이름으로 다양한 비—허구 산문들이 있다. 그리고 몇 해 지나지 않아 일반 잡지와 문예지들에는 편집진의 요청에 의해, 보통 기획특집의 형식으로, '감상', '소품', '일기와 수감(隨感)', '감상·수필' 같은 표제 아래, 문인이나 지식인들이 동일한 소재나 주제를 두고 비교적 짧고 가벼운 산문을 쓰는 관행이 형성되었다.『조선문단(朝鮮文壇)』의 경우에 보이듯, 독자의 투고 모집 장르에도 감상문·소품문·서간체·일기문·기행문이 설정되어 있었다.『조선일보(朝鮮日報)』를 보면, 1927년 하반기부터 수상록(隨想錄)·수감수상(隨感隨想)·만필(漫筆)·감상(感想)·일기(日記)·수필(隨筆)·만담(漫談)·잡감(雜感)·잡필(雜筆) 등이 크게 늘어나며, 이 가운데 수필이라는 명칭이 뚜렷이 부상한 때가 1931년경임을 알 수 있다. 이런 종류의 글이 다시 한번 크게 증가하고, 단행본 수필집이 간행되고, 그에 대한 평론이 등장하는 것은 1938~39년경이다. '수필'의 등장과 정착은, 그때까지 존재했던 다양한 산문 양식들 가운데 적어도 일부는 이

현주, 「이광수의 문화 이념 연구」, 연세대 박사논문, 2002, 164~178면 참조.

제 더 이상 '과도적'이거나 '잠정적'인 형식이기를 멈추었다는 사실을 드러낸다.[23)]

현재 한국문학에서 '수필'은 '서정적 에세이'라는 꽤 특정한 글쓰기 양식에서부터 '논픽션'이나 '교술'이라는 장르류까지를 지칭하는 폭넓은 용어로 쓰이고 있다. 특히 국문학계의 연구에서는 수필을 후자의 의미로 사용하는 경향이 강한데, 이럴 경우 수필에 대한 연구는 공시적·통시적으로 매우 방대한 작업이 된다. 논픽션에 속하는 글쓰기 양식은 일기, 서간에서 기행문이나 기록·보고문, 비평문까지 포괄한다. 뿐만 아니라 개개 양식의 구체적인 실현 양상이 매우 다양하기 때문에 특정 시기에 한정하더라도 연구의 범위가 광대하고 거기서 어떤 일반적인 규칙이나 원리를 찾아내기가 어렵다. 통시적으로 연구할 때 역시 최초의 기록문학에까지 소급될 정도로 그 역사가 장구하다. 이런 점에서 수필이라는 대상 자체가 일목요연한 이론화와 역사의 구성에 저항하는 것으로 보이기도 한다.

수필에 대한 그간의 연구가 봉착한 이러한 난국은 상당 부분 장르류 개념으로서의 수필 이해와 관련이 있다. 물론 이러한 진단이 곧 장르류 개념의 무의미성이나 수필사 연구의 부재를 뜻하는 것은 아니다. 서구에서 정립된 포괄적 문학론이 수용됨으로써 산문의 문학성을 설명할 수 있게 되었으며, 수필 역시 문학의 한 장르로 자리매김되었다.[24)] 그리고 고전 수필사[25)]와 근대 수필사[26)]가 꽤 여러 편 저술되었다. 문제는 수필

---

23) 1930년대를 거치면서 수필은 하나의 독자적인 장르로 성립했다. 이에 대한 더 자세한 논의는 이 책의 3부 '수필 개념의 계보학' 참조

24) 1970년대부터 진행되어 온 조동일의 장르 이론 연구와 이를 한국 문학에 적용한 연구가 대표적인 업적이다.

25) 국어국문학회의 『수필문학연구』(백문사, 1979)와 장덕순의 『한국수필문학사』(새문사, 1984)가 대표적인 업적으로 꼽힌다.

26) 개항부터 1920년대까지의 수필사가 오창익(「1920년대 한국 수필문학 연구」, 중앙대 대학원, 1985)과 정주환(「한국근대수필의 문학사적 연구」, 우석대 대학원, 1996)에 의해 씌어졌다.

에 대한 그간의 연구에서 장르의 이론과 역사의 측면이 통일적으로 제기된 적이 거의 없다는 데 있다. 이 말은 역사 연구가 이론 연구에 일방적으로 의존하고 있는 현황을 지적하는 것인데, 체계 시학에 토대를 둔 장르 이론에 역사 연구가 의존한다는 것은 사실 어불성설이다. 왜냐 하면 체계 시학의 근저라고 할 수 있는 구조주의적 사유 자체가 역사 구성에 대한 강한 불신을 세계관적 특징으로 하는바, 구조주의적 문학 이론은 문학사에 무력할 수밖에 없기 때문이다.[27] 체계 시학적 이론에 의존해온 수필사 연구는 답보 상태에 머물 수밖에 없었다.

수필사 연구가 안고 있는 역사성의 결여라는 한계가 수필을 '유아'인 동시에 '노인'으로 만들어 버렸다. 고대나 중세 나아가 오늘날까지 똑같은 성격을 유지하고 보존한 장르가 되어 버림으로써, 수필은 유아기에 머물러 있는 동시에 노년기를 맞고 있는 장르가 된 것이다. 이 장르의 특징은 현실 대응력의 미비 혹은 상실이다. 이는 문학의 다른 장르들, 예를 들어 똑같이 산문문학에 속한 소설이 '성숙한 성인'의 문학으로 대접받고 있는 것과는 현격히 다른 점이다. 차이는, 하나의 역사적 장르로서 소설의 역사철학적 의의와 현대문학으로서의 가치 및 특성이 부단히 연구되고 주목받아 왔던 반면, 수필은 그렇지 못했다는 점과 무관하지 않다.

그렇다면 수필도, 소설과 마찬가지로, 역사적으로 새로운 문학 형식이라고 할 수 있을까? 이 질문은 두 가지 문제를 내포하고 있다. 하나는 수필이 독자적인 하나의 문학 형식이라고 할 수 있는가라는 문제이며, 다른 하나는 수필이 역사적인 새로움을 표현하는 문학 형식이라고 할 수 있는가라는 문제이다. 수필의 '이론'과 '역사'를 통일적으로 연관시켜 제기하고 있는 위 질문은 당연히 '장르'에 대한 특정한 견해를 논의의

---

27) 구조주의 문학 이론과 문학사의 관계에 대해서는 토도로프, 『구조시학』, 문학과지성사, 1977, 117~123면 참조. 여기서 토도로프는 "역사적 시학은 시학에서 가장 덜 다듬어진 분야"라고 말하면서, 구조주의 이론에 입각한 문학사 연구의 어려움을 우회적으로 표현한 바 있다.

토대로 취하고 있다. 여기에서 장르란 보편적이고 항구적인 문학의 유형이나 장르류가 아니라 역사적 장르를 가리킨다. 장르에 대한 이해는 장르의 본질에 대한 이론적 파악뿐만 아니라 그것의 역사적 전개에 대한 인식이 갖추어져야만 온전해질 수 있다. 다시 말해 하나의 장르에 대한 연구는 이론적인 동시에 역사적이어야 한다는 것이다.[28]

　현대 장르 이론의 한 축을 구성하는 역사 시학적 입장은 근대에 이르러 헤겔에 의해 정초된 것이다. 헤겔의 관점을 비판적으로 계승한 루카치·벤야민·아도르노 등의 장르 연구는 한결같이 소설과 비극 등 역사적 장르들을 대상으로 했으며 '장르의 미적 범주와 문학적 형식의 본질에 바탕하는 동시에 그것과 역사의 내적 연관성을 찾으려' 했다.[29] 이러한 시각을 계승한 한 예로 이언 와트의 『소설의 발생』을 들 수 있다. 그는 이 책의 1장 「리얼리즘과 소설 형식」 첫 머리에서 "소설은 새로운 문학 형식인가?"[30]라는 질문을 던졌다. 그에 의하면, 소설은 과거의 산문으로 된 이야기, 예를 들어 그리스의 허구 또는 중세나 17세기 프랑스의 허구와는 다른, 디포우와 리처드슨과 피일딩에 의해 시작된 새로운 문학 형식이다. 18세기 영국 소설은 르네상스 이래 서구 문명의 광대한 변환으로부터 귀결된 철학적·문학적 혁신과 나란히 나온 표현으로서, 그것을 이전의 산문 허구와 구별하는 명확한 특성은 '리얼리즘'이다. 그는 당시의 문화적·사회적 상황 조건을 검토함으로써 철학적 리얼리즘의 특징과 일치하는 소설의 발생을 증명했다. 요컨대 이언 와트는 소설이 18세기 영국 사회가 낳은 역사적으로 새로운 장르라고 말하고 있는 것

---

28) 루카치에 의하면, 장르는 미학적 범주의 본질과 문학적 형식의 본질에 바탕하면서 동시에 역사적으로 규정되는 것으로서 '지속'과 '변화'의 양면성을 가진 것이다. 게오르그 루카치, 반성완 역, 「서문」, 『소설의 이론』, 심설당, 1985, 15~16면 참조.

29) 현대 장르 이론과 그것의 한 축을 형성하는 역사 시학의 장르 이론에 대해서는 최유찬, 『문학과 사회』, 실천문학사, 1994, 235~248면 참조.

30) 이언 와트, 전철민 역, 『소설의 발생』, 열린책들, 1988, 17면. 이언 와트의 『소설의 발생』 전체 내용이 이 질문에 대한 대답이라고 할 수 있다.

이다.31)

  오발디아(Claire De Obaldia)는 이언 와트의 위 책을 거론하면서, 이언 와트의 연구는 에세이가 역사·철학적으로, 그리고 어느 정도로는 형식적으로 리얼리스틱한 허구, 즉 근대소설과 비슷한 예술 형식이라는 점, 둘 다 부르주아 개인주의의 발달과 더불어 발전한 것이라는 점을 간접적으로 확증하고 있다고 말하고 있다. 오발디아에 따르면 프랑스와 영국의 전통 둘 다에서 에세이와 그것의 친척들(편지·대화·명상 등)은 이언 와트에 의해 묘사된 새로운 철학의 가장 직접적인 문학적 매개체였다. 그것들은, 경험에 기초를 둔 지식을 신뢰하며 인간의 자연스러운 판단능력에 우선권을 주고 일상생활과 평범한 사람을 탐구의 중심에 두는 철학의 새로운, 더욱 대중적인 매체였다. 오발디아에 따르면, 소설과 에세이는 모두 르네상스 이래 서구 문명의 광대한 변화로부터 귀결된 철학적·문학적 혁신의 국면에서 발생했다.32)

  수필을 하나의 역사적 장르로 본다는 것은, 그것을 특정한 사회·역사적 조건에서 태어난 특정한 상징 체계 혹은 의사소통 형식으로 파악한다는 것을 의미한다. 물론 산문적 글쓰기의 연원은 기록문학의 탄생기로까지 거슬러 올라갈 수 있고, 고대나 중세에도 수필의 특성을 구성하는 다양한 요소들의 존재를 확인할 수 있다. 그러나 고대의 신화·전설·민담 등 허구적 서사물이 곧 근대소설의 성격과 기능을 설명해 줄 수 없는 것처럼, 고대의 산문이 근대 수필의 성격과 기능을 설명해 줄 수는 없다. 한국에서 '수필'은, 1920년대에서 1930년대를 거치면서 시민적 글쓰기가 분화하고 또 그 성격이 전환되어 가는 과정에서 형성된, 하나의 역사적 장르이다. 따라서 수필의 등장과 변화에 대한 연구는 이 시기의 사회적·문화적 조건과의 상호 관계라는 관점에서 진행될 필요가 있다.

---

31) 이언 와트, 전철민 역, 『소설의 발생』, 열린책들, 1988, 17~47면 참조.
32) Claire De Obaldia, *The Essayistic Spirit*, New York : Oxford University Press, 1995, pp.12~15 참조.

4. 산문학과 문화 연구의 방법론

1920년대 후반 이후 '수필'이라는 이름을 달고 발전해 나간 특정한 장르와, 그 주위에 광범위하게 흩어져 있는 일기·기행·서간·전기·자서전·감상문 등은 사회적 관계 및 문화적 조건의 변화와의 상호관계 속에서 검토될 필요가 있다. 산문 연구에서 개개 텍스트들은 하나의 문화적 형식으로 다루어져야 한다. 문화적 형식이란 '특정한 공동체 안에서 작용하는 다양한 관계와 조건들을 이해하고 확인하고 받아들이고, 때로는 거부하고 수정하는 사회적 의미생산행위의 양식'을 의미한다. 여기서 '문화'는 상징체계 혹은 의사소통양식이라는 의미의 문화이다. 따라서 산문학(散文學)은 다양한 산문적 상징체계 혹은 의사소통양식의 수사적·형식적·이데올로기적 특질이 형성되고 변화해간 과정을 그 역사적 조건과의 관계를 통해 규명하는 것을 목표로 한다. 방법론적 측면에서, 근대 산문 연구의 핵심적인 문제는 두 가지 범주, 즉 근대성과 산문적 글쓰기 양식 사이의 '관계' 양상이다.

여행기는 아주 오래 전부터 존재해 온 형식이지만 1890년대 후반 이후 씌어지고 발표된 여행기는 근대사회의 생활과 의식을 반영할 뿐 아니라 그것을 생산하고 구성한 새롭고도 중요한 문화적 형식이었다. 근대 여행기는, 1890년대 서양에 대한 체계적이고 전체적인 앎이라는 계몽주의적 열정을 반영하고 있는 유길준의 『서유견문(西遊見聞)』, 1900년대 최남선의 『소년』을 통해 전면화된 번역 인문지리학에 기반한, 지식으로서의 관념적 여행기, 1910년대 신문과 잡지, 도로와 기차, 그리고 우편·통신제도라는 근대 미디어를 토대로 실현되고 확산된 짧은 국내 여행기, 1920년대 이광수·최남선 등에 의해 활발히 창작된 장편 '국토' 기행문, 1930년대 유행한 문학적 여행기에 이르기까지 그 스펙트럼이 매우 다채롭다. 여기에는 일본이나 서구로의 해외 여행기도 첨가될 수 있다. 여행기의 실험적 전환은, 그것의 형식적·수사적·이데올로기적 성격이 사회적·문화적 조건의 변화와 상호 작용한다는 것을 보여준다. 예컨대 최남선의 「평양행(平壤行)」이나 이광수의 「오도답파여행(五道踏破旅行)」은 신문·잡지와 철도·도로, 그리고 우편제도라는 근대 미디어와 떼어놓고는 생각할 수 없다. 이 여행기들의 감각은 근대적 미디어의 관심과 시선에 의해 제한되는 동시에 신장되는데, 특히 그것들은 '국토'에 대한 미디어의 관심과 시각을 반영하고 구현함으로써 '국토'에 대한 근대적 관념을 생산한 중요한 상징체계였다.[33]

수필도, 여행기와 마찬가지로, 하나의 사회적 담화 형식이다. 수필을 사회적 담화 형식으로 간주하는 것은 그것의 간개인적이고 제도적 차원을 강조한다는 의미이다. 수필은, "다른 형식의 담론들처럼 사회 구조 안에 있는 하나의 언어 행위"이며, 사람들 사이에, 그리고 제도와 사람들 사이의 상호작용이다. 방법론적으로, 이는 수필에 대한 "근본주의적이거나 내재적인 정의를 재고하는" 관점이다.[34] 이런 관점에 따르면, 수필 텍스트를 사회적 힘으로부터 절연된 자율적인 언어 형식의 패턴으로 간주하여 개인적 문체나 형식미학의 관점에서 접근하는 것은 잘못이다. 예컨대 1920년대 후반에서 1930년대를 거치면서 형성된 수필에 대한 교양주의적이거나 심미주의적인 관념은 사회적·문화적 관계와 그 변화를 반영한 현상인 동시에 그러한 변화를 이끌어낸 힘이기도 했다. 따라서 수필에 대한 연구는, 수필이라는 특정한 상징체계의 현실 구성 능력과 방식에 관심을 기울일 필요가 있다. 이러한 관점은 물론 일기·자서전·전기 등 다양한 산문 형식에 대한 연구에도 적용될 수 있다.

위와 같은 시각은 소설사 연구에 수용된 문화 연구의 방법론을 응용한 것이다. 소설사에 대한 전통적 접근법에서는 소설과 근대성의 관계

---

33) 국토 여행기의 실험적 전환에 대해서는 이 책 5장 '국토 기행문의 계보학' 참조.
34) '사회적 담론으로서의 문학'에 대해서는 Roger Fowler, *Literature as Social Discourse*, London : Batsford Academic and Educational Ltd, 1981, pp.80~81 참조.

양상이, 소설은 어떻게 근대적 경험으로부터 발생되었고 어떻게 그 경험을 구성하고 있는 문화적 조건, 지적 풍토, 삶의 양식을 재현·반영하며 그 경험의 숨겨진 본질을 드러내는가라는 문제를 중심으로 논의되었다. 소설사 연구에 수용된 문화연구의 중요한 성과 중의 하나는 소설을 근대화라는 지적·사회적 변화의 산물 혹은 그것을 반영하는 재현의 양식으로서가 아니라, 그러한 변화를 모양 짓고 추진했던 사회적·문화적 실천행위의 일부로서 접근하게 되었다는 점이다. 이에 따라 질문은, 소설은 한 사회의 담론 영역에서 근대적 주체를 어떻게 생산하고 재생산했는가, 그리고 근대 시민사회의 핵심적인 문화적 제도로서 소설적 의사소통 체계는 근대적 사회관계의 형성에 어떠한 방식으로 개입했는가 등으로 바뀌게 되었다.35)

소설 이외의 산문들 역시 단순히 근대화의 산물이나 그것을 반영하는 재현양식이 아니라 그것을 모양 짓고 추진했던 사회적·문화적 실천행위의 일부였고, 하나의 의식적/무의식적 개입이었다. 여행기·일기·전기·자서전·수필 등은, 소설과 마찬가지로, "특정한 제도적 가치를 갖고 특정한 기능을 수행하는 것으로서 문화에 의해 이전되는, 엄청난 형식적 다양성을 가진 텍스트의 열려진 집합"이다.36) 따라서 다양한 산문적 상징체계 혹은 의사소통양식들은 문화적 기능의 견지에서 해석되고 설명될 수 있다. 다시 말해 다양한 산문 텍스트들은, 그것들이 근대적 사회관계와 근대적 주체의 생산/재생산에 어떤 방식으로 관여하고 개입했으며, 또 그 과정에서 얼마나 다양한 실험적인 전환을 거쳐 변화해나갔는가라는 관점에서 연구될 수 있다. 산문학에도 문화 연구의 시각이 도입될 필요가 있다.

---

35) 소설사 연구에 수용된 문화 연구의 의미에 대해서는 여건종, 「공공영역의 수사학—근대 시민사회의 형성과 소설의 발생」, 『안과밖』, 영미문학연구회, 1997, 8~9면 참조
36) Roger Fowler, op. cit., p.81.

5. 담론의 지도 그리기

최근 비-허구 산문에 대한 폭넓은 관심은 '담론' 연구에 의해 촉발된 것이다. 담론이란 간단히 말해 특정한 대상이나 개념에 대한 '지식'을 생성시킴으로써, 또한 그러한 존재들에 관해 무엇을 말할 수 있고 무엇을 인식할 수 있는가를 정하는 규칙을 형성함으로써 현실에 관한 설명을 산출하는 언표들의 응집성 있고 자기 지시적인 집합체를 가리킨다.[37] 하나의 문학적 형식이 다른 것과 어떻게 다른가가 아니라, 글쓰기가 지식을 생산하기 위해 어떻게 작동하는가를 규명하는 것이 관심사이기 때문에, 담론 연구는 텍스트를 더 넓은 담론적 현상 속에 있는 하나의 계기로서 다루면서 다양한 텍스트들로부터 예를 이끌어내고자 한다. 따라서 다양한 비-허구 산문 텍스트들은 담론 연구의 중요한 대상이 된다.

'담론' 개념은, 우리가 이제 확고부동한 객관적 실재로서 진실이 무엇인가를 묻는 것이 아니라 무엇을 진실이라고 여기는지를 묻는다는 것과 관련된다. '진실' 개념의 변화는 자서전 글쓰기에 대한 달라진 가치평가를 예로 들어 설명할 수 있다. 실제 인물이 자기 자신의 존재를 소재로 하여 개인적인 삶, 특히 자신의 인성의 역사를 중심적으로 이야기한, 산문으로 쓰인 과거회상형의 이야기로서 '자서전(autobiography)'은 사실 이중의 실패라는 위협에 직면해 있는 글쓰기이다. 첫 번째 위협은, 저자가 글쓰기를 통해 자기를 인식하는 일이 어렵다는 점에 기인한다. 두 번째는 그러한 시도 자체가 독자에게 의심스럽게 받아들여진다는 점이다. 그런데 자서전에 대한 최근의 관심은 자서전 글쓰기를 일종의 '모험'으로 만드는 이러한 위협들이 역설적으로 자서전을 가능하게 하는 조건인 동시에 자서전을 의미 있는 문학 텍스트로 만드는 근본적인 문제의식이라

---

37) 조셉 칠더즈·게리 헨치, 황종연 역, 『현대 문학·문화 비평 사전』, 문학동네, 1999, 154~155면 참조.

는 데에서 비롯한다.[38] 담론 연구는 자서전을 비롯한 비-허구 산문 텍스트들에서 허구와, 현실에 속하는 것으로 여겨지는 범주들 사이의 상호 작용에 주목하고 있다.

데이빗 스퍼(David Spurr)는 비-허구 글쓰기를 대상으로 하여 19세기 말에 정점에 달했던 제국주의적 팽창기에서 현재에 이르는 동안 식민적 권력을 대표해 온 자들이 아프리카, 아시아, 남태평양, 그리고 라틴 아메리카의 광대한 지역에 대해 사용한 "식민 담론"을 분석했다. 에드워드 사이드(Edward Said) 등은 영문학과 불문학의 정전적 작품과 대중적인 모험소설에서, 제임스 클리포드(James Clifford) 등은 20세기의 문학·예술, 그리고 민족지(民族誌) 사이의 관계를 통해, 메리 프랏(Mary Louise Pratt)은 르네상스 이래 유럽 제국주의의 역사의 일부로서 여행기를 대상으로 식민 담론을 연구했다. 앞선 연구들을 계승하면서, 스퍼는 새로운 영역으로 연구 분야를 확대했다. 그에 따르면, 식민 담론은 획일적인 체계도 아니고 한정된 텍스트도 아니다. 식민화하는 담론은 상상적 문학뿐 아니라, 저널리즘, 탐험 서사, 여행기, 민족지적 묘사, 역사서, 정치적 연설, 식민지 행정 관료들의 기록과 메모, 법령, 정치적·도덕적·철학적 에세이 등 다양한 형식을 통해 생산된다. 데이빗 스퍼는, 상상적 문학의 의식적인 미적 요구에 의해 중개되지 않은 비-허구 글쓰기에 초점을 두어 식민 담론의 근본적인 수사적 특성과 그것이 전개된 방식을 분석했다.[39]

---

38) 자서전 글쓰기의 특징과 그에 관련된 '진실'의 문제에 대해서는 문경자, 「루소의 자서전 글쓰기와 진실의 문제」, 서울대 박사논문, 1998 참조.

39) 데이빗 스퍼는 다양한 비-허구 산문 텍스트들을 대상으로 하여 서구 저술가들이 비서구사회에 대한 일관된 재현을 구성해내는 12개의 수사학적 양상(rhetoric modes), 혹은 글쓰기 방식(ways of writing)의 목록을 만들고, 19세기에서 20세기를 가로질러 작동하는 이러한 수사적 용법들의 반복과 변주를 탐구했다. 수사적 양상(글쓰기 방식)에 대한 목록은 다음과 같다. ① 감시 : 서구인의 감시하에, ② 전유 : 지구를 소유하기, ③ 심미화 : 야만적인 미, ④ 등급화하기 : 국가들의 질서, ⑤ 타락 : 오물과 모독, ⑥ 부정 : 어둠의 지대, ⑦ 긍정 : 백인의 임무, ⑧ 이상화 : 파라다이스 안에 있는 이방인, ⑨ 비현실화 : 꿈속에 있는 것처럼 보기, ⑩ 자연화 : 인간의 형태 속에 있는 황무지, ⑪ 에로틱화 : 서구의 하렘, ⑫ 저항 : 열어젖힘을 향한 주석. David Spurr, *The Rhetoric of Empire—Colonial Discourse*

담론의 지도를 만들기 위해서는 몇몇 저명한 지식인이나 작가의 저작을 검토하는 것만으로는 불충분하다. 따라서 담론 연구자들은 재현의 양상을 더 광범위하게 검토하기 위해 대담이나 토론, 인터뷰, 방문기, 여행기, 설문 조사, 수필, 보도기사와 같은 주변적인 재현 체계들에 주목하고 있다. 먼저, 저널리즘은 정치적·도덕적 철학에 대한 저술이나 학술적 연구의 좀더 체계적인 담론 질서를 따르면서, 그것을 특정한 사건에 적용하고 대중적으로 호소할 수 있는 언어로 번역한다. 예를 들어 근대 초 한국에서 '국가'나 '민족'을 주제로 한 저널리즘적 글들은 스펜서나 양계초, 또는 르 봉이나 분트의 텍스트가 그 아래 놓여 있는, "이미 씌어있는 글자를 지우고 그 위에 다시 쓴 것"이다. 한편 직접적인 역사적 관심을 상상적 문학에 속하는 형상적 언어의 층과 결합시키는 문학적 저널리즘의 글쓰기는 의미의 층을 다중화하는 복합적 성격을 가진다. "주체적이고 독립적인 지위", 곧 해석의 자유를 주장하는 저자의 존재에 의해, 여행기와 같은 문학적 저널리즘에서 세계의 이미지는 논리정연하고 체계적이기보다는 복합적이고 상호 모순적인 것으로 드러나기까지 한다. 정보로서의 저널리즘과 허구로서의 문학 사이에 있는, 문학적 저널리즘의 언어적 재현은 허구와 현실(역사적 차원) 사이의 복잡한 상호작용 그 자체이다.[40] 허구적 양상이나 객관적 진리 자체가 아니라 그 두 영역 사이의 상호작용에 의해 지식이 형성되는 과정을 탐색하기 때문에, 담론 연구는 '문학'이나 '학문'의 경계를 가로지르게 된다. 현 시점에서 강조되어야 할 것은, 담론의 지도를 그리기 위해서는 다양한 비—허구 산문 텍스트에 접근할 수 있는 관점과 방법이 다각도로 모색되어야 한다는 점이다.

---

in Journalism, Travel Writing, and Imperial Administration, London : Duke University Press, 1993 pp.1~12참조.

40) 저널리즘과 문학적 저널리즘에 대해서는 David Spurr, Op.cit., pp.8~10 참조.

6. 근대 지(知)와 글쓰기의 계보학

근대 산문 연구라는 주제와 관련된, 좀더 특수한 주제는 근대적 지식과 글쓰기의 계보에 관한 것이다. 새로운 지식의 수용은 그 자체로 새로운 글쓰기의 규칙을 수용하고 그에 적응하는 과정이었으며, 나아가 새로운 글쓰기를 창안하는 과정이기도 했다. 여기서 '글쓰기'란 개인적인 세계를 특징짓는 '문체'와 대립되는 것으로서 언어의 사회적 특징을 강조하는 개념이다. 바르트에 따르면, 글쓰기란 역사에 대한 연대성을 보여주는 행위이다. 바르트가 글쓰기의 구성요소로서 예로 든 것은 어조, 말하는 투, 목적, 도덕관, 언사의 자유로움 등인데, 이는 언어가 사회라고 하는 수신자에 대한 고려에 의하여 변모하며 글쓰기가 사회와의 관계이자 기능이라는 의미를 함축하고 있다.41) 근대 한국에서 학문적 담론의 전개 과정은 다양한 글쓰기와 언어의 등장 및 변환과 밀접한 관련이 있다.

학문적 담론의 언어와 글쓰기에 대한 연구는 최근 다시 관심사가 된 수사학으로부터 많은 도움을 얻을 수 있다. 여기서 수사학이라는 말은 언어와 논증의 기술(과학)이라는 의미이다. 다시 말해 '수사학'은 조작이나 저급한 설득의 기술, 즉 대중을 선동하기에 적합한 영역 혹은 기술이라는 의미로 쓰이지 않는다. 아울러 수사는 내용의 '장식'이라는 협소한 의미를 갖지 않는다. 그리고 수사학은 개인적인 '문체'의 양상과는 거리를 둔다. 수사학은 상대를 설득하기 위해 언어를 사용하고 논증을 구축하는 방식 또는 기술이라는, 고전적이고 일반적인 의미이다.

학문적 연구에 깃들어 있는 수사학적 특성에 대한 탐구는 시학·문채론·해석학·윤리학·정치학 등 다양한 분야로 나아갈 수 있다. 한 예로, 인문 사회과학 연구의 수사학적 특성은 문채(文彩, figure, 수사비유라고

---

41) 서정철, 「롤랑 바르트의 글쓰기와 언어학」, 『불어불문학연구』, 한국불어불문학회,
   1990, 345~362면 참조.

도 번역됨)라는 측면에서 접근할 수 있다. 문채란 설득하는 데 사용되는 다양한 언어적 장치를 가리키는 말로서 크게 언어의 문채와 논증의 문채로 나뉜다. 먼저, 특정 학문의 탐구 도구이자 생산품으로서 기술(記述), 설명, 이론은 언어의 문채로서 탐구될 수 있다. 이러한 시각에 따르면, 은유는 단지 지식의 '전달'을 돕는 것이 아니라 지식의 '구성' 또는 '생산'에 중요한 역할을 한다. 찰스 다윈의 '자연선택'이나 아담 스미스의 '보이지 않는 손'은 그러한 기능을 한 은유의 대표적인 예이다. 둘째, 논증의 문채란 추론의 문채를 말한다. 학문적 담론은 논증하기 위해 원리, 통계, 이상적 전형, 형식 언어, 모델, 유형, 일화 등 다양한 문채를 동원한다. 또 각각의 학문은 독자적인 논증의 수사비유를 가지고 있기도 하다. 이를테면 경제학은 경제적인 인간의 모델을 통하여, 사회학은 사회에 대한 이상적인 전형을 통하여 논증하고자 한다. 한편 사회심리학에서 사람(people)이란 당연히 수많은 대중을 가리킨다. 문채 분석에서 언어의 양상과 추론의 방식은 밀접한 상호연관 속에서 탐구된다.[42]

예컨대 『서유견문』에서 근대 과학(천문·지리학)과 정치학 담론의 수용은 새로운 글쓰기의 형성과 매우 밀접한 관련이 있다. 유길준은 근대 서양에서 형성된 '세계지리'와 '만국공법'을 객관적이고 보편적인 지식과 규범으로 수용하면서, 동시에 근대 정치와 과학의 담론 시스템, 곧 그 방법과 언어를 수용하게 된다. 『서유견문』은 자연과 인간을 측정·계산하고 분석·분류하며, 궁극적으로 등급화하는, 법률과 과학의 글쓰기를 도입하고 있다.[43]

유길준식의, 보편적이고 일반적인 진보, 주권과 인권을 정초한 합리주의 정치학, 국가 이성에 대한 확신이 희미해지고 약육강식과 우승열패의

---

42) 수사학의 개념과 학문적 연구에 깃들어 있는 수사적 특성에 대한 연구는 박우수·양태종 외 역, 『인문과학의 수사학』, 고려대 출판부, 2003, 1~24면, 546~584면 참조.
43) 『서유견문』에서 근대 지식과 글쓰기의 관계에 대한 자세한 논의는 이 책의 3장 '『서유견문』과 계몽기 지(知)의 장(場)'·참조.

원리에 입각한 진화의 이론이 수용되면서 비로소 '민족'에 대한 관심이 싹텄다. 이러한 위치에서 1900년대에 민족사 연구에 투신한 대표적 지식인으로 신채호를 들 수 있다. 애국심이 민족의 역사, 그 가운데 특히 '정치사'에 의해 배양될 수 있다고 보았기 때문에, 신채호의 글쓰기는 '역사'를 지향했다. 『을지문덕(乙支文德)』은 정치사와 외교사적 시각에 초점을 둔 역사전기물이며, 「독사신론(讀史新論)」은 시평체(時評體) 역사 서술이다.

차이에도 불구하고 신채호의 '민족'이 유길준의 '국가'와의 연속성 속에서 정의될 수 있다면, 같은 시기 이인직은 '국가'와는 다른 원리에 의해 운영되는 새로운 주체로서 '사회'를 상상했다. 이인직은 근대적 '사회' 개념과 '사회학'을 한국에 소개하고 수용한 최초의 인물로서, 그의 '사회'는 신채호식의 혈연적·인종적·종족적 '민족'과는 다른 것이었다. 『혈의 누』의 새로운 점은, 그것이 전제적 봉건 국가에 대비한 근대적 사회에 대한 상상에 바탕을 둔 글쓰기였다는 데 있다. 신극(新劇)에 대한 이인직의 관심 역시 동일한 맥락에 있었다.

1900년대에 '사회'가 주로 '국가(권력)'와의 상이성을 부각시키면서 스스로를 정립하고자 했다면, 1910년대에는 '사회'와 '개인' 사이에 바람직한 관계를 설정하는 것이 중요한 문제로 부상했다. 이인직의 '사회' 개념을 계승했으면서도 사회의 형성, 유지, 그리고 발전의 원동력을 개인의 내적 능력, 곧 지·정·의에서 찾는 '(개인)심리학'을 수용했다는 점에서, 이광수는 이인직과는 차이를 보인다. 1910년대 후반 이광수의 '비평'과 '소설'은 자유로운 '개인'과 그들의 자율적인 결합체로서 '사회'를 반영한 동시에 생산한 글쓰기였다.

1920년대에 들어서 민족심리학과 군중심리학 등 '사회심리학'을 수용하면서, 이광수는 사회의 토대를 '개인'에 두는 사고방식으로부터 벗어나게 된다. 이광수가 '민족'을 실체화하려는 시도를 한 것이 바로 1920년대 초인데, 소위 '민족개조론'은 사회심리학적 견지에 선 개혁론이라고 할 수 있다. 전기(傳記)와 역사소설로의 선회, 그리고 '엣세이'에 대한 강조는 사회심리학, 특히 군중심리학의 수용과 긴밀한 관련이 있다.44)

1920년대 내내 최남선은 스스로를 역사학자로 세우고자 했는데, 그의 역사는 민족의 '문화사'를 지향했다. 최남선은 '비교'를 주안으로 하는 다양한 근대 인문과학들, 예컨대 비교언어학·비교신화학·비교민속학 등을 수용하여 '단군'에 대한 비교문화사적 연구를 선도했다. 최남선의 '단군학(壇君學)'은 근대 인문학의 방법과 언어를 토대로 '민족'을 만들어 내고자 한 시도였다. 『괴기(怪奇)』는 민족에 대한 '지(知)'를 생산하고 그 것의 대중화를 꾀한 매체로서 앞 시기의 『소년』·『청춘』과는 차이가 있었다.45)

다른 한편 신채호는 아나키즘을 수용하면서 '민족'·'근대'·'진화'에 바탕을 둔 근대적 '역사'로부터 벗어나게 된다. 최남선과는 달리, 그는 '예술'·'학문'과 같은 서구의 근대적 문화 이념이나 '국가'나 '민족'과 같은 서구의 근대적 정치 이념, 그리고 서구의 근대적 시간 감각을 부정한다. 이로써 그는 근대적 '역사'로부터 벗어나게 된다. 「용(龍)과 용(龍)의 대격전(大激戰)」은 근대적 의미의 역사가 정지된 지점에서 씌어진, 묵시록의 글쓰기였다.

지금까지 근대 초 새로운 지식의 등장과 전환 과정을 거칠게나마 살펴보았다. 요컨대 유길준·신채호·이인직·이광수·최남선 등 근대 초

---

44) 1910년대 후반에서 1920년대 전반에 걸쳐 씌어진 이광수의 텍스트를 근대적 주체와 이념, 지식, 글쓰기, 수사학의 상호관계라는 시각에서 접근한 논의는 김현주, 「이광수의 문화 이념 연구」, 연세대 박사논문, 2002; 「공감적 국민=민족 만들기」, 『작가세계』, 2003년 여름; 「1910년대 '개인', '민족'의 구성과 감정의 정치학―이광수의 『무정』을 중심으로」, 『현대문학의 연구』 22, 한국문학연구학회, 2004.2; 「문학·예술과 '동정(同情)'―이광수의 『무정』을 중심으로」, 『상허학보』 12, 상허학회, 2004.2; 「'사회'와 비평/소설」, 『근대문학연구』 10, 한국근대문학회, 2004.9 참조.
45) 최남선의 근대 인문과학 수용과 비교의 방법론, 그리고 민족학의 정립에 대한 자세한 논의는 김현주, 「문화, 문화과학, 문화공동체로서의 '민족'―최남선의 壇君學을 중심으로」, 『대동문화연구』 47, 성균관대 대동문화연구원, 2004.9 참조.

의 지식인·작가들은 천문·지리학, 정치학, 역사학, 사회학, (개인)심리학, 문학, 사회심리학, 다양한 인문과학(비교민속학, 비교언어학, 비교신화학)의 계열체를 상징적으로 보여주면서 한국에서 근대 인문·사회과학의 수용과 전개의 계보학을 구성한다. 각 단계는 전(前) 단계의 인식론을 계승하는 동시에 그것으로부터 일정한 인식론적 단절을 수행하고 있다. 지(知)의 계보학에 대한 탐색은 그것의 성립을 가능하게 한 인식론적 전제, 언어, 시선의 변화를 드러내줌으로써 궁극적으로 지식의 역사성을 성찰할 수 있도록 해준다.

근대 지의 수용 및 전개 과정은 동시에 새로운 글쓰기의 등장 및 변천과 긴밀한 연관이 있다. 다시 말해 근대 지의 계보학은 글쓰기의 계보학과 연동한다. 유길준의 『서유견문』, 신채호의 「독사신론」과 『을지문덕』, 이인직의 『혈의 누』, 이광수의 「신생활론」과 『무정』, 그리고 「의기론(意氣論)」과 「거룩한 죽음」, 「선도자(先導者)」, 최남선의 「조선역사통속강화(朝鮮歷史通俗講話)」와 「단군(壇君) 급(及) 기(其) 연구(研究)」, 신채호의 『조선상고사(朝鮮上古史)』, 「용과 용의 대격전」은 저자의 '총체적인 기호'이자 하나의 '행동'인 동시에, 단순한 작가-작품의 관계를 넘어서 텍스트-담론의 차원에 입각한 계보학적 탐색의 대상이 될 수 있다. 법률서, 과학서, 교과서, 역사, 사회(비판적)소설, 비평, 전기, 역사소설, '에세이', 인문학 연구 논문 등 다양한 글쓰기의 수사적·이데올로기적 특질에 대한 연구는 한국에서 지식과 글쓰기, 그리고 수사학의 상호관계를 탐색하는 데 유의미한 징검다리가 될 수 있다.

수사학적 분석은 일반적인 장르 분류에 기댄 해석을 해체하고 새로운 결과를 도출할 수 있다. 예컨대 「신생활론」의 글쓰기와 『무정』의 글쓰기는 논평적 서술자의 존재라는 중요한 공통점을 가지고 있으며, 이 논평적 주체는 「오도답파여행」의 '기자(記者)'와도 밀접히 연결된다. 위의 세 텍스트는 각각 비평, 소설, 여행기로 구분됨에도 불구하고 수사적, 이데올로기적 공통성이 탐구될 수 있다. 반면 1920년대 신채호의 『조선상고사』와 최남선의 「조선역사통속강화」는 역사 서술이라는 공통성에도 불구하고 목적·방법·사료의 측면에서, 궁극적으로는 서술의 이데올로기와 수사학이라는 측면에서 적지 않은 차이가 있다. 수사학에 대한 관심은 텍스트를 그것을 둘러싼 사회, 문화적 조건과의 상호연관 속에서 검토하는 데 도움을 줄 수 있다.

산문 연구에 문화, 담론, 지식과 글쓰기라는 시각을 적용하고자 한 이상의 논의는 시론의 수준에 머물러 있다. 이 논의는 계획 단계의 산물로서 아직 충분히 검증되지 못한 것이다. 다만, 산문텍스트에 대한 좀더 진전된 탐구를 위해 '비계'로서의 역할은 할 수 있지 않을까 기대한다.

근대 여행기의 계보학

제 2 장

『열하일기』와 에세이 정신

1. 『열하일기』의 패러독스[1] — 소설에 미달하고 소설을 초과하는 글쓰기

1793년 무렵 정조는 문체를 타락시키고 문란하게 한 장본으로 박지원 (호는 燕巖, 1737~1805)과 그의 『열하일기(熱河日記)』를 지목하고 규장각 관리 남공철을 통해 질책의 뜻을 표하는 한편 '순수하고 바른 글[純正文]'을 지어 속죄하라는 교령을 내렸다. 이때 박지원이 남공철에게 보낸 답장에는 다음과 같은 구절이 있다. "저는 중년 이래로 불우하고 영락하여

---

1) 『열하일기』의 국역 인용은 대개 이가원이 옮긴 『열하일기』 1·2(민족문화추진회, 1989, 중판)를 따랐지만 뜻이 잘 통하지 않는다고 판단한 경우 원문과, 다른 국역본을 참조하여 바꾸기도 했다. 『열하일기』 이외의 글은 허경진의 『연암 박지원 산문집』(한양 출판, 1995)과 정민의 『비슷한 것은 가짜다』(태학사, 2000)를 참조·인용했다. 정민의 책은 해설서의 성격을 가지고 있기 때문에 거기서 인용한 경우에는 '재인용'임을 표시 했다.

스스로 자중하지 못하고 글로써 유희를 삼아 때때로 궁한 처지에서 나오는 근심과 하릴없는 마음을 드러냈으니, 조잡하고 허랑한 말 아닌 것이 없었습니다."[2] 정조가 요구한 '순수하고 바른 글'이 성리학의 도를 담은 문장, 곧 재도지기(載道之器)로서의 글을 가리킨다면, '글로써 유희를 삼는다[以文爲戲]'는 태도는 글쓰기에 대한 이러한 전통적 관념에서 한참 벗어난 것임에 틀림없다. 더욱이 『열하일기』가, 그것이 세상에 나온 지 20년이 더 지난 시점에까지 대개 "기이한 이야기나 우스갯소리를 써놓은 책" 정도로 폄하되거나, 심한 경우 '세상을 농락하고 조롱한 것'으로 매도당했다는 점을 고려할 때,[3] 박지원의 글쓰기는 당시로서는 받아들여지기 어려운, 낯선 것이었음이 분명하다.

조선시대 글쓰기의 이상은 서술적이거나 해설적인 목소리에 의해 방해받지 않으면서 '진리' 혹은 '도'에 대한 순수한 설명에 도달하는 것이었다. 여기서 저자는 보편주의적인 제3의 관점으로서 독자로 하여금 논리적이고 정연한 순서를 따라 미리 확정된 결론에 도달하도록 이끄는 교사의 역할을 하였다. 글쓰기에 대한 위와 같은 관념은, 진리가 이기론(理氣論)을 정점으로 한 이원적 구조로부터 연역적이고 체계적인 방법에 의해서 인식될 수 있다고 가정하는 주자학적 인식론에 기초해 있다. 그런데 조선 후기에는 위와 같은 전통적인 인식론에 균열이 발생했다. 보편적이고 절대적인 지식에 대하여 특수하고 상대적인 지식이 강조되었고, 연역적인 방법에 대하여 귀납적이고 경험적인 방법의 중요성이 주목되었다. 지식의 역사화와 상대화, 그리고 관념론으로부터 실재론으로의 이동이라고 정리할 수 있는 이러한 상황이 조선 후기 특유의 "인식론적 불안"을 야기하였다.[4]

---

2) 박종채, 박희병 역, 『나의 아버지 박연암(過庭錄)』, 돌베개, 1998, 107면. 강조는 인용자.
3) 박종채, 박희병 역, 위의 책, 49면 참조.
4) "인식론적 불안(epistemological anxiety)"은 오발디아가 몽테뉴의 『에세(*Essais*)』를 분석하면서 사용한 개념이다. 그에 따르면, 논증적 체계의 재조직화가 반영하는 인식론적 불안이라는 조건 속에서, 『에세』는 회의주의적 동기화의 패러다임을 보여주며, 이것이

조선 후기에 글쓰기에 대한 전통적인 관념이 흔들리고 재편성을 위한 진통이 일어난 것은 근본적으로는 위와 같은 인식론적 불안에 기인한 것이다. 이 시기에 "문학 갈래의 혼미는 교술 산문의 영역에서 특히 두드러지게 나타났다. 즉 표현의 원리나 형식의 제약이 부담이 될 수 없는 잡다한 글이 격동하는 시대의 움직임과 다각도로 밀착되었다."[5] 다시 말해 이 시기에는 일기·편지·대화·명상·경구 같은 기능적으로 소박한, 체계적인 텍스트 이외의 것들이 융성했다. 예를 들어 '자서(自序)' 혹은 '서(序)'를 달고 있는 텍스트들은 보통 재도지기적 글쓰기로부터 벗어난 것으로서, '서'를 통해서라도 존재의 의의를 표명할 필요가 있었던 것이다. 조선 후기에는 이러한 텍스트들이 쏟아져 나왔을 뿐만 아니라 '자서' 혹은 '서'라는 글쓰기 양식 자체가 이 시기에 융성했던 소박한 텍스트들 가운데 하나였다. 갈래의 혼미나 하위 양식들의 주류화 같은 변화는 무엇보다 글쓰기에 대한 관념의 변화를 표현하고 있으며, 그 근저에는 앞에 설명한 인식론상의 변동이 있었다.[6] 박지원의 '유희로서의 글쓰기'는, 그것이 변명 삼아 말해진 것이라는 점을 감안하더라도, 조선

『에세』의 미완결성, 종결에 대한 거부 또는 체계적 선입관에 대한 반대를 규정한다. Claire De Obaldia, *The Essayistic Spirit*, New York : Oxford University Press, 1995, p.31 참조.

5) 조동일, 『한국문학통사』 3(2판), 지식산업사, 1989, 379면.

6) 조동일은 조선 후기 글쓰기의 특징을 '철학과 문학의 결합' 혹은 '철학적 글쓰기로부터 문학적 글쓰기로의 이동'으로 설명하고 있다. 그는 이 시기 철학이 채택한 대화나 우언의 방법을 '중세 사상 체계의 절대적인 권위에 대한 산발적이고 간접적인 공격의 전술'로 이해하였다. 이에 대해서는 『철학사와 문학사 둘인가 하나인가』, 지식산업사, 2000, 367~451면 참조. 그런데 이와 같은 주장은 이 시기 글쓰기의 변모를 철학에 당의(糖衣)를 입히는 전술쯤으로 환원하기 쉽다. 조동일 자신도 각주에서 말해놓은 것처럼, 대화와 우언은 단상, 명상, 서간, 시와 더불어 긴 역사를 가진 철학적 글쓰기 형식이다. 조동일은 체제의 변동기에 새로운 철학이 이러한 방법을 즐겨 택해왔다고 말하고 있지만, 대화와 우언은 전통 한문 문체 가운데 하나인 '설(說)'의 대표적인 방편이었다. 대화와 우언은 성리학의 도를 담는 그릇이 될 수도 있고 그것을 공격하는 무기가 될 수도 있다는 점을 고려할 때, '대화' 혹은 '우언'이라는 일반적인 형식 명칭으로는 조선 후기에 등장한 새로운 글쓰기의 '역사성'을 부각시키기 어렵다는 생각이 든다. 이 글에서는 박지원의 텍스트를 모델로 하여 조선 후기 철학의 변동과 글쓰기의 변동 사이의 '내적' 관계에 주목하고 그 '역사성'을 강조하는 데 목표를 둘 것이다.

후기에 글쓰기의 중점이 이동하는 경향을 인상적으로 표현하고 있다. 『열하일기』는 이러한 새로운 글쓰기 경향을 반영한, 특히 매우 조숙한 산물이었다.

이제까지 연구자들은 박지원의 유희로서의 글쓰기를 '소설' 혹은 '소설적인 것'과 관련하여 설명해 왔다. 놀이처럼 보이지만 놀이만은 아니고 장난처럼 보이지만 장난만은 아닌 '희문(戱文)으로서의 문학'의 가장 발전된 형식은 소설일 것이다. 더구나 연암의 초기 글쓰기를 대표하는 양식인 '외전(外傳)'은 소설적 성격이 농후한 것이었다. 따라서 소설성을 중심으로 연암의 글쓰기를 논의하는 것은 충분한 타당성을 가진다. 그렇지만 그의 글쓰기의 종착점은 '외전'이 아니라 『열하일기』였다. 『열하일기』는 규모와 성격에서 그가 초기에 썼던 '외전'류의 단편적인 허구와 다를 뿐만 아니라 중기에 주로 썼던 '서(序)'나 '기(記)'와 같은 산문소품들과도 다르다. 『열하일기』는 다양한 산문 양식들의 결합물로서 그 안에는 '전'도 있고 '서'와 '기'도 있으며, 편지·공문서·책·도자기의 목록까지 있다. 한편 그것은 다양한 문학적 양식들의 결합물이기도 하다. 거기에는 서정적인 시도 있고, 서사적인 이야기도 있고, 극적 대화도 있다. 심지어 그것은 철학 혹은 학문을 지향하는 면모까지도 보인다. 한마디로 『열하일기』는 소설을 초과할 뿐만 아니라 문학 범주마저도 초과한 텍스트였다.

다른 한편 『열하일기』는 소설을 향해 발전하고 있는 요소라 할 만한 것들로 가득하다. '호질'이나 허생의 이야기 같이 허구적 인물과 사건으로 구성된 서사물은 차치하더라도, 『열하일기』에는 장면 중심의 입체적 묘사, 구어체의 생기 있는 대화, 사건의 유기적 구성 등 소설적 형상화를 지향하는 요소들이 풍부하다.7) 그렇지만 『열하일기』는 이러한 부분들과 요소들을 통합하여 소설로 발전·완성되지는 못했다. 소설이 되

---

7) 김명호, 『열하일기 연구』, 창작과비평사, 1990, 205~224면 참조.

려면, 저자의 사고가 연속적인 사건과 그 사건을 실행할 준비가 된 인물들을 통해 구체화되어야 하고, 저자는 그러한 형상들에 대해 적절한 미적 거리두기를 할 수 있을 만큼 성숙되어야 한다. 그리고 무엇보다 성숙한 저자에 의해 관점의 통일성이 확보되어야 한다. 이점이야말로 소설이라는 양식이 근대적 주체성을 표현하는 형식으로 성립한 토대이다. 그런데『열하일기』의 저자는 자신의 사고를 날 것으로 드러내고 있을 뿐 아니라 인물들과 사건들의 의미를 전체적으로 지배하지 못하고 있다. 또 부분들과 요소들의 연결도 서사적 연속성을 확보하는 데까지 나아가지 못했으며 그래서 서사의 완성과 총체화에 도달하지 못했다. 더구나 수 차례에 걸친 필담(筆談)의 묘사는 문학적(극적) 표현이 아니라 반대로 문학성의 부정으로 보이기까지 한다. 그것들은 마치 '초고', 즉 아직 구성되지 못하고 숙성하지 못한 상태에 멈추어 버린 듯하다.『열하일기』는 아직은 소설이 아닌 것, 나아가 문학이 되지 못한 것에 머물러 있다.

소설(문학)에 미달하는 동시에 소설(문학)을 초과하는『열하일기』의 역설은 근대에 미달하는 동시에 근대를 초과하는 조선 후기 인식론적 상황의 역설을 반영하고 있는 것으로 보인다. 물론『열하일기』는, 결과적으로만 보면, '이미' 아니고 '아직' 아닌 과도기의 글쓰기 형식을 보여준다고 할 수도 있다. 과도기라는 측면에 초점을 둔다면,『열하일기』안에 있는 어떤 것이 스스로의 불완전성과 불확정성을 지양하고 소설 혹은 문학으로 발전하는지를 추적(예측)하는 작업을 할 수 있을 것이다. 그렇지만 전통적인 의미의 '문(文)'으로부터 근대적 의미의 '문학'으로의 전개가 필연이었다고 보아야 할 이유는 없으며, 그러한 단선적인 발전을 전제하고『열하일기』를 읽어야 할 이유도 없다.

따라서 이 글은『열하일기』의 역설, 즉 '이미' 철학(학문)이 아니지만 '아직' 문학(소설)은 아닌, 나아가 소설(문학)에 미달하는 동시에 소설(문학)을 초과하는 그 상태 자체를 당시의 인식론적 상황과 관련하여 논의하는 데 초점을 둘 것이다. 이를 위하여 우선, 박지원의 다양한 글들을 검토하여 그의 인식론과 글쓰기론의 특성을 추출하고자 한다. 그리고 이를 배경으로 하여 주요 텍스트인 『열하일기』를 분석할 텐데, 먼저 거시적 차원에서 미시적 차원으로 옮기면서 짜임을 살피고, 그 다음 전체 26편 가운데 『열하일기』의 글쓰기의 특징을 가장 두드러지게 보여준다고 생각되는 한 편을 분석할 것이다. 결론에서는 『열하일기』의 글쓰기를 산문 혹은 에세이의 정신과 방법이라는 문제와 관련하여 논의하겠다.[8]

---

8) 이 글의 한계는 박지원의 전체 저작 중 극히 일부분만을 다루었다는 데 있다. 물론 주 텍스트인 『열하일기』는 완성된 국역본이 있고 국역 선집에도 『열하일기』 안에 있는 중요한 글들이 실려 있기 때문에 부분적으로는 두 가지 국역을 원문과 대조하며 읽을 수 있었다. 또 국역 선집을 통해서 『열하일기』 외의 다른 글들도 읽을 수 있었다. 그렇지만 국역되지 않은 글들에는 접근하지 못했다. 박지원의 인식론과 글쓰기론이라는 넓은 주제를 다루면서 대상 텍스트가 이처럼 제한적이라는 점은 이 글의 결함임에 틀림없다. 그리고 한문 글쓰기의 관습과 용례들에 무지한 데 따른 오독 역시 피해가기 어렵다고 생각된다.

근대문학 연구자로서 무리함을 무릅쓰고 이런 시도를 하게 된 것은 근대적 산문의 정신과 방법에 대한 계보학적 관심에서 비롯한다. 특히 근대 여행기의 계보, 즉 1890년대 서양에 대한 체계적이고 전체적인 앎이라는 계몽주의적 열정을 반영하고 있는 『서유견문』, 1900년대 전통적 역사지리학의 관심과 근대적 인문지리학의 관심이 결합함으로써 씌어진 지리교과서들, 1910년대 신문과 기차라는 근대적 미디어를 바탕으로 시도되고 확산된 짧은 국내 여행기들, 1920년대 이광수와 최남선 등의 장편 '국토' 기행문들, 1930년대의 문학적 기행문의 계보는 근대 산문의 정신과 방법을 연구하는 데 하나의 모델이 될 수 있다. 『열하일기』는 글쓰기에 대한 새로운 관념이 형성되고 있던 조선 후기의 대표적 기행산문으로서, 이에 대한 연구는 근대적 여행기 연구의 중요한 배경이자 참조가 될 것으로 판단된다. 『열하일기』를 여행기의 계보에서 읽음으로써 그것이 '어떤' 여행이었고 '어떻게' 서술되었는가를 밝히는 것이 이 글의 일차적인 관심이다.

2. 철학의 변동과 글쓰기의 전환

1) 연역적 인식론 비판과 실재론으로의 이동

존재와 인식의 문제는 조선 후기 다양한 담론 투쟁의 핵심이자 근간이었던 것으로 보인다. '세계는 어떻게 존재하며, 인간은 어떻게 그것에 대한 바른 인식과 판단에 도달할 수 있는가'라는 문제야말로 이 시기 철학이 해결해야 할 과제였다. 조동일이, 임성주에 의해 제시되어 홍대용과 박지원에 의해 다각화되었다고 설명한 '기(氣) 일원론'='실(實)'의 노선='실(實)'의 학문9)이란, 다르게 표현한다면, 관념론에 대비되는 의미의 철학적 실재론(realism)이다. 조동일은 '실'의 노선을 그저 '실학'이라고 하는 것은 축소 해석이며 실학을 이용후생의 실용적 학문으로 이해하는 것은 더욱 옹색한 일이라고 지적한 바 있다.10) 여기서 '실'이란 특정한 학문 경향, 이를테면 '북학'이나 '실학'으로 환원되지 않는 존재론적·인식론적 의미를 가진 용어이다. 그 이전에 '실'이라는 용어가 없었다거나 중시되지 않았던 것은 아니다. 그러나 '실'이라는 개념은 이 시기에 이르러 새로운 의미를 얻었으며, 철학 영역에서의 이러한 변동은 뒤에서 말하게 될 글쓰기에 대한 관념의 변화를 포함한 여러 가지 사회·문화적 변동의 토대를 형성하였다.

'실'의 존재론이란, 존재하는 것은 실재뿐이라는 것, 다른 말로 한다면 '천지에 가득 찬 것은 다만 기(氣)뿐'이라는 의식이다. 일원론적 주기론의 핵심은 만물뿐만 아니라 사람까지도, 사람의 신체뿐만 아니라 사람의 마음까지도 기로써 이루어져 있으며 만물과 사람, 신체와 마음의 차이는 기의 존재 양상이 다르기 때문에 생긴다는 것이다. 이러한 존재론

---

9) 조동일, 『철학사와 문학사 둘인가 하나인가』, 지식산업사, 2000, 408면.
10) 조동일, 위의 책, 410면.

은, 만물의 실상이나 마음의 지향과는 관계없이 미리 갖추어져 있는 이
(理)가 존재의 원리이고 도덕적 당위라는 생각을 부정하고 존재의 원리
나 도덕적 당위는 만물의 실상이나 마음의 지향에 따라 인식되고 실천
되어야 한다는 주장으로 나아간다.[11] 진리가 영원하고 완전한 이데아로
부터 연역적인 방법에 의하여 얻어지는 것이 아니라 '실재(reality)'에 대한
천착을 통해서만 얻어질 수 있다는 생각은 보편적이고 절대적인 지식에
대한 날카로운 비판과 실재에 대한 예민한 의식을 추동하게 된다. 박지
원 역시 "이설(理說)"에 의거해 경험을 해석하는 태도를 비판하면서 사물
을 이치 또는 법칙으로 환원하지 말고 "도로 사물에 돌려야 한다"는 견
해를 표했다.[12]

달의 몸뚱이는 언제나 둥글어 햇빛을 빙 둘러 받고 보니, 이 때문에 지구地
球에서 본 달이 찼다가 기울었다 하는 것이 아닐까. 오늘 저녁 저 달을 온 세계
가 한 가지로 본다면, 보는 장소에 따라서 달은 살지고 여위며 깊고 옅음이 있
지 않을까. 별은 달보다 크고, 해는 땅덩이보다 크되, 보기에는 그와 달라 보이
는 것이 멀고 가까운 까닭이 아닐까. (…중략…) 만일에 땅덩이를 네모졌다고 하
면, 저 월식月蝕을 할 때 달을 검게 먹어들어가는 변두리가 왜 활등처럼 둥글게
보일까. 땅덩이가 네모지다고 우기는 자는 무어나 방정方正해야 된다는 대의大義
에 입각해서 물체를 이해시키려 함이요, 땅덩이가 둥글다고 주장하는 자는 실제에
뵈는 형태를 믿고 다른 뜻은 염두에 두지 않는 것이다. 이런 의미로 보아서, 땅덩
이란 실제 물체는 둥글고, 대의로 말한다면 모나다는 것이 아닐까. 해와 달은
오른쪽으로 수레바퀴처럼 돌고 돌아, 도는 궤도가 해는 크고 달은 작으며, 도는
속도가 늦고 빠름이 없어 한 해와 한 달은 일정한 도수에 맞거늘, 해와 달이 땅
을 둘러싸고 왼편으로 돈다는 말은 우물 속에서 보는 지식이 아닐까.[13]

위 인용문은 『열하일기』의 「태학유관록(太學留館錄)」편에서 연암이 기

---

11) 조동일, 『한국문학사상사시론』, 지식산업사, 1978, 248~249면 참조.
12) 박지원, 「망양시집서」(정민, 『비슷한 것은 가짜다』, 태학사, 2000, 23면에서 재인용).
13) 박지원, 이가원 역, 『열하일기』 1, 민족문화추진회, 1989, 379면. 강조는 인용자.

풍액(奇豊額)이라는 조선족 출신 만주인 관리에게 지구(地球)·지전(地轉)에 대해 이야기하는 부분이다. '지구는 둥글고 스스로 돈다'는 견해를 도출하는 과정이 그의 인식론의 특징을 잘 보여준다.

박지원의 천문학 지식은 지금 보면 유치할 뿐만 아니라 잘못되어 있기까지 하지만 당시로서는 '땅은 모나고 고요하며 하늘은 둥글고 움직인다'는 기존의 주자학적 우주론을 기저에서 흔들어놓는 것이었다.[14] 주자학은 인성론과 우주론, 도덕규범과 자연 법칙을 즉자적으로 통합하여 정연한 이론 체계를 이루고 있다. 『주자어류(朱子語類)』의 "천하에 아직 이(理) 없는 기(氣) 있지 아니하며, 또한 기(氣) 없는 이(理) 있지 아니하다"라는 말에도 표현되어 있듯이, 주자학은 일체의 경험과 사실이 이론적으로 설명될 수 있다고 믿을 뿐 아니라 이론으로 환원될 수 없는 경험적 사실의 존재를 근본적으로 인정하지 않는다.[15] 주자학적 인식론에 대한 연암의 비판적 태도는 위 인용문에서는 '대의에 입각해서 사물을 이해해서는 안 된다'는 말 가운데 분명하게 표현되어 있다. 주자학적 인식론에 대한 비판은 『열하일기』에서 가장 널리 알려진 글 가운데 하나인 「상기(象記)」에도 거듭 나타난다. 「상기」에서 연암은 가상적 대화를 통해 이른바 이론과 법칙이라는 것이 소나 말, 닭이나 개에만 적용되는 것이지 코끼리에는 적용되지 않으며 오히려 코끼리에 대한 바른 이해를 가로막을 뿐임을 자복하게 함으로써 주자학적 인식론의 무력함을 폭로하고 있다. 코끼리도 제대로 설명할 수 없는 이론 체계로 '코끼리보다 만 배나 큰' 지구·달·해 같은 거시적 문제를 해명할 수는 없을 것이다.[16]

그렇다고 박지원의 천문학이 근대 기하학에 바탕을 두고 있었던 것은 아니다. 「곡정필담(鵠汀筆談)」편에서 연암은 자신의 지구·지전설을 '기하(幾何)'에 입각한 이론으로 이해하는 곡정에게 "기하에 대한 글자는 반

---

14) 박지원, 이가원 역, 『열하일기』 2, 민족문화추진회, 1989, 20면.
15) 김명호, 『열하일기 연구』, 창작과비평사, 1990, 150~151면 참조
16) 박지원, 이가원 역, 『열하일기』 2, 민족문화추진회, 1989, 368면.

낱만큼도 엿본 적이 없답니다. (…중략…) 이는 저의 억측(臆測)에서 나온 것이요, 결코 기하로써 풀어진 것이 아닙니다"라고 말하고 있다.[17] 연암 스스로도 '이유와 근거가 없는 추측'이라고 표현하고 있다시피, 그의 지구·지전에 대한 견해는 수학이나 그 한 부분인 기하처럼 일정한 공리에서 출발하여 추론을 계속해 나가는 논리적 방법에 의해 얻어진 것이 아니다. 위 인용문 안의 문장들이 모두 '~이 아닐까(乎)'라는 부정의문사로 끝나는 데에도 드러나 있는 것처럼, 박지원의 주장은 합리적이고 추상적인 이론 체계로부터 도출된 것이 아니며 그것을 수립하려는 방향으로 나아가지도 않는다.

지금까지 살펴보았듯이 박지원의 천문학은 조선시대의 주자학적 정신이나 근대의 합리주의적 정신의 산물이 아니다. 그것은 위의 두 가지 연역적·체계적 인식 가운데 어느 것과도 동일화될 수 없으며, 반대로 그것들과는 대비되는 실재론적 태도를 구체화하고 있다. '실제로 보이는 형태를 믿어야 한다'는 말이 표현하고 있는바, 그의 천문학은 무엇보다 '관찰'이라는 경험적인 방법에 기초해 있는데, 이는 실재에 대한 예민한 의식을 드러낸다. 실재론에 선다는 것은, '감각'이야말로 지식의 처음이자 끝이라는 것을 인정하는 것과 다르지 않다. 「일야구도하기(一夜九渡河記)」의 '진정지견(眞正之見)' 혹은 '시청지정(視聽之正)'[18]에서 '보다' 혹은 '보고 듣는다'라는 말이 특정한 감각 활동이 아니라 인식 그 자체를 가리키는 뜻으로 환유적으로 사용되고 있는 것 역시 인식에서 감각이 갖는 지위를 인상적으로 표현하고 있다.

---

17) 박지원, 이가원 역, 『열하일기』 2, 민족문화추진회, 1989, 11면.
18) 박지원, 이가원 역, 『열하일기』 2, 민족문화추진회, 1989, 362면.

2) 인식과 판단의 정합성을 보증하는 조건과 능력의 문제

존재론과 더불어 인식론이야말로 조선 후기 지식인 사회의 중심 담론이었다고 말한 바 있는데, 박지원 역시 바른 인식과 판단에 도달하기 위해 요구되는 조건과 능력이라는 문제를 글쓰기의 중심 주제로 삼았다. 그 이유는 물론 분명하다. 그때까지 진리 인식을 보증해 주었던 선험적인 인성론과 우주론의 체계로부터 벗어나자마자 연암은 새로운 문제에 봉착하게 되었던 것이다. 소위 하늘의 이치라는 것이 없다면 인간은 어디에서 자신의 인식의 정합성을 보증받을 수 있는가? 실재에 대한 바른 인식과 판단에 도달하기 위해 인간은 어떤 조건을 확보하고 어떤 능력을 발휘해야 하는가? 아니, 바른 인식과 판단이라는 것이 가능하기는 한 것인가? 실재론으로의 이동은 문제를 해결한 것이 아니라 새로운, 더 난처한 문제를 야기한 셈이다.

인간은 자신의 감각적 능력에 의지함으로써 실재에 대한 바른 인식과 판단에 도달할 수 있을까? 앞서 살펴보았듯이 '실제로 뵈는 형태를 믿고 다른 뜻은 염두에 두지 말아야 한다'는 말은 경험적 인식에 대한 긍정을 표명하고 있다. 그렇지만 다른 한편 박지원은 감각적인 경험 내용에 의거한 지식은 '우물 속에서 보는 지식'에 불과하다고도 생각했다. 다시 말해 인식이 '보다'라는 행위에 직접적·절대적으로 의존해서는 안 된다는 것인데, 이는 감각적 경험 내용이 지식의 시작은 될 수 있지만 끝이 될 수는 없다는 말과 같다. 실제로 앞서 살핀 그의 천문학 지식은 '관찰'이라는 경험주의적 방법에 바탕을 두면서도 그로부터 도출된 결과들을 '맥락과 상황 안에서 억측(臆測)'한 결과로 얻어진 것이다. '달도 지구처럼 하나의 독립된 세계를 이루고 있으리라'는 생각이나 '별에서 지구를 본다면 지구 역시 하나의 작은 별에 지나지 않으리라'는 생각은 억측의 대표적인 유형이다. '억측'은 논리학의 용어로는 '유추'에 해당한다. "사물에 통달한 사람(達士)이라 해서 어찌 사물마다 눈으로 직접 보

았겠는가”라는 말은 경험적 인식의 근원적 한계를 지적한 것인데, 경험
적 인식의 이러한 한계는 '유추'에 의해 극복될 수 있다. 다시 말해 진정
한 의미의 '달사'란 “하나를 들으면 눈에 열 가지가 그려지고 열을 보면
마음에 백 가지가 설정되는” 사람을 가리킨다.[19] 그런데 유추에 의해 이
루어지는 감각 능력의 확장과 심화는 기실 그것에 대한 의심과 회의를
전제하고 있다.[20] 즉 유추는 감각적 경험 내용을 의심하고 회의함으로
써 오히려 그것의 심화와 확장에 이르는 과정이다. 앞서 말한 맥락과 상
황 안에서의 억측이란 위와 같은 과정을 의미하며, 이는 지식의 상대성
과 역사성에 대한 인정으로 나아가게 된다.

　감각의 불완전성이라는 문제와 더불어, 박지원은 '감정'과 '의지'에
의한 감각 내용의 탈색과 왜곡이라는 문제 또한 제기한다. 「일야구도하
기」에서 생각하는 바(意)에 따라 소리가 다르게 들리고 느끼는 바(情)에
따라 소리가 들리기도 하고 안 들리기도 한 경험을 서술하면서, 그는 인
간의 감정과 의지가 외부 세계에 대한 바른 인식을 방해한다고 말하고
있다.[21] 연암은 「도강록(渡江錄)」에서 중국 땅에 들어서자마자 번화한 거
리 모습을 목격하고서 시기하는 마음과 부러워하는 마음이 일어나 '여
기서 그만 발길을 돌릴까보다'고 생각을 했던 경험을 말한 바 있는데,[22]
이도 감정이 사물의 본질에 다가서게 하기보다 그것으로부터 눈길을 돌
리게 한 예가 된다.

　요약하자면, 박지원은 선험적인 인성론과 우주론에서 해방되고, 불완
전한 감각에 매몰되지 않으며, 자기 안의 감정과 의지에 좌우되지 않는
상태야말로 바른 인식과 판단의 전제 조건이라고 보았다. 그는 이러한

---

19) 박지원, 「망양시집서」(정민, 『비슷한 것은 가짜다』, 태학사, 2000, 23면에서 재인용).
20) 임형택은 박지원의 유추 개념을 '귀와 눈의 고유한 능력의 고도화'로 본 바 있다. 임형
　　택, 「박연암의 인식론과 미의식」, 『한국한문학연구』 11, 한국한문학연구회, 1988, 20면
　　참조.
21) 박지원, 이가원 역, 『열하일기』 2, 민족문화추진회, 1989, 360~362면 참조.
22) 박지원, 이가원 역, 『열하일기』 1, 민족문화추진회, 1989, 39면.

마음의 상태를 '명심(冥心)', 즉 비워져서 고요한 상태를 유지하는 마음으로 정의했으며,23) 「소완정기(素玩亭記)」에서는 명심의 필요성을 "방과 창이 텅 비지 않고는 밝은 빛을 받을 수가 없고 유리알이 비지 않으면 정기를 모을 수가 없다"24)는 말로 비유적으로 표현하기도 했다. 비워진 마음이란 감정과 이념과 의지로부터 자유로운 마음을 의미하며, 이는 종종 어린이와 장님의 마음에 비유되기도 한다.

어린이는 관념에 주박되어 있지 않기 때문에 오히려 자기에게 보이는 대로 사물을 받아들일 수 있다. 박지원에게 큰 영향을 끼쳤던 것으로 알려진 이탁오의 「동심설(童心說)」에 따르면, 동심이란 '최초에 지녔던 순수하고 참된 마음'을 의미한다. 이탁오는 사람이 성장함에 따라 문견(聞見)과 도리(道理)가 침투하여 동심의 상태를 점차 잃어버리게 된다고 말하고 있다. "대저 이미 문견과 도리로 마음을 삼고 보면 말하는 바의 것도 모두 문견과 도리의 말일 뿐 동심에서 절로 나온 말은 아니다. 그 말이 비록 공교하다 한들 내게 무슨 상관이겠는가?"25) 여기서 이탁오는 감각적 인식 기관으로서 눈과 귀 자체를 불신한다기보다 눈이 본 것을 탈색하고 귀가 들은 것을 왜곡하는 '도(이념)'나 '리(관념)'를 경계하는 것이다. 아이들이, '하늘 천(天) 자(字)는 푸르지가 않다'고 꼬집을 수 있고26) 관운장 상(像)의 눈과 코에 장난을 칠 수 있는 것27)은 그들이 아직 이념이나 관념에 사로잡히지 않았기 때문이다. 그들에게는, 하늘은 푸르고 관운장은 진흙으로 빚은 모형일 뿐이다.

다른 한편 『열하일기』에 자주 등장하는 장님의 비유에는 감각적 인식 활동에 대한 회의가 좀더 근본적이다. 그는, 보는 것만으로는 부족하다든가 또는 보이는 대로 보지 못하도록 방해하는 의지나 이념을 경계해

---

23) 박지원, 이가원 역, 『열하일기』 2, 민족문화추진회, 1989, 362면.
24) 박지원, 「소완정기」(정민, 『비슷한 것은 가짜다』, 태학사, 2000, 69면에서 재인용).
25) 이탁오, 「동심설」(정민, 위의 책, 129면에서 재인용).
26) 박지원, 「답창애지삼(答蒼厓之三)」(정민, 위의 책, 112~113면에서 재인용).
27) 박지원, 「영처고서(嬰處稿序)」(정민, 위의 책, 120면에서 재인용).

야 한다고 말하는 것이 아니라, 보는 것 자체가 인식과 판단을 방해할
수 있다고 말하고 있다. "소리와 빛깔은 바깥 사물인데 바깥 사물이 항
상 눈과 귀에 탈이 되어 사람으로 하여금 바르게 보고 듣는 것을 잃게
만듦이 이와 같다. 그러니 하물며 사람이 세상을 살아가는 데서 그 험하
고 위태로움이 황하보다 심하고 보고 듣는 것이 문득 병통이 됨에 있어
서랴."28) 감각의 활동이 도리어 진정한 인식을 방해한다는 것인데, '비
록 눈이 없다고 해도 괜찮으리라'는 생각은 「도강록」에서는 '눈을 감아
야 오히려 잘 볼 수 있다'는 생각으로 비약하기도 한다.29) 이러한 태도
는 경험적 인식의 불완전성에 대한 의식을 표현하는 동시에 실재의 잠
재성에 대한 좀더 예민한 의식을 반영한다. 그것은, 말 그대로 극단의
회의론에 귀착하지는 않으면서도, 경험적 인식 내용에 대한 지속적이고
강도 높은 의심과 회의를 추동한다.

연암의 인식론적 성찰은 선험적인 우주론과 인성론의 보증이 없는 상
태에서 인식과 판단의 타당성을 보증할 조건을 확보해야 하는, 자율성의
딜레마를 헤쳐 나가기 위한 탐색이었다고 할 수 있다. 그는, 감각적 경험
에 바탕을 두면서도 그에 매몰되지 않으며 자기 안의 감정과 의지에 의
한 왜곡과 탈색을 경계함으로써만 실재 그대로의 인식에 도달할 수 있을
것이라고 보았으며, 그러한 조건을 갖춘 상태를 '명심'이라는 말로 요약
하였다. 명심이란 채우기 위해 비우는 것이며 받아들이기 위해 버리는
것이라는 점에서 '방법적 회의'의 일종이라고 할 수 있다. 그런데 연암의
'명심' 개념에는 버리고 비우는 방도에 대한 생각은 상세한 반면 채우고
받아들이는 방도에 대한 생각은 불분명하다. 다시 말해 명심은 인식의
정합성을 보증하는 긍정적인(positive) 방도라기보다 부정적인(negative) 방도

---

28) 박지원, 이가원 역, 『열하일기』 2, 민족문화추진회, 1989, 362면.
29) 박지원, 이가원 역, 『열하일기』 1, 민족문화추진회, 1989, 39면. 비슷한 뜻으로 쓰인
   장님의 비유는 「환희기후지(幻戲記後識)」(이가원 역, 『열하일기』 2, 민족문화추진회,
   1989, 354면)에서도 볼 수 있다.

로서의 성격이 강하다.[30]

3) '지금' '여기'의 글쓰기와 '나'라는 주체

　박지원이 전동(典洞) 시절에 확립하고 실천한 문학론을 일반적으로 법
고창신론(法古創新論)이라고 한다.[31] 법고창신이라는 역설이 드러내고 있
는바, 연암의 문학과 문학론은 '고(古)'와 '신(新)'의 경계에서 부단히 진동
하는 듯하다. 따라서 이 이론은 법고에 중점을 두는가, 창신에 중점을 두
는가에 따라 다르게 해석될 여지가 있다. 이와 더불어 연암의 문학이 고
문이냐 아니냐의 문제도 결코 간단하지 않다. 그럼에도 연암의 사유에서
'참다운 문학은 법고에만 머무를 수 없으며 창신의 경지에로 나아가야
한다'는 생각은 매우 분명했다고 할 수 있는데,[32] 이러한 문학론의 바탕
에는 앞에서 살펴본 실재에 대한 새로운 의식과 연역적 추론에 대한 비
판, 인식과 판단의 정합성을 보증할 조건과 능력에 대한 성찰이 있다.

　　하늘과 땅이 비록 오래되었지만 끊임없이 생명을 내고, 해와 달이 비록 오래
　되었어도 그 광휘는 날마다 새롭다. 책에 실려있는 것이 비록 방대하지만 가리

---

30) 고미숙은 박지원의 '명심'을 "탈주체화의 극한을 표현"하는, '경계의 사유'와 연관된
　　범주로 설명한 바 있다. 박지원에게서 근대성의 일 방향에 갇히지 않는 에너지를 본다
　　는 점에서 고미숙의 문제의식에 많은 부분 동의하지만, 그렇다고 이 글의 문제설정이
　　그와 동일한 선상에 있지는 않다. 자세한 논의는 다음 기회로 미루며, 주체성의 문제에
　　대한 필자의 생각은 다음 절의 논의로 대신한다. 고미숙의 논의는 「박지원─'천의 고
　　원', 유쾌한 노마드의 지적 여정」, 『문학과 경계』 창간호, 2001 참조.
31) 박지원은 벼슬길에 나서기를 단념하고 가족들을 처가로 보낸 후인 1772년 무렵부터
　　연암 골짜기에 은둔하게 되는 1778년 무렵까지 서울 전의감동(典醫監洞)의 우사(愚舍)
　　에 혼자 기거하면서 홍대용, 정철조, 이서구, 이덕무, 박제가, 유득공 등과의 교제 속에
　　서 사상과 문학을 심화시켰다. 보통 '전동 시절'이라고 불리는 이 시기에 그는 법고창
　　신의 문학론을 확립하는 한편 이를 적극 실천했다. 연암의 법고창신론과 그 창작적 특
　　징에 대해서는 김명호, 『열하일기 연구』, 창작과비평사, 1990, 55~67면 참조.
32) 김명호, 위의 책, 59면.

키는 뜻은 제각금 다르다. (…중략…) 예禮에는 송사訟事가 있고 악樂에는 의론議論이 있으며, 글은 말을 다하지 못하고, 그림은 뜻을 다하지 못한다. 어진 이가 이를 보면 인仁이라 하고, 지혜로운 이가 이를 보면 지智라고 한다.33)

세계는 부단히 변화하며 같은 것을 보아도 보는 이의 시각에 따라 다르게 해석될 수 있다는 점을 인정한다면, 어떤 것도 스스로 절대적이고 보편적인 지식, 즉 진리임을 주장할 수 없을 것이다. 지식은 상대적이고 역사적인데, 박지원은 이러한 인식론에 바탕을 두고 '지금' '여기'의 글쓰기를 강조했다.

　　이제 무관(이덕무―인용자)은 조선 사람이다. 산천의 풍기風氣는 땅이 중국과 다르고, 언어와 노래의 습속은 그 시대가 한漢나라나 당唐나라가 아니다. 만약 그런데도 중국의 법을 본받고, 한나라나 당나라의 체재를 답습한다면, 나는 그 법이 높아지면 높아질수록 담긴 뜻이 실로 낮아지고, 체재가 비슷하면 비슷할수록 말은 더욱 거짓이 될 뿐임을 알겠다.34)

과거의 체재를 답습하려는 기억 지향적 문화와 중국의 법을 본받으려는 보편 지향적 문화에 대한 비판은 이 시기 박지원의 글쓰기론의 핵심을 이루고 있는 것으로 보인다.35) 이러한 태도는 특정한 장소와 특정한 시간에서의 특정한 경험을 선호하며 궁극적으로 '나'를 강조한다. "중요한 것은 자기 자신의 글을 쓰는 것이다. 귀로 듣고 눈으로 본 바에 따라 그 형상과 소리를 곡진히 표현하고 그 정경을 고스란히 드러낼 수만 있다면 문장의 도(道)는 그것으로 족하다."36) 이러한 태도는 경험적 인식의

---

33) 박지원, 「초정집서(楚亭集序)」(정민, 『비슷한 것은 가짜다』, 태학사, 2000, 162면에서 재인용).
34) 박지원, 「영처고서」(정민, 위의 책, 121면에서 재인용).
35) 이서구의 『녹천관집(綠天館集)』에 달아준 서문에서도 '지금'과 '여기'의 글쓰기에 대한 똑같은 강조를 발견할 수 있다. "서경書經의 「은고殷誥」와 「주아周雅」도 삼대三代 적의 당시 글이었고, 이사李斯와 왕희지王羲之도 진秦나라와 진晋나라의 시속 글씨였습니다."(정민, 위의 책, 107면에서 재인용)

중요성을 일깨우는 동시에 진리는 궁극적으로 개인적인 경험이며 의식의 문제라는 가정을 구체화한다.

「소완정기」에는 인식하고 판단하는 주체로서 '나'의 지위가 더욱 분명하게 나타난다. 이 글에 따르면, '책을 본받고 책에서 빌려온다 해도 스스로 얻지는 못한다.' 기억 지향적이고 보편 지향적인 문화에서 '책'이란 사상, 주제, 단어들과 구절들이 저장되어 있는, 집단적 기억을 유지하는 일람표였다. 여기서 '글쓰기'는 '책' 속에 구현되어 있는 지혜와 도덕을 전수하는 방법을 의미했다. 따라서 모방은 문화(문학)적 생산의 필수 불가결한 전제였으며, 그 구체적인 실천으로서 '전거(典據)'는 과거의 담론을 되풀이하는 장치였다. 전거를 드는 행위에는 지금 그 행위를 하는 사람은 부재하며 전거가 된 저자와 텍스트만이 절대적인 권위를 가진다. 이러한 문화에서 글쓰기의 이상은 가급적이면 글쓰는 자의 목소리에 방해받지 않으면서 도에 대한 설명에 도달하는 것이었다. 이에 반해 「소완정기」에서 박지원은 '책'으로 상징되는 전통적인 교육의 축적물들에 반대하며 '나'를 진리의 발견자이자 창조자로 정초하고 있다.37) 스스로 얻는 길은 오로지 '나의 눈으로 약(約)하고 나의 마음으로 오(悟)하는 것'인데, 연암은 이를 다음과 같이 비유적으로 표현한다. '방안의 물건을 찾는 사람은 방안에서 이리 저리 몸을 돌리고 눈을 움직일 것이 아니라 몸을 방 밖에 두어 구멍을 뚫고 살펴보아 한 눈의 전일함으로 온 방안의 물건을 다 보아야 한다. 그리고 두루 퍼지는 햇빛을 오목렌즈에 모아 한 점에 투사하면 불꽃이 일게 되듯이 그렇게 세상 만물을 자기의 마음

---

36) 박종채, 박희병 역, 『나의 아버지 박연암(過庭錄)』, 돌베개, 1998, 179면.
37) 박지원은 '책'과 새로운 타입의 상호텍스트적 관계를 형성하는 것으로 보인다. 그 대표적인 방식이 '패러디'이다. 정민은 박지원의 산문 소품들이 널리 알려져 있는 설화나 경전의 구절들을 패러디한 예를 보여준다. 『열하일기』에 대해서는 김명호가 『사기』의 패러디 양상을 분석하였으며, 강혜선도 『열하일기』 곳곳에 나타나는 패러디의 문제를 비중 있게 다룬 바 있다. 박지원의 패러디적 글쓰기에 대해서는 정민, 앞의 책, 38 · 162면; 김명호, 『열하일기 연구』, 창작과비평사, 1990, 218면; 강혜선, 『박지원 산문의 고문 변용 양상』, 태학사, 1999 참조.

으로 끌어 모아 새로운 깨달음에 도달해야 한다.'38) 마치 카메라 옵스큐라의 구조와도 흡사한 '한' 눈과 '한' 점은 보고 깨닫는 주체로서 '나'를 뚜렷하게 부각시키고 있다.

　전제 없이 비교하는 것은 무리이겠지만, 데카르트의 인식론에서 회의는 방법의 지위를 가지고 있었으며, 그는 이성이 진리에 도달하게 하는 방법의 규칙을 가지고 있었다. 데카르트는 감각, 수학적 추론, 외적 세계의 실재성을 차례로 의심하면서,39) 다시 말해 방법적 회의에 의거하면서 그리고 그 위에서 정신 혹은 이성을 인도하고 지도하는 방법의 규칙, 즉 명증성의 규칙, 분해의 규칙, 합성의 규칙, 열거의 규칙을 제시했다. 그 규칙은 논리학으로부터 도출된 것이었다.40) 박지원의 인식론은 회의에 기반하고 있다는 점, 개인의 경험과 의식을 진리 인식의 유일한 통로로 보았다는 점에서 데카르트의 그것과 유사하다. 그러나 박지원의 인식론은 회의라는 부정적 과정에 더 중점이 두어져 있는 것으로 보인다. 앞절에서 박지원의 '명심'이 인식의 긍정적 방도라기보다 부정적 방도의 성격이 강하다는 것을 지적한 바 있는데, 그에게는 궁극적으로 인식을 위한 방법과 '기도(企圖 : Project)'가 부재하다. 또 그의 인식은 데카르트처럼 논리학적 규칙에서 도출된 방법에 의거하지 않기 때문에 보편타당성이나 절대성을 보증할 수가 없다. 그래서 박지원의 인식은 학문 혹은 철학에는 도달할 수가 없는 것이다. 방법과 기도의 부재야말로 박지원의 후기 글쓰기, 곧 『열하일기』의 성격을 규정한다.41)

---

38) 박지원, 「소완정기」(정민, 『비슷한 것은 가짜다』, 태학사, 2000, 67~69면에서 요약).
39) 르네 데카르트, 이현복 역, 『방법서설－정신지도를 위한 규칙들』, 문예출판사, 1997, 184~186면.
40) 르네 데카르트, 이현복 역, 위의 책, 168~169면.
41) 이마무라 히토시[今村仁司]는 방법주의(方法主義)와 기도주의(企圖主義)가 순환 시간의 의식을 붕괴시키고 미래 시간의 의식을 발생시키며 '의지'라는 근대에서만 나타나는 정신적·실천적 태도를 형성했다고 말한 바 있다(이수정 역, 『근대성의 구조』, 민음사, 1999 참조). 방법주의와 기도주의, 근대적 시간성, 그리고 의지의 태도야말로 유길준의 『서유견문』을 박지원의 『열하일기』와 구별해주는 가장 중요한 지점일 것이다.

3. 인식과 판단의 시도로서의 여행기

세네카나 노자는 여행이 무의미하다고 보았다. 노자는 문 밖에 나가지 않아야 천하를 안다고 했고 세네카는 여행이 누구에게 어떤 소득을 준 적이 있느냐고 반문했다. 세네카나 노자는 여행기의 필요성 같은 것을 느꼈을 성싶지 않다. 그러나 수많은 사람들이 여행을 했으며 또 많은 여행기를 남겼다. 따라서 여행과 여행기의 스펙트럼은 실로 넓다.

조선 정부는 1637(인조 15)년에 청과 정식 국교를 튼 이후 조선조 말에 이르는 250여 년 동안 줄잡아 500회 이상의 사행(使行)을 청에 파견했고 그 결과물로 수많은 연행록(燕行錄)이 씌어졌다. 그 가운데 연암의 『열하일기』는 김창업의 『연행일기(燕行日記)』(1712~1713), 홍대용의 『연기(燕記)』(1765~1766)와 더불어 조선시대 연행록의 세 가지 유형을 대표하는 저술이라는 평가를 받고 있다.[42] 『열하일기』는 어떤 책인가? 연암이 창안한 여행기의 새로운 형식을 탐구하는 것이 이 절의 목표이다.

1) 반(反)체계성과 비통일성의 글쓰기

박지원의 여행 목표는 다른 무엇이 아니라 '청(淸)'을 아는 것이었다. 『열하일기』의 도처에서 정보에 대한 그의 욕망을 느낄 수 있다. 그는 되

『서유견문』에 대한 상세한 논의는 이 책 3장 '『서유견문』과 계몽기 지(知)의 장(場)'과 4장 '『서유견문』의 문명론과 번역의 정치학' 참조

42) 김창업의 『연행일기』를 비롯한 대다수의 연행록은 여정을 날짜순으로 적는 편년체 형식을 취하고 있으며, 홍대용의 『연기』는 인물·사건·사항별 주제에 따라 나누어 기술하는 기사체 형식을 취하고 있다. 『열하일기』는 이 두 가지 서술 방식을 종합하면서 그 나름의 창안을 가미한 독특한 체제를 갖추고 있는 것으로 평가되고 있다. 연행록의 전통에 대해서는 김명호, 『열하일기 연구』, 창작과비평사, 1990, 154~159면 참조

도록 많이 보고, 많이 듣고, 많이 모으려 했다. 그는 한밤에 일행이 유숙하고 있는 곳을 몰래 빠져나와 현지 사람들과 필담을 나누기도 했고, 책이나 고기(古器)의 목록을 베꼈고, 편지와 공문 등도 빠뜨리지 않고 모았다. 조느라고 낙타를 보지 못한 것을 못내 아쉬워하며 다음부터는 신기한 것이 나타나면 꼭 깨우라고 하인에게 이르기까지 했다. 귀국한 후 박지원은 여행하는 동안 보고 듣고 모은 자료들을 토대로 하여 수년에 걸쳐 『열하일기』를 썼다.[43)]

그런데 정작 『열하일기』에는 그 자료들이 체계적으로 분류되거나 객관적으로 분석되지 않은 상태로 있다. 『열하일기』를 구성하고 있는 편들에는 보통 잡지(雜識) · 수필(隨筆) · 정사(程史) · 정록(程錄) · 필담(筆談) · 시말(始末) · 문답(問答) · 시화(詩話) · 섭필(涉筆) · 야화(夜話) · 잡록(雜錄) · 소초(小鈔) · 잡기(雜記) · 이문(異聞) · 기략(紀略) · 퇴술(退述) 등의 이름이 붙어 있다. 이러한 주변적이고 비공식적인 글쓰기 양식의 선택은 주제의 철저한 처리가 아니라 피상적 처리를 표방한다. 그래서 각 편들은 개념적 확실성과 논리적 명백성을 지향한다기보다 그냥 '시문(時文)'에 머무르기를 원하는 것처럼 보인다. 이는 『열하일기』에서 박지원이 청의 정치와 경제의 실정, 학술과 문예의 동향, 풍속의 변화에 대해 공평한 관찰자나 보고자의 포즈를 취하지 않고 있는 것과도 관련된다. 한마디로 『열하일기』의 목표는 대상에 대해 '객관적이고 통일된' 지식을 구성하는 데 있지 않다.

그리고 『열하일기』는 하나의 체계적인 구조물이 아니다. 그것은 애초부터 하나의 완성된 청사진을 바탕으로 하여 구축된 것이라고 하기 어

---

43) 『열하일기』의 저술 과정은 크게 세 단계로 나뉜다. 첫 단계는 1780년 중국 여행 당시 현지에서의 기술이고, 두 번째 단계는 중국 현지에서 기록하고 창작한 많은 자료와 작품들을 지니고 귀국하여 이를 정리하고 편집한 단계이다. 이러한 작업은 귀국 직후부터 시작되었으며, 연암은 1783년경에 『열하일기』를 탈고했으리라 추정된다. 세 번째 단계는 그 이후 단속적으로 이루어진 수정과 보완의 과정이다. 열하일기의 저술과정에 대해서는 김명호, 『열하일기 연구』, 창작과비평사, 1990, 18~23면 참조.

려울 뿐만 아니라 추가와 개정의 과정을 거친 후에도 하나의 완성된 건축물이 되지는 못했다. 「환연도중록(還燕道中錄)」편까지 여섯 편은 사행이 압록강을 건너 북경을 거쳐 열하로 황제를 만나러 갔다가 북경으로 다시 돌아오기까지의 여정을 중심으로 기술되었다는 점에서 여행기 일반의 관습을 따르고 있다고 할 수 있다. 그렇지만 북경에서 귀국하기까지 절반의 여정은 완전히 생략하고 있다는 점을 미루어 볼 때, 『열하일기』에서 박지원의 목적이 여정의 기록을 완성하는 데 있지 않았음을 알 수 있다. 더구나 「환연도중록」편 뒤의 열아홉 개의 편에서는 편제상의 체계성과 총체성을 발견하기가 더욱 어렵다. 다른 말로 한다면, 『열하일기』 안의 각각의 편들은 하나의 완결된 구조물로 수렴되지 않는다.

　이러한 사정은 각각의 편 안에 있는 글들에도 그대로 적용된다. 예를 들어 「성경잡지(盛京雜識)」편에는 십리하(十里河)에서 소흑산(小黑山)에 이르기까지 닷새 동안의 여정을 서술하는 중간과 끝에 성경의 상인들과 나눈 필담들(「粟齋筆談」, 「商樓筆談」)과 한 상인이 준 골동품 목록(「古董錄」)과 편지(「田仕可與燕巖書」), 사찰과 산천에 대한 짧은 소개(「盛京伽藍記」, 「山川記略」)가 있다. 다시 말해 「성경잡지」 안에는 서로 연관되지 않는 다기한 소재와 사건이 묶여 있다. 또 그것들은 시적·극적·서사적 양식 등 다양한 문학적 양식들과, 편지, 공문서, 물품 목록 등 다양한 실용적 글쓰기 양식을 통해 전달되고 있다. 즉 내용과 형식 양 측면에서 「성경잡지」에는 이질적인 것들이 무질서하고 무원칙하게 배열되어 있는 것처럼 보인다.

　비슷한 예를 한 가지 더 들 수 있다. 「산장잡기(山莊雜記)」편은, 그 안에 있는 완결성과 통일성을 획득한 소품 산문들에도 불구하고, 내용적 통일성이나 형식적 완결성을 지향하지 않는다. 「산장잡기」편은 아홉 개의 '기(記)'와 두 개의 '후지(後識)'로 되어 있다. 그 가운데 「야출고북구기(夜出古北口記)」, 「일야구도하기」, 「상기」 등은 일찍이 1900년대 초에 소위 고문 정통파인 김택영이 『연암집(燕巖集)』과 『연암속집(燕巖續集)』에

수록했을 정도로 정제된 형식의 산문이다.[44] 「야출고북구기」나 「일야구
도하기」가 현지에서 완성된 것일 가능성이 크다면,[45] 「산장잡기」편 안
에 있는 다른 기문(記文)들은 귀국한 다음 중국 현지에서 기록한 초고들
을 정리하여 안에 넣은 것으로 추정된다. 특히 '후지'들은 — 다른 편들
에서 보이는 '후지'·'서문'과 마찬가지로 — 뒤에 덧붙여진 것이다. 요
약하자면, 「산장잡기」편 안에 있는 여러 글들은 그저 병렬적으로 연결
되어 있을 뿐이며 거기에는 어떤 최종적이고 권위적인 통제도 없다. 그
래서 그것은 그저 '잡기'에 머물러 있다.

　『열하일기』는 체계적 완결성을 지향하지 않는다. 『열하일기』에서 박
지원은, 일관된 기준에 의거하여 분류하고 논리적 순서에 의거하여 분석
함으로써 대상에 대한 지식을 완성하는 것을 목표로 하지 않는다. 거시
적인 차원에서 보거나 미시적인 차원에서 보거나, 주제로 접근하거나 형
식으로 접근하거나, 『열하일기』에는 부분들과 요소들이 느슨하게만 연
결되어 있으며 극단적으로는 무원칙하고 무질서한 모습마저 보이고 있
다. 이렇게 볼 때 『열하일기』는 계속 추가되고 개정되는 텍스트, 더 이
상 전체화하는 지식의 체계를 표현하지 않고 그것을 구성하고 있는 단
편들로 되돌아가려는 텍스트라고 할 수 있다. 이는 전통적인 의미의 책
으로부터의 일탈을 꾀하는, "책의 지연"이다.[46]

---

44) 김명호, 『열하일기 연구』, 창작과비평사, 1990, 10~11면. 김명호는 『열하일기』의 특
　　성으로 전통 고문체와 패관소설체를 망라하여 다채로운 문체를 구사한 점을 들었다.
　　그는 『열하일기』에 있는 중국인과의 대화나 필담, 그리고 사건을 서술하는 지문에서
　　발견되는 백화체와 조선식 한자어와 고유의 속담 표현을 '소설적 문체'로 지적한 한편,
　　『열하일기』가 고문체로 씌어진 뛰어난 산문이라는 점에서도 높이 평가되어야 한다고
　　강조하였다(같은 책, 159~181면 참조).
45) 김명호, 위의 책, 20면.
46) Claire De Obaldia, *The Essayistic Spirit*, New York : Oxford University Press, 1995, p.30.
　　Obaldia에 따르면, "책의 지연(différance of a Book)"은 중세의 절대적 지식과 계몽기의 다
　　른 절대적 지식(백과사전) 사이에 끼어 있는 르네상스 시기의 인식론적 불안을 반영하
　　는 현상이다.

2) 불연속성과 비종결성의 글쓰기

『열하일기』에서 통일성과 체계성의 결여가 가장 분명하게 드러난 곳
은 소위 '문답'들이다. '문(問)'과 '대(對)'는 논변류에 속하는 작은 갈래들
로서 하나로 합쳐 통상 '문대체(問對體)'로 불리는데, 문대체의 관습은 입
장을 분명히 해서 명확한 뜻을 전달하는 데 있었다. 따라서 아직 결론이
나지 않은 내용은 문대체로 부적절했으며 애매한 태도를 보이는 것도
용납되지 않았다. 그런데 '문답(問答)'이라는 이름을 달고 나온 글들은 잡
저(雜著)의 형태로서 이러한 문대체의 전통적 관습에서 벗어나기도 했다.
특히 박지원의 「황교문답(黃敎問答)」은 홍대용의 「오팽문답(吳彭問答)」과
더불어 대답하는 자와 묻는 자 사이의 일방적이고 위계적인 관계에 상
당한 변화를 가져온 작품이다.[47)

「황교문답」은 연암이 북경의 태학에 머물면서 '중원의 사대부들'과
글로 문답한 내용을 적어놓은 글이다. 그들은 지정(志亭 : 郝成), 추사시(鄒
舍是), 부재(孚齋), 형산(亨山 : 尹嘉銓), 여천(麗川 : 奇豊額)인데, 이 다섯 명은
황제의 신임을 받는 전직 고위 문관(형산), 4품의 무관(지정), 지방의 관리
(여천), 황제 앞에서 경서를 강의하는 관원(부재)에서 지방 관리 시험에 합
격하고 발령 대기 상태에 있는 자(추사시)에 이르기까지, 70세 노인(형산)
에서 30대의 젊은이(여천)까지, 한족 출신(형산)에서 조선족 출신 만주인(여
천)과 몽고 출신(부재)까지, 나이와 직업과 출신이 매우 다양하다. 연암과
이들이 한 날 한 시에 모여 필담을 나눈 것은 아니다. 연암은 각각의 사
람들과 따로 따로 필담을 나누었으며 이를 대략 위에 소개한 사람 순서
로 연결해 놓았다.

「황교문답」에서 화제는 황교에 머물지 않고 자주 유교로, 불교로 번
져 나가다가 다시 황교로 돌아오곤 했는데, 이 과정은 흡사 하나의 의견

---

47) 이강엽,『토의 문학의 전통과 우리 소설』, 태학사, 1997, 66~72・81~90면 참조.

이 다른 의견에 의해 부정되고 하나의 결론이 다시 다른 의문을 야기하는 식이다. 지정은 활불(황교의 지도자)의 영험함과 관련된 여러 가지 이야기들을 신빙성 있는 사실로 전하는 반면, 여천은 활불을 가짜 부처라고 폄하하며 지정이 전한 활불의 신통력에 관한 이야기를 허망한 것이라고 일축한다. 형산은 황교가 도리어 중국의 성화(聖化)에 도움이 될 것이라고 보는 반면 추사시는 활불을 사람을 잡아먹는 자 혹은 무덤을 파헤치는 도둑놈에 비유한다. 추사시는 불교와 도교를 이단으로 보면서도 그에 대해 지대한 관심을 표하며, 부재는 불교와 도교가 이단이 아니라 하나의 도에 포괄되는 것이라면서 그 도를 유교라 이름 붙여 세 가지 종교 중의 하나로 만드는 것은 오히려 이단을 조장하는 일이라고 비판한다. 추사시는 요즘의 유학자들이 소위 이학선생과 도학군자로 떨어졌으며, 주자와 육상산(陸象山)을 섞고 고증학과 훈고학을 왔다 갔다 한다며 비판한다. 그는 이단의 학문을 제창하는 사람을 스승으로 삼고 싶다는 극언도 서슴지 않는다. 여천은 스스로 유학자라고 하면서도 때에 따라 자신을 '비구' 혹은 '머리카락 있는 중'이라 칭한다. 여천은 형산의 시를 헐뜯고 그의 정사(政事)도 신통치 않을 것이라고 비아냥거리며, 지정은 추사시를 광사(狂士)로 칭하며 다시는 만나지 말라고 충고한다. 문답이 진척될수록 의견이 수렴되기는커녕 분산되고 문제가 해결되기는커녕 더욱더 미궁에 빠지는 꼴이다.

이 이질적이고 대립적인 말들의 와중에서 연암은 결코 가르치는 자의 입장이 아니며 의견들을 통합하거나 조정하는 위치에 있지도 않다. 그의 의견은 여러 의견들 중의 하나에 불과할 뿐 아니라 심지어 심각한 반대에 부딪히기도 한다. 박지원은 원론적으로 유교를 변호하며 불교와 도교를 이단시하고 황교에 대해서는 유보적인 태도를 취하는데, 예를 들어 추사시는 연암의 유교에 대한 견해를 듣고 나서 '확실히 옳은 것을 지키고 있다'고 하는 한편 '그 점이 한편으로는 기쁘고 한편으로는 슬프다'고 한다. 연암은 추사시의 '칭찬하는 것도 같고 조롱하는 것도 같으며 업신여기는 것도 같은' 말에 혼란을 느끼는데, 이러한 혼란은 다른 곳에서도 종종 나타나고 있다.

「황교문답」은 의미의 결핍과 의미의 잉여라는 이율배반 위에 서 있는 것처럼 보인다. 독자는 이 글을 통해서는 황교가 과연 무엇인지 분명하게 파악할 수가 없다. 독자는 황교의 본질에 다가갈 수 없으며 따라서 그것을 정의하거나 판단하는 일은 불가능하다. 그것은 독자의 손길을 거부한다. 예전에 과거체(科擧體)의 수사학을 설명한 글에서, 연암은 글의 '제목'을 공략해야 할 '적국(敵國)'에 비유하면서 서두에서 '파제(破題)', 즉 그 제목의 의미를 분명히 밝혀야 한다는 지침을 제시한 바 있다.[48] 이에 비추어 보자면 「황교문답」에서 박지원은 적국의 정체를 드러내지도 그것을 효과적으로 공략하지도 못했다고 할 수 있다. 대신에 그는 주제에 대한 다양한 의견들을 모으고 그것들을 서로 대질시키는 데 그친다. 의견들 가운데 어떤 것도 다른 의견들을 제압하고 저지하는 위치에 오르지 못하기 때문에 의견들이 추가됨에 따라 애매성과 모호성도 그만큼 커진다. 한 지점에서 내려진 결론이 다음 의견에 의해 부정되기 때문에 엄밀한 의미에서 결론이란 없다. 이러한 과정은 독자로 하여금 주제 자체가 아니라 주제를 둘러싸고 있는 맥락과 상황으로 눈을 돌리도록 한다. 「황교문답」은 청국에서 황교는 물론이고 유교, 불교, 도교 등 다양한 종교를 둘러싸고 벌어지고 있는 담론들 사이의 투쟁을 묘사함으로써 청국 안에 있는 다양한 집단들과 입장들 간의 정치적·문화적 갈등과 반목을 드러낸다.[49]

---

48) 박지원은, 과거에서 높은 등수로 합격한 모범답안만을 엮어 과거를 준비하는 수험생들이 참고할 수 있도록 한 『소단적치』라는 책에 「소단적치인」이라는 글을 써준 적이 있다. 소단적치란 '문단의 붉은 깃발'이란 뜻이고, 붉은 깃발은 대장군의 상징이다. 즉 소단이란 글쓰기와 관련된 말이고 적치란 군대와 연관된 말이다. 「소단적치인」은 '소단적치'라는 제목이 붙은 책에 대해 설명하는 글로서, 박지원은 '글을 잘 아는 자는 병법을 아는 것일까'라는 말로 시작하여 '파제'의 중요성을 강조했다. 이에 대해서는 정민, 『비슷한 것은 가짜다』, 태학사, 2000, 194~202면 참조

49) 이강엽은 『열하일기』의 「관내정사」편을 분석하면서 이질적인 것들의 혼성이라는 글

4. 산문 혹은 에세이의 정신과 방법

작자불명의 「열하일기서(熱河日記序)」는 『열하일기』의 글쓰기 방법을
분석한 글이다. 이 글에 따르면, 글쓰기의 궁극적인 목표는 '통신명(通神
明)·궁사물(窮事物)', 즉 진리의 인식에 있으며, 여기에 도달하는 데는 두
가지 방법이 있다. 하나는 '담리(談理)'를 위주로 하는 글쓰기이고 다른
하나는 '기사(記事)'를 위주로 하는 글쓰기이다. 그런데 담리의 글쓰기는
허구적인 이야기를 꾸며내는 방식으로 흐르기도 하고(이것이 寓言이다),
기사의 글쓰기는 사실들 아래 숨겨진 의미에 대한 논평을 포괄하는 방
식으로 변하기도 한다(이것이 外傳이다). 「서(序)」에서 저자는, 우언과 외전
의 방법을 두루 구사함으로써 진리에 대한 논평(인식)에 성공적으로 도달
한 저서가로 장자를 들고 있으며, 『열하일기』는 우언과 외전을 두루 구
사한 점에서 장자의 글과 같지만 있었던 일만 적었다는 점에서 그리고
이용후생의 이치를 논했다는 점에서 장자의 것과는 다르다고 하였다.

원칙적인 의미에서 보자면, 담리의 글쓰기는 개념만이 존재하는 세계
이고 기사의 글쓰기는 개별적인 사물들만 존재하는 세계이다. 따라서 전
자는 의미를 설정하는 원칙을, 후자는 이미지를 창출하는 원칙을 따를
것이다. 그렇지만 개념이 진정한 현실인가, 개별적으로 존재하는 사물들
이 진정한 현실인가라는 해묵은 논쟁을 되풀이하지 않을 셈이라면, 이미
지만으로 혹은 의미만으로 구축되는 글이란 있을 수 없다는 데 동의할
것이다. '리(理)'를 논하는 글이라 하더라도 이미지로 나타나지 않을 수
없으며, '사(事)'를 기록하는 글이라고 하더라도 의미를 내포하지 않을

쓰기 형식의 특이성을 "교직(交織)"이라는 용어로 설명하고 '교직'기법의 인식적 효과
에 대하여 논의한 바 있다(「「관내정사」의 '交織'기법과 「호질」」, 『한국한문학연구』 26
집, 2000 참조). 「관내정사」의 교직 기법은 작게는 「황교문답」의 구조와 인식론, 넓게는
『열하일기』 전체의 구조와 인식론에 대한 이 글의 주장과도 관련된다고 생각하는 데
이에 대한 자세한 검토는 뒤로 미룬다.

수 없다. 의미와 이미지의 분리는 하나의 추상이다. 의미는 언제나 이미지 속에 감싸져 있고 이미지는 항상 그 배후에 있는 어떤 것을 연상시킨다. 이렇게 볼 때 소위 학문적(철학적) 글쓰기와 문학적 글쓰기는 생각처럼 명료하게 구분되지 않는다. 그렇다면 담리가 우언으로 흐르고 기사가 외전으로 변한다는 것은 별반 새로운 내용이 아니다.

「열하일기 서」에서 주목해야 할 것은 장자와 연암의 글쓰기의 특성을 이 두 가지 방법을 두루 구사한 데서 찾았다는 점이다. 이는 장자와 연암의 글이 학문(혹은 철학)과 문학의 경계에서 부단히 진동하고 있다는 것, 다른 말로 한다면 학문(철학)도 아니고 문학도 아니라는 것을 의미한다. 학문(철학)도 아니고 문학도 아닌 글은 '산문'이라고 불리기도 하고[50] '에세이'라고 불리기도 하는데,[51] 이렇게 본다면 서문의 저자는 장자와 연암을 산문가 혹은 에세이스트로 본 셈이다.

무엇이 글 쓰는 이로 하여금 문학에도 학문에도 머물지 못하게 하는가? 루카치는, 에세이가 개념만이 존재하는 세계나 개별적인 사물들만이 존재하는 세계에 만족하지 못하게 하는 저자의 특별한 체험에 바탕을 두고 있다고 말하고 있다. 차원 높은 학문(철학)이 아무런 해결점을 제시해주지 못하고 그 어떤 이미지로도 표현할 수 없는, 해답은 없고 어디까지나 물음으로만 존재하는 문제가 있으며, 완결할 수 없고 예상할 수 없는 생생한 경험들은 결코 실증적인 사실이나 그것의 상관관계만을 해명하는 학문으로는 포착할 수가 없다.[52] 이런 점에서 에세이적 글쓰기는 기존 학문 체계의 무능력, 즉 기성의 개념과 원리가 무기력해진 상태에

---

50) 김인환은 '산문'을 "문학도 아니고 교과서도 아닌 글"로 부른 바 있다. 김인환, 『언어학과 문학』, 고려대 출판부, 1999, 111면.
51) 게오르그 루카치는 「에세이의 본질과 형식」에서 에세이를 '이미지를 단호하게 거부하고 그러면서도 또 가장 열정적으로 이미지의 뒤에 도사리고 있는 것들을 파악하려고 하는 예술'로 정의했다. 게오르그 루카치, 반성완·심희섭 역, 『영혼과 형식』, 심설당, 1988 참조
52) 게오르그 루카치, 반성완·심희섭 역, 위의 책, 15면.

서 새로운 체험을 이해하고 표현하고자 하는 시도의 산물이다.

박지원은 조선 후기에 홍대용·박제가·이덕무·이옥 등과 더불어 새로운 글쓰기의 세계를 열어갔다는 평가를 받고 있다. 이러한 새로운 글쓰기 세계로의 진입을 허구성이나 형상성을 축으로 이해하는 방식은 문제를 단순화하는 것일 따름이다. 이 시기 글쓰기의 변동은 존재론과 인식론의 영역에서 이루어진 변동, 즉 실재론으로의 이동, 연역적 체계로부터의 보증이 사라진 상태에서 올바른 인식과 판단으로 나아가기 위한 조건들에 대한 탐색, 그리고 궁극적으로 인식과 창조의 주체로서 '나'를 정립하는 과정을 배경으로 하고 있다.

연암의 중국 여행과 그 기록인 『열하일기』는 인식과 판단의 '시험'이자 '시도'였다고 말할 수 있다. 박지원은 박제가의 『북학의(北學議)』 서문에서 『북학의』의 내용이 『열하일기』의 그것과 다를 바가 없다는 요지의 말을 하면서 '연행은 우리들이 연구하고 토론했던 것을 눈으로 체험한 것일 뿐'이라는 말을 한 바 있다.53) 그렇다고 이 말을 이를테면 '그가 이미 중국에 관해 자세히 파악하고 있었기 때문에 『열하일기』는 설사 그가 중국에 실제로 여행하지 않았더라도 능히 상상해낼 수 있었으리라'54)는 의미로 읽으면 곤란하다. 그의 연행은 지식의 '확인'이라는 의미밖에 없었던 것이 아니다. 사실은 정반대인데, 연암의 중국 여행과 여행기는 그가 중국에 대한 자신의 지식과 판단, 그리고 그 방법을 '시험'하고 '시도'한 행위라는 의미를 가지고 있다. 그래서 그의 여행기는 대상을 여기 저기 조사하고 모색하고 시험하면서 끊임없이 새로운 가치 평가, 귀납, 그리고 즉각적으로 사물을 해석하는 형식으로 나아간다. 그는 심지어 자신의 이전 견해가 위험에 처하고 그 바탕을 잃는 경험마저 숨기지 않는데, 이것이야말로 박지원이 중국을 여행하는 동안 그리고 여행기를 쓰던 동안 견지했던 자세라고 할 수 있을 것이다.

---

53) 박지원, 허경진 역, 「북학의서」, 『연암 박지원 산문집』, 한양출판, 1994, 27면.
54) 김윤식, 「연암문학의 문제점」, 『수필문학』, 1978, 1~2 합본호, 31면.

『열하일기』에서 연암은 객관적이라고 주장하는 또 다른 종류의 절대적 지식(학문)을 수립하기보다는 어떤 기성의 결론에 의해서도 제한되지 않는 자신의 사유 과정을 드러내는 데 관심이 있는 것처럼 보인다. 그는 대상에 대하여 외적·객관적 관점에서 접근하지 않고 그 자신의 견지에서 성찰적으로, 내재적으로 접근함으로써 궁극적으로 대상을 규정하고 창조하는 과정에서 자신을 규정하고 창조했다. 그래서 '『열하일기』에서 가장 잘 묘사되고 있는 것은 무엇보다도 연암 자신이다.'

제3장 『서유견문』과 계몽기 지(知)의 장(場)

1. 유길준과 그의 간학제적 학문 활동

유길준(호는 矩堂, 1856~1914)은 보통 개화파 정치가 혹은 관료로 기억되고 있지만 그것만으로 수렴되지 않는 복합적인 면모를 가진 인물이다.

유길준의 공직 경력은 대략 아래와 같다. 유길준은 1881년에는 신사유람단(紳士遊覽團)의 수행원 자격으로 일본에, 1883년에는 보빙사(報聘使)의 수행원 자격으로 미국에 파견되었다. 그 사이에는 지금의 외교부에 해당하는 통리교섭통상사무아문(統理交涉通商事務衙門)에서 외교 사무를 보았고 잠시 한성판윤 박영효의 지시에 따라 신문 발간 준비를 하기도 했다. 갑신정변 실패의 여파로 1885년 말부터 약 7년 간 가택 연금 상태에 있었으나 그 동안에도 고종의 정치·외교적 자문관 역할을 했다. 1894년에는 군국기무처(軍國機務處)의 회의원(會議員)으로 내정개혁에 앞장섰으며

1895년부터 김홍집 내각에서 내부대신으로 활동했다. 1896년 2월 고종의 아관파천으로 내각이 무너지자 그는 일본으로 망명했고 이후 조선의 정계(政界)와 관계(官界)로부터 멀어졌다. 주로 정치·외교 분야에서 활동하다가 내각의 대신에까지 올랐다는 위와 같은 사실로 미루어 볼 때, 유길준은 한말 정치사에서 중요한 역할을 한 관료 가운데 한 사람이었다고 할 수 있다.

그렇지만 유길준의 행적에는 당시의 다른 정치가나 관료와는 구분되는 특별한 면모가 발견된다. 유길준은 신사유람단과 보빙사의 수행원으로 일본과 미국에 갔지만 일행과 함께 귀국하지 않았다. 그는 지금으로 말하면 국비 유학생 자격으로 1881년 6월부터 약 1년 6개월 동안 근대 일본의 아버지라 불리는 후쿠자와 유키치[福澤諭吉, 1835~1901]의 게이오기주쿠[慶應義塾]에서 수학했다. 그리고 1883년 말부터 1885년 초까지 약 1년 6개월 동안 마찬가지 자격으로 미국에 머물렀는데, 이때에는 동경대학교 교수를 지냈고 다윈의 진화론을 일본에 처음 소개했던 생물학자 에드워드 모스(Edward Sylvester Morse, 1838~1925)의 개인 지도하에 덤머 아카데미(Dummer Academy)에서 대학 입학 예비교육을 받았다. 국제법에 관심을 보였다는 신문기사가 있는 것으로 미루어 볼 때, 그는 대학에서 국제법이나 국제정치학을 전공할 계획이었던 것으로 보인다. 어쨌든 당시에 조선인으로서 유길준보다 더 직접적이고 포괄적으로 근대 문명과 학문에 접했던 사람은 없었다.

유길준은 미국에서 귀국하여 가택 연금 상태에 있던 1887년에서 1889년 사이에 『서유견문』을 썼다. 현재 이 책은 세계 인식의 새로운 틀과, 서구의 법과 제도에 대한 서술의 논리적 체계성 및 치밀함에서 동시대의 다른 개화 텍스트를 능가한다는 평가를 받고 있다. 이밖에도 그는 정치·외교·법률에 관해 많은 글을 썼으며, 『이태리독립전사』 등 번역서도 여러 권 출간했다. 그는 1907년 귀국하여 임종할 때까지 재야에서 저술 활동을 하면서 교육과 산업의 진흥을 모토로 하는 계몽 운동을 이끌었다. 이때 최초의 근대 문법서『대한문전』(1909)과 최초의 근대 정치학 개론서『정치학』(미완성 초고)을 썼다. 다년간의 정치가와 관료로서의 경력에도 불구하고 위와 같은 업적 덕분에 유길준은 지식인 혹은 학자로서도 주목을 받고 있다.

그동안 학계에서는 유길준을 근대 초기의 학술을 이해하는 데 빼놓을 수 없는 인물로 조명해 왔다. 역사학계와 정치학계는 그를 국가, 국민, 정치, 교육과 법률, 과학과 기술에 대한 새로운 개념을 수용하고 소개한 대표적인 개화 사상가로 주목해 왔다. 역사학계에서는 이광린이 일찍부터 유길준의 행적을 소개하고 대표 저서를 중심으로 그의 개화사상과 문명관을 연구했다. 정치학계는 유길준의 근대적 정치사상, 특히 주권론과 군주론 등에 주목했다. 언어학 연구자들도 근대적인 문법서의 저술, 새로운 국한문혼용체의 실용화, 외래어의 수용이라는 측면에서 유길준을 중요하게 다루었다.『서유견문』이 일본어계 한자 어휘를 본격적으로 받아들인 중요한 자료 가운데 하나임을 밝힌 연구나『서유견문』의 국한문혼용체가『서양사정(西洋事情)』을 비롯한 일본 저서의 글쓰기 방식을 따른 것임을 밝힌 연구 등이 이러한 노력의 결실이다.1)

그런데 유길준의 학술 활동에 대한 연구는 아직 많은 과제를 남기고 있다. 예컨대 그간의 연구들은 유길준이 새로운 개념들, 이를테면 국가, 국민, 교육과 법률 같은 근대 정치학의 개념들을 수용한 사실과 문법서를 저술하고 국한문체를 실험한 사실이 어떤 관련이 있는가라는 질문에 대해서는 설득력 있는 설명을 내놓지 못하고 있다.『서유견문』에 대해

---

1) 역사학계에서는 이광린의『한국개화사연구』(일조각, 1969),『한국개화사상연구』(일조각, 1979),『한국근대사론고』(일조각, 1999)가 유길준 연구의 대표적인 업적이다. 정치학계의 최근 연구로는 정용화의「유길준의 정치사상 연구」(서울대 박사논문, 1998)가 있다. 유길준에 대한 개략적인 연구사에 대해서는 이조영,「유길준의 군주론 연구—『서유견문』과『정치학』을 중심으로」(서울대 석사논문, 1991)를 참조할 수 있고, 유길준의 사상과『서유견문』에 대한 역사학, 정치학, 국어학계의 최근 관심사는『진단학보』89(진단학회 편, 2000.6)에서 확인할 수 있다. 이 글의 1절에서 유길준의 생애와『서유견문』에 대한 정보는 이광린의 연구에서 도움 받았음을 밝혀둔다.

서도 거기에 담긴 새로운 정치사상과 그 사상의 표현방식, 즉 글쓰기 방법의 연관성에 관해서는 이렇다 할 연구가 없는 형편이다. 또 기왕의 학계는 『서유견문』에 수용된 서양의 천문·지리학 담론에 대해 별 관심을 기울이지 않았으며, 그것과 다른 담론의 관계 역시 깊이 탐구하지 않았다. 이러한 현상은 정치학·역사학·언어학 등 분과별로 이루어진 연구들이 서로 소통되지 못한 데 원인이 있다고 생각된다.

유길준의 글쓰기 활동은 학문과 글쓰기의 혼종과 복합이라는 계몽기 지(知)의 장(場)의 성격을 가장 전형적으로 표현하고 있다. 단적으로 말해 유길준 이후 어떤 학자도 문법서와 정치학 교재 둘 다를 쓰려고 하지 않았으며 정치학 저서의 서론을 천문·지리학 담론으로 시작하지 않았다. 유길준의 글쓰기가 보여주는 정치학·언어학·과학 담론의 공존과 중첩은, 학문의 영역들과 글쓰기의 영역들이 아직 분화되지 않고 서로 상당 부분 겹쳐 있었던 계몽기의 특수한 인식론적 상황의 산물이라고 할 수 있다. 따라서 유길준과 그 시대의 학술을 이해하기 위해서는 개개의 담론들을 그 자체 완결적이고 독립적인 실체로 취급하기보다 그러한 담론들을 성립할 수 있게 했던 공통의 인식론적 조건과 전제들에 대해 관심을 가질 필요가 있다. 계몽기 학술의 장을 탐사하는 데는 특히 간학제적 시각과 방법이 필요한 것이다.

이 글의 궁극적인 목표는 『서유견문』이라는 텍스트를 대상으로 근대 초기 인식론의 특징을 좀더 심도 있게 논의하는 데 있다. 정치학과 과학, 사상과 언어 및 글쓰기의 연관성에 대한 관심도 이러한 목표와 관련된 것이다. 이 글은 『서유견문』에 있는 개개의 담론을 그 자체 완결적이고 독립적인 실체로 취급하지 않기 때문에 그것들의 이론적 내용과 논리적 형태뿐만 아니라 그러한 이론과 논리가 성립할 수 있도록 했던 인식의 공통소들에 대해서도 관심을 가진다. 다시 말해 이 글에서는 『서유견문』이라는 텍스트에 등장하는 새로운 담론들을 그것들의 인식론적 전제, 방법 및 언어의 특징과 관련하여 논의하고자 한다. 『서유견문』이 세계 정치나 세계 지리에 대하여 '어떤' 지식을 생산하였는가만을 묻지 않고 그 것을 '어떻게' 생산하였는가도 함께 묻겠다는 것이다.

2. 『서유견문』의 복합성[2]

『서유견문』은 '유람(遊覽)에서의 견문(見聞)을 기록한다'는 뜻의 표제를 달고 있지만, 그 말의 뜻을 현재의 용법에서 이해하는 것은 적절치 않다. 『서유견문』은 시간의 흐름과 장소의 이동을 축으로 보고들은 것을 적어 가는 견문록 일반의 서술 관습을 채용하지 않고 내용을 논리적인 순서 에 따라 체계화하여 서술하는 방식을 따르고 있다. 물론 실제로 듣고 본 경험을 기록한 것으로 읽히는 부분이 있기는 하지만,[3] 『서유견문』에서

<hr>

2) 『서유견문』은 1889년에 탈고되었지만 유길준이 연금 상태에서 풀려나 공직에 복귀한 후에야 비로소 출간될 수 있었다. 유길준은 1894년 일본에 보빙사 사절로 갔을 때 후쿠 자와 유키치를 만나 책의 출판을 의뢰했다. 『서유견문』은 그 다음 해인 1895년 4월 25 일 후쿠자와 유키치가 설립한 교순사(交詢社)라는 출판사에서 전체 574면에 달하는 방 대한 양장본으로 1천 권이 출간되었다.

이 글에서 『서유견문』에 대한 논의는 영인본인 『유길준 전서(全書)』1(일조각, 1971) 을 텍스트로 하였으며, 허경진이 옮긴 『서유견문』(한양출판, 1995)을 참조하였다. 인용 문에서는 일반적인 한자어를 한글로 바꾸고 띄어쓰기와 구두점을 적용한 외에는 원문 을 존중하였다.

3) 17편에는 맹아원과 농아원에서 원아들과 문답한 내용이 적혀 있다. 또 19편과 20편에 는 저자가 실제로 경험한 일을 서술하는 것처럼 읽히는 부분들이 있다. 예를 들면 19편 에 뉴욕의 고가철도에 대하여 "此 車에 一臨ᄒ면 恍然히 風을 御ᄒ고 行ᄒ야 雲을 凌 ᄒᄂ 氣가 自生ᄒ더라"(유길준, 『유길준 전서』 1, 일조각, 1971, 514~515면)고 한 부분 이 있는데, '~ᄒ더라'는 특히 19편과 20편에서 집중적으로 쓰이고 있다. 이병근은 이러 한 표현을 과거작용 혹은 상태를 구어체의 현재형으로 표현함으로써 생동감과 현실감 을 전달하려는 의도로 해석하고, 이러한 표현들을 검토함으로써 유길준이 직접 방문했 던 도시를 추측할 수 있을 것으로 보았다(이병근, 「유길준의 어문사용과 『서유견문』」, 『진단학보』 89, 진단학회, 2000.6, 323~325면 참조).

는 저자의 실제 여정이 거의 아무런 중요성도 가지지 않는다. 『서유견문』은 우리가 보통 말하는 기행문 혹은 견문록을 넘어서 있는데, 이는 보고 들은 것, 즉 감각을 통해 수용한 인상을 넘어서는 체계적이고 분명한 지식에 대한 욕망에 의해 추동된 것이다.

『서유견문』은 그것이 소개하고 있는 사물이나 제도만큼이나 그것을 사유하고 서술하는 새로운 '방법'의 도입이라는 점에 큰 의미가 있다. 저자 자신이 「서문」과 「비고」에서 밝히고 있듯이, 『서유견문』은 서양에서 보고 들은 것뿐만 아니라 귀국 후 다른 사람들의 서적을 번역하거나 참조하여 저술한 것이다. 『서유견문』 가운데 많은 부분이, 후쿠자와 유키치가 1860~1867년 사이 세 번에 걸쳐 미국과 유럽을 직접 관찰한 경험을 토대로 쓴 『서양사정』(1866~1869)의 체재와 내용을 바탕으로 하여 씌어진 것이라는 점은 이미 지적된 바 있다.[4] 유길준은 『서양사정』과 더불어 막부 말기 2대 베스트셀러였으며 일본 '국제법'의 기원이 되었다고 알려지고 있는 헨리 휘튼(Henry Wheaton)의 『만국공법(萬國公法)』과 데니(Denny)의 「청한론(淸韓論)」, 헨리 포셋(Henry Fawcett)의 『국부책(國富策)』 등도 참조하고 인용하였다.[5] 유길준은 후쿠자와 유키치 등의 저서를 통해 감각적인 체험에 의해 얻은 원자료들을 그대로 믿는 것이 아니라 그것을 분류·분석·열거·종합하는 '성찰'의 필요성을 인정하고 그러한 '방법'을 도입하고 있다.

---

4) 후쿠자와 유키치와 한국의 계몽사상가들과의 관련성은 김성학, 『서구 교육학 도입의 기원과 전개』(문음사, 1996)를 참조할 수 있다. 후쿠자와 유키치의 『서양사정』은 무엇보다도 당시 대부분의 일본인들이 존재조차 모르던 증기기관, 전신, 가스 등 놀랄 만한 산물을 소개한 점에서 획기적이었지만, 이 책의 더 큰 의의는 후쿠자와 유키치가 서구의 산물이나 사회적 관습 밑에 깔려 있는 무형적인 원리와 정신에 주목했다는 점에 있다. 그는 근대 서양 문명의 요체를 개인의 자주성, 신앙의 자유, 자연과학과 기술의 발달, 학교교육, 사회적 질서, 국민의 복지라고 갈파했다. 후쿠자와 유키치, 정명환 역, 『문명론의 개략』, 광일문화사, 1989, 249~251면 참조.

5) 박지향, 「유길준이 본 서양」, 『진단학보』 89, 진단학회, 2000.6; 정용화, 「한국 근대의 정치적 형성―『서유견문』을 통해 본 유길준의 정치사상」, 같은 책 참조.

『서유견문』 전체를 관류하고 있는 열망은 서양에 대한 전체적이고 체계적인 지(知)이다. "彼룰 交홈이 彼룰 不知홈이 不可", 즉 서양과 교류하면서 서양을 몰라서는 안 된다는 뜻인데, 이것이 "彼의 事를 載ᄒ며 彼의 俗을 論"할 필요를 낳았다.6) 『서유견문』은 '서(序)'와 '비고' 이외에 총 20편으로 이루어져 있는데, 1편에서 2편까지는 천문과 세계지리를 다루고 있다. 여기에는 지구 세계, 6대주와 그에 속한 나라와 산, 5대양, 세계의 강과 호수, 세계의 인종과 각 나라의 산물이 기술되어 있다. 3편에서 18편까지는 서양의 정치·사법·행정·교육과 사회보장제도, 다양한 공공기관과 기구, 종교와 학문, 풍속, 그리고 근대적 기계와 발명품에 대해 다루고 있다. 그리고 19편에서 20편까지는 구미 각국 대도시의 위치와 경관, 그곳에 있는 주요 기관과 건축물을 소개·설명하고 있다. 먼저, 중국을 중심으로 기껏해야 일본이나 안남 정도를 넘어서지 못했던 공간적 지평이 실로 전지구적인 차원으로 확대되었다는 것을 일종의 세계지리라 할 위의 내용을 통해 실감할 수 있다. 그리고 『서유견문』의 내용은 일반지리와 특수지리,7) 자연지리와 인문지리를 포괄하고 있으며, 그 체제는 현대적인 인문지리학의 논리적·체계적 구성을 취하고 있다. 『서유견문』에 따르면, 우리가 알아야 할 것은 그야말로 '세계에 대한 총체적인 지식'이다. 『서유견문』은 계몽기 인문지리학적 관심의 최대치를 보여준다.

『서유견문』에서 서양에 대한 전체적인 앎의 추구는 그 사회의 전 영역을 포괄하는 방대한 스케일로 나타나고 있으며, 체계적인 앎의 추구는 내용을 논리적 순서에 따라 체계화하여 서술하는 교과서 혹은 백과사전의 체제로 나타나고 있다. 이렇게 본다면, 『서유견문』은 근대 초기 서양

---

6) 유길준, 『유길준 전서』 1, 일조각, 1971, 4면.
7) '일반지리학(General geography)'은 지구 전체를 취급하는 것이고, '특수지리학(Special geography)'은 지구를 부분적으로 또는 국지적으로 취급하는 것이다. 홍시환·박관섭, 『지리학사』, 대왕사, 1977, 100면.

에 대한 체계적이고 전체적인 지식에 대한 열망을 반영하는 독특한 형식의 여행기라고 할 수 있을 것이다. 이러한 여행기는 그 이전이나 그 이후의 여행기와 비교할 때 또 동시대의 다른 여행기들과 비교할 때 매우 특이한 것이다. 『서유견문』의 근대적 성격은 조선 후기 지식인들의 여행기와 비교할 때 분명해진다. 예를 들어 18세기 박지원을 비롯한 이덕무·박제가·체체공 등 실학자들의 기행문은 실증적이고 경험적인 정신, 꼼꼼한 관찰과 정밀한 표현, 일상적이고 세속적인 사물이나 사건에 대한 관심이 공통적이었다.8) 이에 비해 『서유견문』에서 유길준은 '지구 세계'라는 지평 속에서 서양의 정치·경제·문화·풍습에 이르는 다양한 부면에 대한 종합적이고 체계적인 지식을 축적하는 것을 목표로 하고 있다. 여기서 우리는 '지식을 통한 세계의 전유'를 목표로 하는 계몽기의 백과사전적인 욕망을 읽을 수 있는데, 이러한 욕망이야말로 이 시기 '교과서'에 대한 수요를 설명해주는 것이다.

『서유견문』은 당시 최고 수준의 서양 입문서 또는 서양문화 소개서였다고 말할 수 있지만 그러한 목표만으로는 설명할 수 없는, 그 이상의 복합성을 내포한 텍스트이다. 유길준이 서양문화의 핵심으로 포착한 것은 '정치제도'였으며, 그는 『서유견문』이라는 텍스트를 통해 근대적 '정치'를 수용한 동시에 기획했다. 그래서 그것은 서양의 정치 구조와 사상을 체계적으로 설명하는 정치학 교과서의 형식을 취하는 동시에 당시

---

8) 조선 후기 기행산문의 성격은 기록문학 작품군(일기, 기행 등)의 출현과 관련하여 논할 수 있다. 기록문학 작품의 출현은 양란 이후의 시대정신을 반영하던 사회적·사상적 여건이나 문학사의 여건 속에서 파악될 수 있는 특수한 양상이다. 성리학에 기반한 기존 질서에 대한 회의, 실학 정신의 발전, 양명학의 고증학적 태도의 유입은 경험에 의해 확인된 사실만을 정당한 지식으로 인정하려는 실증주의적 정신을 발전시켰고, 이러한 정신이야말로 사실의 소재를 객관적으로 전달하려는 기록문학의 정신과 일치한다. 한편 문학사적으로 본다면 기록문학의 출현은 산문 정신의 앙양과 관련된다. 운문의 주관성, 함축성과 상징성, 귀족적인 고답성을 벗어나 대상인 소재에 대하여 사실적이고 즉물적이며 지시적인 성격을 중시하는 정신이 기록문학을 낳았다. 유기룡, 「기록문학의 영역과 형성」, 『수필문학연구』(국어국문학회 편), 정음사, 1980 참조. 조선 후기 여행기의 특징에 대해서는 이 책 2장 '『열하일기』와 에세이 정신' 참조

조선의 정치적·외교적 개혁의 방향성을 제시하는 기획안의 성격을 가지고 있기도 한 것이다. 청국의 내정간섭의 부당성을 비판하면서 조선의 자주성을 논증한 것은 이러한 의도가 표명된 대표적 예이다. 최근 한 심포지엄에서 『서유견문』이 '개화사상과 제도 개혁 구상을 집약한 개화사상서', '근대화의 방법을 구체적으로 제시한 근대적 국정개혁서' 등으로 정의된 이유가 거기에 있다.9)

　다른 한편 『서유견문』은 인문·사회과학적 관심을 초과하는 면모도 가지고 있는데, 이는 책의 맨 앞에서 두 편에 걸쳐 근대 천문학과 지리학을 수용하고 있는 점에 드러난다. 사실 서양에 대한 최초의 관심은 '기술'에 의해 촉발되었다. 1860년대 대원군의 무기 기술 도입에서 1881년 중국에 파견한 영선사에 이르기까지 정책의 일관된 기조는 '동도서기(東道西器)'였다.10) 서양으로부터 무기기술뿐만 아니라 과학기술의 모든 분야, 그리고 역사·철학 등의 학문까지 배워 와야 한다는 주장은 1880년대 소위 개화론자들에 의해 제기되었다. 영선사와 같은 해에 파견된 신사유람단이 일본에 도착하자마자 수행원들 가운데 일부를 각종 학교에 입학시킨 의도가 거기에 있었으며, 입학생들 가운데 한 사람이 유길준이었다.11) 『서유견문』의 1편과 2편에 서술된 천문학과 지리학 지식은 서양 학문의 핵심인 자연과학과 과학적 정신에 입각한 분석·분류·열거·종합이라는 지적 방법론의 수용을 보여주고 있다. 이점이야말로 『서유견문』이 서양에 대한 '시선'의 변화, 즉 가시적인 표면으로부터 내부로의 시선 이동을 보여주는 기념비적인 텍스트임을 말해준다.

---

9) 진단학회에서 개최한 심포지움에서 발표자들과 토론자들은 『서유견문』을 '서양에 대한 입문서'(박지향), '계몽서'(장인성), '개화사상서'(한철호), '근대국정개혁서'(정용화) 등으로 다양하게 정의하였다. 이에 대해서는 『진단학보』 89, 진단학회, 2000.6 참조
10) 이광린, 「개화사상과 애국계몽운동」, 『한국근대사론고』, 일조각, 1999, 53면.
11) 영선사와 신사유람단의 서양 과학·기술에 대한 태도 차이에 대해서는 박성래, 「개화기의 과학 수용」, 『근현대 한국사회의 과학』(김영식·김근배 편), 창작과비평사, 1998 참조.

3. 천문 · 지리학과 정치학의 논리적 동형성

이제까지는 『서유견문』에 수용된 서양의 천문·지리학 담론에 대해 그다지 관심을 기울이지 않았다. 예를 들어 『서유견문』에 대한 정치학계의 한 연구는 천문·지리학 담론에 대해 정치학 담론의 타당성을 강화하는 수사적 장치라는 정도의 의미밖에 부여하지 않았다. 즉 지구의 자연적 상태에 대한 근대 천문·지리학의 표상은 중화적 질서로부터 벗어나야 한다는 정치적 주장을 '웅변적'으로 보여주고 있다는 것이다.[12] 위와 같은 평가는, 뒤에서 자세히 검토하겠지만, 유길준을 비롯한 당대 지식인들의 의식의 한 부분을 정확하게 짚어주는 것임에 틀림없다. 그렇지만 『서유견문』에서 과학 담론과 정치학 담론의 관계는 그렇게 간단하지가 않다. 그것들은 소위 보조관념과 원관념으로 연결되어 있는 것이 아니다. 『서유견문』이라는 텍스트 안에서 천문·지리학 담론과 정치학 담론은 서로 구분되는 동시에 의존한다. 두 담론은 세계에 대한 관심이 다르고, 그래서 세계에 대하여 각기 다른 표상을 생산하지만, 그럼에도 두 담론의 이론적 내용과 논리적 형태에는 뚜렷한 일치점이 있으며 그것들을 생산하고 조직하는 규칙과 기준에도 뚜렷한 공통점이 있다. 이 절에서는 『서유견문』에 등장하고 있는 대표적인 근대 담론인 천문·지리학 담론과 정치학 담론의 논리적 동형성에 대하여 논의할 것이다.

『서유견문』의 1편과 2편의 목표는 지구의 자연적 환경에 대한 '과학적' 이해이다. 서양의 '과학'에 대한 관심은 1880년대 이후에야 비로소 싹튼 것이다. 이 시기에 들어서면서 서양의 자연과학, 즉 물리, 화학, 천

---

12) 정용화는 『서유견문』의 1, 2편을 '서론'으로 보고, 거기에서 다루는 세계지리 등은 '세상은 넓다. 중국이 세계의 중심이 아니다'라는 생각을 웅변적으로 표현하고 있다고 해석하였다. 정용화, 「한국 근대의 정치적 형성―『서유견문』을 통해 본 유길준의 정치사상」, 『진단학보』 89, 진단학회, 2000.6.

문, 기상, 동·식물학의 기초 지식을 발췌·번역한 서적들이 널리 읽히는 교양물이 되었다. 교양주의적 과학지식 보급의 시대가 열렸던 것이다.13) 이러한 경향을 가장 뚜렷이 보여주고 있는 것은『한성순보』와『한성주보』이다. 최초의 근대 신문인『한성순보』와『한성주보』는 과학에 특히 많은 지면을 제공했는데, 과학 관련 기사 가운데 천문학과 지리학이 단연 압도적이었다.『한성순보』의 창간호에 실린「지구도해(圖解)」·「지구론」 등의 기사가 보여주듯이, 당시에 특별히 중요한 지식으로 취급되었던 것은 지구설(地球說)이었으며, 지구설은 한편으로는 지구 표면에 대한 관심, 즉 지리학으로 이어지고, 다른 한편에서는 천문학으로 연결되었다.『한성주보』 24호에 실린「지리초보(地理初步)」에서는 지리학이 천문지리학, 자연지리학, 방제(邦制)지리학이라는 세 분야로 나뉜다고 설명하고 있는데, 당시에는 천문학과 지리학이 서로 연관된 분야로 여겨졌음을 알 수 있다.『한성주보』는 특히 세계지리에 큰 관심을 가지고 창간호부터「뉵주총논」이라는 대규모 기획기사를 연재했다. 창간호에서는 6대주의 넓이와 인구 그리고 인종에 대하여 설명하고 있으며, 2호부터 아시아, 유럽, 아프리카 대륙 순으로 세계지리에 대한 지식을 보급하였다.14)
『서유견문』의 1편과 2편은『한성순보』와『한성주보』의 천문학과 지리학에 대한 관심의 연장선에 있다. 유길준 역시 지구설에 대하여 특별한 관심을 보이고 있으며 천문학과 지리학을 서로 연관된 학문으로 생각하고 있다.

　중요한 것은,『서유견문』에서 '지구'라는 새로운 세계 표상이 자연적 세계에 대한 표상을 바꾸는 동시에 정치적 세계에 대한 표상을 바꾸고 있다는 점이다. 다시 말해 소위 지구설의 수용은 자연 표상과 정치 표상 모두에 큰 변화를 가져왔다. 먼저, 지구설의 수용은 '지표면의 어느 곳

---

13) 박성래,「개화기의 과학 수용」,『근현대 한국사회의 과학』(김영식·김근배 편), 창작과비평사, 1998 참조
14) 박성래,「한성순보와 한성주보의 근대과학 인식」, 위의 책 참조

도 중심일 수 없다'는 관념을 형성했다. 지표면의 자연환경에 대한 지리학적 서술은 반구(半球), 대륙과 대양, 산과 강과 호수, 인종과 물산 등의 순서로 전개되고 있는데, 그 내용과 순서 어디에도 특정한 중심점은 없다. 산들·강들·호수들·인종들은 대륙들과 대양들 안에 나란히 배치될 뿐이다. 둘째, 지구설의 수용은 '지구상의 어느 국가도 중심일 수 없다'는 관념을 형성했다. 지구상의 위치를 확정하는 경도 체계가 영국의 그리니치 섬에 있는 천문대를 기준으로 하고 있다고 설명한 후, 유길준은 영국을 경도의 주인이라 일컫는 것은 옳지 못하다는 의견이 있으며 어느 나라도 관계없는 곳에 경도의 기점을 마련하자는 주장이 있다고 부연하고 있다.[15] 이러한 서술은, 중국은 물론이고 영국이나 그 외의 어떤 특정 지역도 지구의 중심이 되는 것이 필연적이거나 자연스러운 일이 아니라는 생각에 바탕을 두고 있다.

근대 천문·지리학이 생성해내는 지구와 세계의 지리적 표상은 근대 정치학이 생성해내는 국제관계와 인간관계의 표상과 논리적 형태가 동일하다. 근대 천문·지리학과 근대 정치학은 인식의 탈중심화와 새로운 중심화라는 측면을 공유하고 있다. 먼저, 앞서 살펴온 탈중심화된 지구라는 표상은 탈중심화된 국제 관계, 탈중심화된 인간 관계라는 표상과 논리적으로 일치한다. 『서유견문』이 근대적 의미의 정치학을 처음으로 소개한 저서라고 했을 때, 그 새로운 정치학의 핵심은 무엇보다 '주권론'에 있었다. 즉 유길준의 정치학의 핵심은 '나라 위에 나라 없고, 나라 아래에도 또한 나라 없다'는 근대적 주권론에 가장 잘 표현되어 있는 것이다.[16] 둘째, 탈중심화는 기실 새로운 중심화였다. 중심의 해체는 새로운 중심, 곧 새로운 주체의 형성인 것이다. 신 중심의 천체관이 인간 중심의 천문학으로 대체되었듯이, 지표면에 대한 지리학적 분석에서 중요한 단위로서 새롭게 부상한 것은 '국가'였다. 근대 지리학은 '자연지리'와

---

15) 유길준, 『유길준 전서』 1, 일조각, 1971, 25면.
16) 유길준, 위의 책, 108면.

‘방제지리’로 구성되어 있는데, ‘방제지리’란 지구의 자연 상태에 대한 이해에는 별로 도움이 되지 않으며 그 자체 자연의 산물도 아닌 ‘국가’를 분석 단위로 하는 지리학이다. 마찬가지로 근대 정치학에서 가장 중요시하는 주체성의 형식 가운데 하나가 바로 ‘국가’이다.

유길준은 1편과 2편에 바로 이어 3편 “방국(邦國)의 권리”에서 근대적 주권 개념을 정초하는 데 심혈을 기울이고 있다.

> 여하흔 邦國과 인민이든지 其 國憲의 체제 及 品例의 여하홈을 不關ㅎ고 기 국을 自管ㅎ는 자는 주권독립국이니 주권은 일국을 管制ㅎ는 최대권이라. 내외에 실시홈을 得ㅎ야 內施ㅎ는 주권은 기 국의 大法과 원리룰 由ㅎ야 인민에게 附傳ㅎ며 又 主治者에게 委授ㅎ고 外施ㅎ는 주권은 일국 정치의 독립이 각국의 정치룰 상대ㅎ고 此룰 因ㅎ야 和戰間에 기에 교섭ㅎ는 관계룰 保執ㅎ는 자라 하니 대개 外治와 內交룰 自主ㅎ고 외국의 지휘룰 不受ㅎ는 자는 정당흔 독립국이라.[17]

위 인용문에는 주권독립국이 국내에서 행사하는 권리와 국외에서 행사하는 권리가 규정되어 있다. 한 마디로 주권의 개념화라고 요약할 수 있는데, 유길준은 ‘공법’에 기초하여 이를 주장한다. 즉 유길준에게 ‘(만국)공법’은 국가의 대소나 강약에 따라 차별적으로 적용되지 않는, 말 그대로 ‘공법’으로서 새로운 국제 관계를 구축하기 위해 모든 나라가 받아들여야 할 보편적인 규범으로 이해되고 있다.[18]

한편 하늘 아래 어떤 나라도 국제 관계에서 중심일 수 없다는 ‘주권’론은 한 국가 안에 어떤 사람도 인간 관계의 중심일 수 없다는 ‘인권’론과 논리적 형태에서 동일하다. 『서유견문』에서 근대적 인권 개념은 ‘사람 위에 사람 없고, 사람 아래에도 또한 사람 없다’는 말로 표현되고 있다.[19] 세계 안에 모든 국가들이 받아들여야 할 보편 규범으로 ‘만국공

---

17) 유길준, 『유길준 전서』 1, 일조각, 1971, 109~110면.
18) 유길준, 위의 책, 112~113면.

법'을 정초하는 논리와 국가 안에 모든 사람들이 받아들여야 할 보편 규
범으로 '국법'을 정초하는 논리는 동일하다. 이렇게 해서 '국가'들 사이
의 관계와 '사람'들 사이의 관계는 근대사회의 정치적 관계의 가장 중요
한 형식이 되며, 주권론과 인권론은 근대 정치학의 근본이념이 된다.

　지금까지 근대 천문·지리학과 근대 정치학의 인식론의 동일성을 살
펴온 셈인데, 두 담론의 궁극적 동일성은 인식의 내용보다 그 인식을 도
출하는 방법과 언어라는 차원에 있다고 할 수 있다. 다음 절에서는 천
문·지리학 담론의 방법과 언어라는 측면에 주목하여 논의하겠다.

4. 근대 과학의 방법과 언어

　유길준의 서양에 대한 관심은 비단 실용주의에만 머물러 있지 않다.
유길준은 13편의 "학술내력(來歷)"에서 서양 학문의 특징이 "만물의 원리
룰 연구ㅎ며 其 功用을 발명ㅎ야 인생의 편리ㅎ 도리룰 助ㅎ기에 在"
한다는 데 있다고 보았다.[20] 여기서 서양의 학문은 두 가지 측면에서 파
악되고 있다. 하나는 사물의 원리 혹은 법칙을 탐구하는 측면이며 다른
하나는 실용과 편리를 추구하는 측면이다. 이러한 생각은 "학업조목(條
目)"에서 '실상(實狀)'의 학문과 '허명(虛名)'의 학문을 분별하는 데에도 나
타나 있다. 이에 따르면 실상의 학문은 "사물의 理룰 窮格ㅎ야 其 性을
盡ㅎ고 주야로 勤孜ㅎ야 百千萬 條의 실용에 其 意룰 傳"하는 학문이
다.[21] 특히 서양 학문의 특징이 사물의 '(원)리'를 탐구한다는 데 있다는

---

19) 유길준, 위의 책, 134면.
20) 유길준, 위의 책, 352면.
21) 유길준, 위의 책, 367면.

인식이야말로 유길준을 18세기의 지식인들이나 같은 시기 '서기(西器)'적 관점을 취했던 관료들과 구별해주는 점이다.

그런데 서양 학문의 특성이 사물의 원리를 연구하는 데 있다고 한다면, '어떻게'라는 질문을 제기하지 않을 수 없다. 사실 '방법'이야말로 전래의 학문과 서양의 학문을 구별하는 핵심이다. 후쿠자와 유키치는 물리학을 중심으로 서구의 근대 자연과학 방법의 도입을 촉구했다. 그는, 서구의 기술 혁신은 사물의 구체적 원리를 탐색·분석하는 물리학의 방법이 일상생활에 적용된 결과라고 생각하였으며, 물리학 이론은 보편적·필연적이고 시간과 공간을 넘어 타당하며 세계와 우주를 관통하여 적용될 수 있다고 판단하였다.22) 이러한 관점에서 보자면, 『서유견문』의 천문·지리학과 정치학에 대한 연구는 그것이 생산하는 지식 자체보다 그 지식을 생산하는 '방법'에 더 주목해야 한다. 『서유견문』은 근대 서양의 특정 학문을 수용한 데 그친 것이 아니라 그것을 통해 근대 서양의 학문적 담론 시스템의 방법과 언어, 한마디로 '규칙'을 수용하고 있기 때문이다.

1) 자연과학의 방법

앞에서 우리는 『서유견문』의 과학 담론을 1880년대 과학 담론의 연장 선상에서 논의해왔지만 둘 사이의 차이점 또한 짚어볼 필요가 있다. 우선, 『한성주보』와 『한성순보』에 실린 과학 관련 기사의 정보원이 중국이었다면 『서유견문』은 대개 일본의 서적을 근거로 하고 있다는 점이 특징적이다. 『한성순보』와 『한성주보』에 실린 과학 기사들은 대부분 『격물입문』·『중서문견록』·『격치휘편』·『상해보』 등 중국의 서적·신

---

22) 조병한, 「19세기 후반 중·일의 계몽사상─嚴復과 福澤諭吉」, 『진단학보』 89, 진단학회, 2000.6 참조.

문·잡지에서 가져 왔기 때문에 중국어계 어휘를 사용하였다. 여기서는 예를 들어 산소를 양기(養氣), 수소를 경기(輕氣), 질소를 담기(淡氣)라고 표기하고 있다.[23] 이에 반해『서유견문』에는 일본어계 한자 어휘가 사용되었다.

> 水를 指論ᄒ건디 酸素와 水素가 混合ᄒ 者라. 만약 수를 分析ᄒ야 二種 元素의 本位에 歸ᄒ 則 水는 一點도 不存ᄒ고 形體없는 원소되야 各散ᄒ며 又 此 이종 素를 調合ᄒ면 수를 復成ᄒ야 如前히 流瀁ᄒᄂ니 水 一物이 獨然ᄒ 쓴 아니오.[24]

위 인용문은 "학업조목"에서 '화학'을 설명하는 부분이다.『서유견문』은 일본어계 한자 어휘가 본격적으로 수용되기 시작했음을 알려주는 중요한 자료 가운데 하나로 평가받고 있는데, 위에 등장하는 '산소'나 '수소', 그리고 '원소', '분석'과 같은 화학의 기본 개념도『서유견문』을 통해 받아들여진 일본어계 한자 어휘 가운데 일부이다.[25] 『한성순보』나 『한성주보』의 시대와는 달리, 이제 새로운 과학 지식이 일본에 의해 중개·번역되어 수용되기 시작했음을 알 수 있다.[26]

그런데 위 인용문은 비단 이러한 점과 관련해서만 의의가 있는 것이 아니다. '화학'은 유길준이 열아홉 개의 분과 학문 가운데 가장 자세하게 설명한 학문이다. 그는 화학을 '격물학(格物學 : 물리학)과 더불어 그 공효(功效)가 끝이 없는 학문', '학문 중의 학문'으로 소개했다.[27] 화학에

---

23) 박성래, 「한성순보와 한성주보의 근대과학 인식」, 『근현대 한국사회의 과학』(김영식·김근배 편), 창작과비평사, 1998 참조.
24) 유길준, 『유길준 전서』1, 일조각, 1971, 370~371면.
25) 이한섭, 「『서유견문』에 받아들여진 일본의 한자어에 대하여」, 『일본학』6, 동국대 일본학연구소, 1987 참조.
26) 1870년대 후반부터 수신사들에 의해 새로운 문물을 지시하는 일본어계 한자 어휘가 수용되기 시작하지만 그것이 중국계 어휘를 압도한 때는 1890년대에 이르러서이다. 송민, 「갑오경장기의 어휘」, 『새국어생활』, 국립국어연구원, 1994년 겨울 참조.
27) 『서유견문』에서 화학에 대한 소개는 '학문을 연구하는 데 이(화학―인용자)보다 더한

대한 지대한 관심은 이를테면 후쿠자와 유키치의 영향일 수도 있다. 후쿠자와가 근대 학문의 방법론으로 의식적으로 언급한 것은 앞서 말한 것처럼 뉴턴 역학, 즉 수학적 물리학이었지만, 그는 자신의 저서에서 화학적 실험을 여러 번 사례로 언급했다. 이에 대해서 마루야마 마사오는 '실험'이 일상적인 차원에서 더욱더 경이감을 주었기 때문일 것으로 추측한 바 있다. 원소들을 혼합하여 새로운 물질을 만들어 낸다는 사실이 희한하게 여겨졌을 것이라는 말이다.[28] 그러나 화학에 대한 관심이 이러한 일상적 경이감의 차원이 아니었을 수도 있다. 유길준은 화학이라는 학문을 통해 얻은 사물의 원리, 즉 '세상의 모든 물체가 실상은 70여 가지의 원소가 다양하게 혼합된 것에 불과하며 물체들은 결코 소멸되지 않으며 단지 형체가 바뀔 뿐'이라는 점을 기술하고, 위 인용문에서와 같이 물의 분석과 혼합(조합)을 사례로 들고 있다. 즉 화학은 '종합(혼합)'과 '분석'이라는 방법을 통해서 사물의 원리에 도달하는 학문인데, 이는 화학적 실험에 적용되는 방법일 뿐만 아니라 자연에 대한 '근대적' 인식에 일반적으로 적용되는 방법이다.

『서유견문』의 1편과 2편에서 지구라는 자연적 대상을 성찰하는 가장 대표적인 방법은 '분석'과 '분류'이다. 첫째, 1편과 2편의 기술을 통괄하는 원칙은 '분석'이다. 1편의 내용은 태양계·지구(세계)·동서 반구·6대주·국가·산으로 진행하고 있으며, 2편의 내용은 대양·강·호수·인종과 산물로 진행하고 있다. 1편과 2편의 전개 양상을 전체적으로 조망하면, 서술이 태양계, 지구, 반구, 대륙과 대양, 국가, 산과 강과 호수, 인종과 물산의 순서로 나아가고 있음을 알 수 있다. 이러한 서술에서 규칙성을 찾는다면, 그것은 전체를 부분들로 분할하고 큰 것에서 작은 것으로 나아가는 '분석'일 것이다. 둘째, 개개의 대상들, 즉 산·강·호수

것은 없다'는 말로 끝난다(유길준, 『유길준 전서』 1, 일조각, 1971, 371면).

28) 마루야마 마사오·가토 슈이치, 임성모 역, 『번역과 일본의 근대』, 이산, 2000, 148~149면 참조.

등을 서술하는 원칙은 '분류'이다. 예를 들어 강은 크기, 바다로의 유입 여부, 위치 등의 기준에 따라 분류된다. ①강은 크기를 기준으로 하여 큰 강과 작은 강으로 분류된다. ②이 가운데 큰 강은 다시 바다로의 유입 여부를 기준으로 하여 땅 속으로 흐르는 강과 바다로 흘러드는 강으로 분류된다. ③이 가운데 땅 속으로 흐르는 강은 다시 그것이 속해 있는 대륙을 기준으로 하여 여섯 대륙으로 분류된다. 다른 한편, 바다로 흘러드는 강은 그것이 흘러 들어가는 대양을 기준으로 분류되고 다시 그것이 속해 있는 대륙을 기준으로 분류됨으로써 두 종류의 도표가 만들어지기도 한다. 산·호수·인종 등도 비슷한 원칙에 의해 분류되어 비슷한 표 안에 정렬되어 있다.

『서유견문』이 『한성순보』·『한성주보』와 다른 점 가운데 하나가 바로 위와 같은 측면에 있다. 『한성순보』와 『한성주보』의 과학 관련 기사는 내용을 체계적, 논리적으로 조직하는 데에는 완벽하지 않았다. 예를 들어 『한성순보』 1호의 「논주양」과 2호부터 연재되는 각 대륙에 대한 설명들 사이에는 내용의 중복이 있으며, 각 대륙의 바다·산맥·인종·국가·풍속, 그리고 갖가지 제도를 함께 설명하고 있기 때문에 체계적으로 서술되지 못한 인상을 준다. 학술서나 잡지에서 다루어야 할 내용을 신문에 나누어 싣게 되면서 나타난 현상이라고도 볼 수 잇겠지만, 어쨌든 『한성순보』의 과학 글쓰기는 종합적이기는 하지만 체계적이지는 못한 한계를 가질 수밖에 없었던 것이다. 이에 대비해 볼 때, 『서유견문』은 서술의 비체계성을 거의 완전히 극복한 모습을 보여주고 있다.[29]

---

29) 물론 분류 체계의 엄밀성에 있어서는 결함이 있다. 13편에서 전체 열 아홉 개의 분과 학문을 소개하면서, 유길준은 농학·의학·산학에서 시작하여 기계학과 종교학에 이르기까지 인문과학·사회과학·자연과학의 중요한 분과들을 망라하고 있다. 그런데 이로써 그가 학문들을 논리적으로 분류하여 '체계'를 세우고 있다고 하기는 어려울 것 같다. 왜냐 하면 광물학·식물학·동물학·천문학 등 유관한 분과들을 한 데 모아놓은 부분도 있기는 하지만 근대적 학문 체계에서 서로 밀접한 관련이 있는 철학·언어학·고고학·종교학 등은 사회과학 분과와 자연과학 분과 사이에 널리 흩어져 있는 형국이기 때문이다. 자연과학과 사회과학에 대한 상대적 관심을 드러내는 현상이라고도 할

2) 자연과학의 언어

『서유견문』에서 서양의 천문학과 지리학을 소개하면서 강조하고 있
다시피, 천문과 지리에 대한 과학적 연구에서 '세밀한 측량과 정확한 계
산'은 필수적이다.[30] 대상에 대한 측량과 계산의 결과는 아래와 같이 표
상된다.

대서양에 朝宗ㅎ는 江河

강하의 名	水長	地面
나일(那逸)	一萬三千二百里	九百八十萬一千方里
니제르(尼楮)	九千九百里	六百五十三萬四千方里
콩고(公高)	八千二百五十里	不分明[31]

근대 과학의 '측량'의 시선은 대상을 계산 가능한 형식으로 분석한다.
위 인용문에서 강은 길이와 면적의 공통 단위, 즉 '리'와 '방리'에 따라
분석되어 수치가 계산되었고 그 결과 강들은 '비교' 가능하게 되었다.
마찬가지로 태양계를 구성하는 별들의 직경과 밀도, 태양과 행성들 사이
의 거리, 적도와의 거리에 의해 달라지는 낮과 밤의 길이, 대기의 구성
성분과 그 비율 등도 수학적으로 계산되어 있다. 그리고 계산의 결과는,
위에서 본 것과 같은, 테두리와 내부의 선이 생략된 사각형의 방안지 안
에 일목요연하게 정리되어 있다. 과학은 자연적 대상을 공통의 단위에
따라 분석함으로써 그 양이나 수에 의해 비교할 수 있도록 하며 이러한
비교는 분류의 바탕이 된다. 수량적 비교를 바탕으로 한 분류야말로『서
유견문』이 전통적인 분류 원칙으로부터 벗어나 있는 지점일 것이다. 측

수 있을 텐데, 어쨌든 학문의 갈래를 서술하는 데 있어 분류의 기준이 명확하자 않아
체계적인 설명에는 미치지 못하고 있다.
30) 유길준,『유길준 전서』1, 일조각, 1971, 373면.
31) 유길준, 위의 책, 71면.

량과 계산, 분석과 분류, 수량화와 도표화는『서유견문』이 근대 과학의
담론 시스템에 진입하고 있음을 증거한다.

　그런데 근대 과학의 담론이 보편적으로 소통되기 위해서는 무엇보다
도 '단위'의 문제가 해결되어야 할 것이다. 유길준이 「비고」에서 역법 ·
시각법 · 도량형법의 번역이라는 문제를 고민한 것은 이 때문이다.

> 一. 地方의 里는 我 里의 里法으로 數홈이라
> 一. 尺을 記혼 者는 英尺이니 英 一尺이 我 布帛尺의 五寸 五分이라
> 一. 斤을 기혼 자는 英斤이니 영 一斤이 我의 十二兩重과 상당홈이라
> 一. 噸은 英 二千斤이라[32]

　어느 문화권에나 사물의 길이와 무게 등을 측량하는 특정한 방법이
있기 마련이다. 그런데 사물들이 관념적 · 실제적 교환에 직면할 때 측
량 기준의 상이함이 문제가 된다. 언어 대(對) 언어가 1 대(對) 1로 호환
될 때 그 가운데 어떤 하나의 언어가 일방적으로 기준임을 자임할 수
없을 것이다. 각각의 언어는 서로 상대 언어에 의해 비추어진다고 보아
야 한다. 그러나 번역이 항상 그렇게 평등하고 쌍방적이지만은 않다. 위
인용문은 거리 · 길이 · 무게를 계측하는 단위를 제시한 부분인데, 그 표
상이 무원칙하다. 먼저, 거리의 측량에서는 고유한 리법(里法)을 고수하
고 있음을 알 수 있다. 그래서『한성순보』가 면적의 단위를 방영리(方英
里)로 표기한 것과는 달리 여기서는 그냥 방리(方里)로 표기된다. 그런데
길이와 무게의 측정 방식은 이와는 다르다. '척'과 '근'이라는 전통적인
계측 용어를 그대로 사용하고 있음에도 불구하고 그 단위의 내용은 피
이트(feet)와 파운드(pound)를 가리킨다. 즉 1feet를 1척으로, 1pound를 1근으
로 표기하고 있을 뿐이다. 내용은 받아들이면서도 그것을 전래의 용어로
표기하는 어중간한 타협을 시도하고 있는 셈이다.

---

32) 유길준, 위의 책, 9면.

위 인용문에 보이는 혼란은 조선시대 세종대에 확립되어 그때까지 지켜져 온 전통적인 도량형 체계는 흔들리고 있는 반면 새로운 체계가 아직 정착하지는 못한 상황을 보여주는 것이다.[33] 그런데 혼란이 일고 있다는 것이야말로 서양의 도량형 체계를 보편 언어로 수용해야 할 필요성 혹은 필연성을 반증한다. 『서유견문』에서 유길준은 "서양의 연월을 쓴 것은 서양인의 일을 말하기 때문"이라는 주석을 달아놓았지만,[34] 서양의 도량형 체계와 역법과 시각법을, 엄밀한 의미에서는, '번역'하지 않고 그대로 수용하였다.

언어는 交通ㅎ는 機具라. 그란 고로 교통이 점점 盛大ㅎ 즉 각국 인민의 談話가 점점 과다ㅎ고 언어가 점점 混淆ㅎ리니. ○要ㅎ건디 年月을 경과ㅎ 즉 語彙은 점점 증가ㅎ고 語種은 점점 감소홀 者이나 (…후략…)[35]

위 인용문이 담고 있는 내용은, 국가간의 소통이 활발해질수록 언어들이 서로 섞일 것이며, 시간이 지날수록 어휘는 점점 증가하는 반면 언어의 종류는 감소할 것이라는 예측이다. 언어를 의사소통의 도구로 이해한다면, 소통의 효율성을 높이기 위해 언어를 표준화하자거나 통일하자는 요구는 자연스러운 것이다. 보편어의 가장 대표적인 형태는 수학적 언어이지만, 그 단위 역시 보편어로 표상할 때에야 비로소 모든 것을 지구적 차원에서 더욱 간편하게 교환할 수 있게 될 것이다. 과학과 상업, 과학자의 언어와 상인의 언어가 일치하는 지점이 바로 이곳이다. 어쨌든 위와 같은 논리를 간단히 언어에 대한 '합리적' 이해라고 한다면, 이러한 논리에는 언어에 대한 민족주의적 사유가 들어설 공간이 없다.[36]

---

33) 전상운, 『한국과학기술사』, 정음사, 1994(3판), 148~152면 참조.
34) 유길준, 『유길준 전서』 1, 일조각, 1971, 9면.
35) 유길준, 『유길준 전서』 3, 일조각, 1971, 13~14면.
36) 유길준의 경우, 언어에 대한 민족주의적 사유가 뚜렷해지는 것은 1900년대 후반에 들어서 이다. 「소학교육에 대흔 의견」(1908)에서 그는 소학교 교과서에 '국어'를 사용해야 하는 이유가 아동의 강습을 편하게 하는 동시에 자국의 정신을 양성하는 데 있다고 강

5. 분류(classification)의 수사학과 이데올로기

　지금까지 『서유견문』이라는 텍스트 안에 있는 근대적 천문·지리학 담론과 근대 정치학 담론의 관계를 살펴보았다. 그리고 근대적 과학의 인식론과 인식의 방법·언어에 대해 논의했다. 이 절에서는 대표적인 식민주의 이데올로기로 이해되는 문명론이 기실은 근대 과학의 인식론과 방법·언어의 논리적 연장임을 밝히고자 한다.[37]

　데이빗 스퍼는 1984년 『타임』지에 실린 아프리카에 대한 기사를 대상으로 하여 비-서구에 대한 서구의 글쓰기를 특징짓는 세 가지 수사적 태도를 분석하였다. 첫째, 아프리카인들에게 그들이 스스로를 어떻게 통제해야 하는지에 대하여 가르치는, 짐짓 생색을 내는 듯한 어조이다. 이러한 태도는, 아프리카 사회의 실패가 역사적 원인보다는 아프리카인의 특성, 예를 들어 정치적 안정성의 가치를 이해하지 못하는 무능력에 기인한다는 식의 이해를 전제하고 있다. 둘째, 모든 국가들이 받아들여야 하는 경제적·정치적 조직화의 단일한 기준을 제안한다. 이러한 태도는, 다른 문화들이 다른 사회질서의 제도화를 요구하는 것은 무의미하다는 생각을 전제하고 있다. 셋째, 단선적 발전을 따라 진화하는 제도들을 시간적 차원에서 구획하는 한편 위계적으로도 배치하면서, 이러한 기준에 도달하는 데 있어서의 상대적 성공과 실패에 따라 국가들을 분류한다. 아프리카 사회들이 이 선을 따라 얼마나 멀리 나아갔는가에 따라 원하는

조하였다. 1900년대 후반이 되면 언어를 '정신', 나아가 '국가 정신'과 연관시키는 사고가 등장하고 일반화되는바, 유길준의 언어관 역시 이러한 경향을 수용하게 된 것이다. 유길준, 「소학교육에 대훈 의견」, 『유길준 전서』 2, 일조각, 1971.

37) 물론 이 연구는, 유길준의 근대적 '언어학'의 인식론과 인식의 방법·언어에 대한 검토가 보충되어야만 좀더 완결성을 가지게 될 것이다. 그러나 유길준의 언어 의식과 더불어, '문법'에 대한 문제 설정을 가능하게 한 인식론에 대해서는 추후의 과제로 남길 수밖에 없겠다.

모델로부터 가깝거나 멀다는 것인데, 이러한 논리에 의해 서구 국가들과 아프리카 사이의 본질적으로 정치적인 관계는 사회진화론에 뿌리를 둔 시간적 관계로 자연화된다. 위의 세 가지 수사적 태도 가운데 스퍼가 특히 주목한 것은 맨 마지막에 언급된 분류, 혹은 등급화(classification)의 수사학이다. 그에 따르면 과학의 역사, 식민주의 관료의 언어, 탈식민시대의 근대화 이데올로기에서 분류라는 수사적 절차의 계보를 확인할 수 있다.

　데이빗 스퍼는 이 가운데 과학사를 검토하는 부분에서 푸코의 사유를 더욱 정치하게 발전시키고 있다. 푸코는『말과 사물』에서 르네상스시대와 고전시대의 에피스테메의 차이에 대해 자연사 연구를 예로 들어 논의한 바 있다. 푸코에 따르면, 르네상스시대에 동물이나 식물에 대한 기술(記述)이, 그것이 가지고 있으리라고 생각되는 덕성, 그것이 포함되어 있는 전설이나 이야기에 대해 말하는 것이었다면, 고전시대에는 그러한 문학적인 것이 과학 담론으로부터 배제되었다. 자연사 기술이 하나의 도표(table) 안에 사물들을 배열하는 체계적 분류에 제한되게 된 것인데, 푸코는 이를 자연사의 "정사각형으로 공간화된(squared and spatialized)" 전개라고 불렀다.38) 데이빗 스퍼는, 고전주의시대의 말엽에 오면 '분류'의 기준이 가시적인 것을 넘어서 유기체의 내적 구조로까지 나아갔다고 말하고 있다. 비단 외형뿐 아니라 '성격'과 '기능'에 따라 유기체를 질서정연한 분류 체계 안에 배치할 수 있게 된 것이다. 예를 들어 어떻게 생식하는가, 무엇을 먹는가에 따라 동물들은 분류될 수 있다. 이제 분류한다는 것은 단지 볼 수 있는 것을 배열하는 것이 아니라 볼 수 있는 것을 볼 수 없는 것, 즉 가시적인 것의 "더 깊은 원인"과 관련시키는 순환적 분석을 수행하고, 그리고 다시 숨겨진 원인을 확증해주는 기호들의 정체성을 확인하기 위하여 신체의 표면을 향해 나아간다. 이러한 이해 체계—기능에 따라 자연적 존재들을 질서지우고 내적 특성에 기반하여 위계를 획정하는

---

38) 미셸 푸코, 이광래 역, 『말과 사물』, 민음사, 1987 참조.

―가 서구인으로 하여금 인류의 분류로 나아가게 하였고 궁극적으로 제3세계에 대한 서구의 글쓰기 방식을 규정했다.

자연사 연구에서 마련된 관찰과 분류 및 등급화의 원칙이 인류에 대한 연구에 얼마나 정확하게 적용되었는가를 보여주는 예는 다윈의『*Journal of Researches*』(1839)이다. 다윈의 남아메리카 인디언 집단에 대한 설명은 볼 수 있는 기호들(예를 들면 인디언의 엉덩이의 모양)로부터 볼 수 없는 특성(예를 들면 상상력, 이성, 판단력의 부재)으로 나아가며, 볼 수 있는 것과 볼 수 없는 것 사이의 관계에서 도출된 특성은 다시 관찰할 수 있는 것(예를 들면 기술과 정치적 조직의 부재)으로 투사된다. 다윈에게 있어서 인간사회의 위계질서는 원칙적으로 기술력에 의해, 그리고 사회적·정치적 조직화의 수준에 의해 확정된다. 다윈이 그린 세계 지도는, 근대의 유럽 문명이 그 끝 혹은 가장 높은 지점에 위치하는 진보의 단계 속에 다양한 사람들이 나란히 놓여 있는 하나의 거대한 도표이다.[39]

> 赤色人은 其 肉色이 赤ᄒ고 其 髮은 矗直ᄒ며 黑ᄒ고 鼻는 尖ᄒ며 口는 廣ᄒ고 전체의 形貌는 怠慢ᄒ니 此 種의 住居ᄒ는 地方을 논한 즉 본래 남북 아미리가주의 주인이나 차 대지의 發現한 후로브터 백색인의 침탈을 被ᄒ야 其 地롤 양여ᄒ 외에 기 인종도 漸減ᄒ야 불구에 소멸ᄒ는 嘆이 有홈이라.[40]

『서유견문』에서 홍인종(인디언)을 설명하는 부분인데, 유길준은 홍인종의 피부색, 머리카락의 색깔과 상태, 코와 입의 형태를 묘사한 후에 전체적인 모습으로부터 '태만'이라는 기질 혹은 특성을 발견하고 있다. 그런데 인디언의 '태만'은 그들의 기술(을 학습하는) 능력 지체의 원인이다. 북아메리카의 인디언은 "屢世의 怠惰ᄒ 種落으로 학습ᄒ는 性力이 鎖盡"하여, 백인이 학교를 세우고 "농작하는 법과 제조ᄒ는 工"을 교육

---

39) David Spurr, *The Rhetoric of Empire-Colonial Discourse in Journalism, Travel Writing, and Imperial Administration*, London : Duke University Press, 1993, pp.61~65.
40) 유길준,『유길준 전서』 1, 일조각, 1971, 85면.

해도 그것이 성공할 수 없다. 인디언들로 하여금 엽총 한 자루만 가지고 산속으로 돌아가 일생 동안 가난하고 괴로운 생활을 면하지 못하게 하는 근본 원인이 바로 '태만'이라는 것이다.[41] 『서유견문』에 등장하는 홍인종에 대한 설명은 '볼 수 있는 기호' → '보이지 않는 특성' → '구체화와 표면화'로 나아가는 다윈의 논리와 매우 유사하며, 이러한 논리는 궁극적으로 인디언에 대한 백인의 지배를 자연화한다.

지리학에서 자연적 대상들이 그것이 속해 있는 '동질적이고 공허한' 기준에 의해 분류된다면, 정치학에서 집단들은 '문명화'의 정도에 따라 분류된다. 『서유견문』에서 유길준은 나라들을 '개화하는 나라', '반(半)개화한 나라', 그리고 '미(未)개화한 나라'로 분류하였다. 그는, 인민의 재능과 능력에 따라 그 등급이 구별되고 인민의 습속과 나라의 규모에 따라 그 궤정이 달라진다고 말하면서도, 개화의 등급은 세 등급에 불과하다고 말하고 있다.

> 대개 개화라 ᄒᆞᄂᆞᆫ 자ᄂᆞᆫ 인간의 천사만물이 至善極美ᄒᆞᆫ 境域에 抵홈을 謂홈이니 然ᄒᆞᆫ 고로 개화ᄒᆞᄂᆞᆫ 경역은 限定ᄒᆞ기 不能ᄒᆞᆫ 자라. 인민才力의 分數로 其 등급의 고저가 有ᄒᆞᄂ 然ᄒᆞᄂ 인민의 習尙과 邦國의 규모를 隨ᄒᆞ야 其 차이홈도 亦 生ᄒᆞᄂᆞ니 此ᄂᆞᆫ 개화ᄒᆞᄂᆞᆫ 軌程의 不一ᄒᆞᆫ 연유어니와 大頭腦ᄂᆞᆫ 인의 爲不爲에 在홀 ᄯᆞ롬이라. (…중략…) 천하고금의 何國을 顧考ᄒᆞ든지 개화의 極盡ᄒᆞᆫ 境에 至ᄒᆞᆫ 者ᄂᆞᆫ 無ᄒᆞ나 然ᄒᆞ나 대강 其 層級을 구별ᄒᆞ건디 三等에 불과ᄒᆞ니 曰 개화ᄒᆞᄂᆞᆫ 자며 왈 반개화ᄒᆞᆫ 자며 왈 미개화ᄒᆞᆫ 자라.[42]

위 인용문은 국가를 분류하는 기준이 바로 개화의 상대적 차이에 있음을 뚜렷하게 보여준다. 유길준은 이미 「세계대세론」의 "개화수이(殊異)"에서 문명개화의 단계를 야만·미개·반개·문명이라는 네 단계로 나누고 각각의 단계에 국가들을 배치한 바 있다. 예를 들면 "문명이라

---

41) 유길준, 『유길준 전서』 1, 일조각, 1971, 122면.
42) 유길준, 위의 책, 395~396면.

ᄒᆞᄂᆞᆫ 자ᄂᆞᆫ 농공상의 제업이 성대하고 문학 기술에 篤實홈이니 구주제국
과 밋 아묵리가 합중국 갓튼 자롤 云홈"이라ᄂᆞᆫ 식이다.[43] 문명화 정도
를 기준으로 국가를 분류하고 등급화하는 방법은 이미 후쿠자와 유키치
의『문명론의 개략』에서 볼 수 있다. 그는 문명개화의 단계를 문명—반
개(半開)—야만으로 나누고 각 단계에 국가들을 배치하였다. 그에 따르
면, '문명국'에는 유럽의 나라들과 미합중국이 속하고, '반개국'에는 터
어키·중국·일본 등 아시아의 여러 나라가 속하며, '야만국'에는 아프
리카와 호주의 나라들이 속한다.[44] 위와 같은 분류를 통해서 작성되는
세계 지도는 다양한 정도로 개화한 나라들이 나란히 놓여 있는 하나의
거대한 도표이다. 다른 한편 문명화는 국가와 인종을 분류하고 배치하는
기준일 뿐만 아니라 개개의 인간을 분류하고 배치하는 기준이기도 하다.
인간은 개화하는 자, 반쯤 개화한 자, 아직 개화하지 않은 자라는 세 등
급으로 나뉘고, 개화의 "주인"·"손님"·"노예"로도 나뉜다.[45] 즉 문명
의 논리는 국제 관계와 인간관계에서 개개의 국가와 개개의 인간을 시
간적 차원으로 투사하고 공간적 차원으로 배치함으로써 국가와 인민을
일목요연하게 분류하고 등급화하는 것이다.

---

43) 유길준,『유길준 전서』3, 일조각, 1971, 33면.
44) 후쿠자와 유키치, 정명환 역,『문명론의 개략』, 광일문화사, 1987, 21면.
45) 유길준,『유길준 전서』1, 일조각, 1971, 398면.

제 **4** 장

『서유견문』의 문명론과 번역의 정치학

1. 『서유견문』과 번역의 문제

『서유견문』의 '언어'에 대한 연구는 보통 외래어 수용 문제와 국한문 혼용 문제로 수렴된다.[1] 이 가운데 외래어의 수용이 번역과 관련하여 논의되었다면, 국한문의 혼용은 주로 저자의 언문일치 의식과 대중 계몽 이라는 측면에서 논의되었다. 일찍이 김윤식·김현은 『한국문학사』에서 『서유견문』이 언문일치의 언어관에 의거하여 국한문을 혼용하고 있다는 점을 높이 평가하고 국한문 혼용을 "이 시대에 이르면 한글, 다시 말하

---

1) 언어와 관련해서 유길준에 대한 지금까지의 관심은 ① 국한문혼용체 사용 문제 ② 외래어 수용 문제 ③ 문법 연구 문제 등에 집중되어 있다. 앞의 두 가지 문제는 주로 『서유견문』을 중심으로, 마지막의 문법 연구 문제는 1909년 간행된 『대한문전』을 중심으로 논의되었다. 유길준에 대한 국어학계의 관심에 대해서는 이병근, 「유길준의 어문사용과 『서유견문』」, 『진단학보』 89, 진단학회, 2000.6, 309~311면 참조

자면 대중의 압력이 한문을 압도하기 시작했"음을 보여주는 현상이라고 해석한 바 있다.[2] 그러나 한자 위주의 아래와 같은 글쓰기에 대하여 '한글이 한문을 압도' 운운하는 것은 지나친 말일 것이다. 더욱이 국한문을 혼용하는 글쓰기는 말 그대로 '대중'을 배려하려는 의도에서 선택된 것이 아니다.

> 一은 語意의 平順홈을 취ᄒᆞ야 문자를 略解ᄒᆞᄂᆞᆫ 자라도 易知ᄒᆞ기를 위홈이오, 二ᄂᆞᆫ 余가 書를 讀홈이 少ᄒᆞ야 작문ᄒᆞᄂᆞᆫ 법에 미숙ᄒᆞᆫ 고로 記寫의 便易홈을 爲홈이오, 三은 我邦 七書 諺解의 法을 대략 效則ᄒᆞ야 詳明홈을 위홈이라.[3]

『서유견문』의 서문에서 국한문 혼용의 의도를 말하고 있는 부분인데, 여기에는 독자와 저자의 편의 외에 다른 이유가 하나 더 있다. 유길준은 '중국의 칠서를 우리말로 번역해 온 방법을 본받아 의미를 상세하고 분명하게 하기 위해서' 국한문혼용체를 취했다고 말하고 있다. 유길준은 『서유견문』을 쓰면서 '어떻게 번역할 것인가'라는 문제를 여러 각도에서 고심했던 것으로 보이는데,[4] 국한문의 혼용 역시 번역 방식에 대한 고민의 결론이었던 것이다. 그렇다면 『서유견문』은 비단 어휘만이 아니라 문장과 문체에 이르기까지 '번역'이라는 문제와 관련을 맺고 있다는 이해도 가능할 것이다.

『서유견문』을 번역이라는 관점에서 접근한 연구는 특히 국어학계에서 지속적으로 이루어졌다. 이 연구들에서 번역이란 원전의 언어를 그에

---

2) 김윤식 · 김현, 『한국문학사』, 민음사, 1973, 82면.

3) 유길준, 『유길준 전서』 1, 일조각, 1971, 8면. 이 글에서 『서유견문』에 대한 논의는 영인본인 『유길준 전서(全書)』 1(일조각, 1971)을 텍스트로 하였으며, 허경진이 옮긴 『서유견문』(한양출판, 1995)을 참조하였다. 인용문에서는 일반적인 한자어를 한글로 바꾸고 띄어쓰기와 구두점을 적용한 외에는 원문을 존중하였다.

4) 『서유견문』의 「비고」를 보면 유길준이 서구의 지명 · 인명 · 도량형을 어떻게 번역할 것인가, 의역과 직역 가운데 어떤 방식을 택할 것인가 등을 두고 고심했음을 알 수 있다.

상응하는 다른 언어로 바꾸는, 언어학적 의미의 번역을 가리킨다. 『서유견문』 가운데 많은 부분이 후쿠자와 유키치의 『서양사정(西洋事情)』을 번역한 것이라는 점은 널리 알려진 사실이며,5) 유길준은 그 외에도 『만국공법(萬國公法)』, 「청한론(淸韓論)」 등을 참조한 것으로 알려져 있다.6) 따라서 『서유견문』을 언어학적 번역이라는 관점에서 접근하는 연구는 충분한 타당성을 지닌다. 언어학계에서는 『서유견문』 안에 있는 어휘, 문장, 문체 등 언어적 지표들이 원전의 그것들과 어떤 관련을 맺고 있는지를 검토하였으며, 『서유견문』을 조선시대의 언해들과 비교 분석함으로써 새로운 번역체, 나아가 새로운 문체의 형성을 설명하고자 하였다. 일본어계 한자어를 조사하여 『서유견문』이 일본어계 한자 어휘를 본격적으로 받아들인 중요한 자료 가운데 하나임을 밝힌 연구나7) 『서유견문』의 국한문혼용체가 『서양사정』을 비롯한 일본 저서의 글쓰기 방식을 따른 것임을 밝힌 연구8) 등이 이러한 시도에 속한다.

그런데 번역과 관련하여 『서유견문』에 대한 언어학적 관심의 한계는 그것이 단순히 언어 대 언어, 문장 대 문장의 관계에 초점을 맞추어 유

---

5) 『서유견문』과 『서양사정』의 관계에 대해서는 이광린, 『한국개화사상연구』, 일조각, 1979 참조. 『서양사정』은 1866년에서 1968년 사이에 씌어졌으며, 초편(初編)·외편(外篇) 도합 10책으로 되어 있다. 서양의 정치·경제·사회·문화적 제도와 기구에 대한 체계적인 소개서이며 전체 가운데 외편은 영국인 챔버스(Chambers)의 경제학 교과서의 일부분을 초역한 것이라고 한다. 『서유견문』의 20편 가운데 9편에 『서양사정』으로부터 번역한 부분이 있으며, 그 중에는 해당 절 혹은 부분의 전문(全文)을 번역한 곳도 있다. 이에 대해서는 이한섭, 「『서유견문』에 받아들여진 일본의 한자어에 대하여」, 『일본학』 6, 동국대 일본학연구소, 1987 참조.

6) 정용화, 「한국 근대의 정치적 형성―『서유견문』을 통해 본 유길준의 정치사상」, 『진단학보』 89, 진단학회, 2000.6 참조. 박지향은, 유길준이 『서유견문』을 저술하면서 이외에도 헨리 포셋(Henry Fawcett)의 『국부책(國富策)』 등을 참조·인용하였다고 지적한 바 있다(박지향, 「유길준이 본 서양」, 같은 책 참조).

7) 이한섭, 앞의 글, 앞의 책 참조.

8) 본문에서 논의했듯이, 유길준은 자신의 국한문혼용을 전통적인 언해와 연관시켰다. 그러나 이병근에 따르면, 『서유견문』의 국한문혼용체는 실제로는 일본식 국한문혼용체를 수용한 것이다. 이병근, 「유길준의 어문사용과 『서유견문』」, 『진단학보』 89, 진단학회, 2000.6 참조.

입의 경로나 기원을 확인하는 데 그치고 있다는 점이다. 언어의 유입은 새로운 사고방식과 태도 나아가 새로운 제도의 성립을 동반하는데, 오롯이 언어적 지표에만 관심을 기울여서는 그 저변의 더 큰 인식적·사회적 변화를 포착하지 못하게 된다. 여기서 문화인류학적인 의미의 번역, 즉 '문화 번역'의 관점을 도입할 필요가 제기된다. 문화 번역의 관점에서 고찰할 때, 번역의 대상은 문자 텍스트에 한정되지 않으며 문자 텍스트를 대상으로 할 경우에도 관심이 언어적 지표에 국한되지 않는다. 문화 번역의 관점에서 볼 때, 언어 현상은 문화 현상이라는 더 넓은 범주 속에서 논의되며, 그런 점에서 문화 번역의 고찰 대상은 궁극적으로 문화 전체이다.

이 글은 『서유견문』을 대상으로 유길준의 서구문화 번역을 '문명' 혹은 '(문명)개화' 개념의 전유를 중심으로 검토하려 한다. 문화 번역의 관점에서 본다면, 『서유견문』은 서구와 일본의 어떤 특정 텍스트나 그 안의 특정 언어를 번역하고 있는 것이 아니라 서구와 일본의 문화를 번역한 텍스트이다. 『서유견문』의 문명·문명개화 개념이 『서양사정』에서 옮겨 온 것이라는 점은 이미 밝혀졌지만, 어휘들의 유입 경로와 기원을 밝히는 것은 문화 번역이라는 연구 주제의 출발점은 될 수 있어도 종착점이 될 수는 없다. 이 글의 목적은 이들 개념이 번역하고 있는 새로운 문화적 내용이 무엇인지를 검토하는 것이며, 그 내용에 유길준이라는 번역자가 새로 새겨 넣은 것을 찾아내어 조명하는 것이다. 문화 번역의 관점은 『서유견문』의 언어에 대한 연구를 한 단계 더 진척시킬 수 있을 것이다.

여기서 한 가지 참고해야 할 점은 『서유견문』이 일종의 중역(重譯)이라는 점이다. 여기서 '중역'이란 단지 텍스트 번역상의 사실을 말하는 것이 아니라 문화 번역의 차원에서 말하는 것이다. 『서유견문』의 서구문화 번역은 일본과 중국의 서구문화 번역에 의해 중개되어 있다. 특히 유길준의 서구에 대한 관심은 일본에 의해 촉발되었고 일본에 의해 제한된 성격이 강하다. 유길준은, 일본이 부강을 이룩한 것은 서양의 제도를 모방했기 때문이라고 보았으며, 이러한 인식이 그로 하여금 일본의 서구문화 번역을 적극적으로 수용하도록 하였다. 따라서 '문명(개화)' 개념의 번역에 대한 연구는 이를테면 후쿠자와 유키치에게까지 거슬러 올라가야만 한다. 이 글에서는 서구의 civilization 개념에 대한 유길준의 전유 방식을, 그것에 대한 후쿠자와 유키치의 전유 방식에 대한 검토를 배경으로 하여 논의할 것이다.9)

2. 'civilization'과 번역어 '文明'

노르베르트 엘리아스에 의하면, 서구에서 대략 18세기 후반에 형성된 'civilisation' 개념은 세 가지 관념을 함축하고 있다. 먼저, civilisation 개념은 '폴리테스(politesse : 정중함)'나 '시빌리테(civilite : 예절)' 개념을 계승하고 있다. 시빌리테 개념이 그 고유한 특성과 기능을 얻은 것은 16세기 후반 에라스무스에서였다고 하는데, 에라스무스는 『어린이들의 예절에 관하

---

9) 이 글에서 문화 번역의 개념은 김현미, 「문화 번역 — 근대적 성찰의 비판적 작업」, 『문화과학』 27, 문화과학사, 2001년 가을 참조. 김현미에 따르면, 최근 문화 번역이 중요한 연구 주제로 부각되는 이유는 그것이 근대를 성찰하는 비판적 작업이 될 수 있다는 점 때문이다. 근대적 자아 정체성은, 서구 / 비서구, 서양 / 동양, 남성 / 여성, 백인 / 유색인 등 이항대립적 위계 질서에 의해 구성된 범주들에 기반하여, 타자와의 '차이화'와 '차별화'를 통해서 형성된다. 이런 의미에서 근대의 역사는 타자의 '차용(appropriation)'의 역사이며, 차용의 역사는 곧 번역의 역사라고 할 수 있다. 그런데 번역은 상호적인 것이며, 그것은 어느 한 편의 의도적이고 일방적인 의지에 의해 주도되는 과정이 아니라 양 편의 갈구와 욕망이 교차하고 타협하는 과정이다. 따라서 문화 번역이라는 주제는 서구와 비서구가, 서양과 동양이, 남성과 여성이 서로를 어떻게 차용하였는가, 양 편의 욕망과 갈구가 어디에서 어떻게 합쳐졌고 엇나갔는가를 드러냄으로써 근대에 대한 비판적 성찰을 가능케 한다.

여』라는 책에서 자신의 저서를 통해 이미 잘 알려져 있던 '시빌리타스 (civilitas : 시민의 신분)' 개념에 새로운 자극을 주었다. 시빌리타스는 모든 범위의 사교적 사회생활에서의 예의범절, 특히 행동거지·몸짓·의복· 얼굴표정 등의 외면적인 신체 예절이라는 의미를 지닌 채 사람들의 의 식 속에 새겨졌고, 시빌리테(civilite)·시빌리티(civility) 등 여러 가지 대중적 유행어로 발전하였다. 유럽의 궁정사회가, 단순하고 미개하다고 생각되 는 다른 사람들에 대하여 자신들의 우월의식을 표현한 동시에 그 모든 미개인들과 자신들을 구분해주는 특수한 행동방식을 규정한 위의 개념 은 18세기에 이르러 civilisation 개념에 의해 계승되었다. 둘째 18세기에 'civilisation'은 이성의 진보, 지식의 진보와 더불어, 계몽주의 철학에 기 반을 둔 사회개혁 운동의 한 특성을 지칭하는 개념으로 정착하였다. 이 때 'civilisation'은 국가·헌법·교육 및 더 넓은 계층의 civilisation, 즉 아 직 야만적이거나 반(反)이성적인 모든 것―형벌제도, 신분제도, 자유로 운 상거래를 저해하는 제약 등―으로부터의 해방을 의미했다. 셋째, 노 르베르트 엘리아스는 18세기 civilisation 개념의 새로운 측면이 무엇보다 '아직 충분하지 않다는 의식', 즉 'civilisation은 하나의 상태일 뿐 아니라 진행되어야 할 과정이라는 의식'에 있다고 말하고 있다. "civilisation은 하 나의 과정 또는 적어도 이 과정의 결과를 표현하며 또 무언가 항상 운 동 속에 있는 것, 끊임없이 '앞으로' 나아가는 것을 지시한다."10)

'civilis(z)ation'이 한자어 '文明'으로 번역된 것은 19세기 후반 일본에서 였다. 맨 처음 일본에서는 영어 'civilization'을 '문명개화'로 번역하고 그 의미로 '예의작법(禮儀作法)'과 '개인의 품행' 혹은 '사람 사이의 교제(交 際)'를 제시하였다.11) 이는 앞에서 살핀 civilisation 개념의 세 가지 내포 가운데 사회생활에서의 예의범절이라는 의미로 수용된 예라 하겠다. 그

---

10) 노르베르트 엘리아스, 박미애 역, 『문명화과정』 I, 한길사, 1996 참조.
11) 류준필, 「'문명'·'문화' 관념의 형성과 '국문학'의 발생」, 『민족문학사연구』 18, 민족 문학사연구학회, 2001, 20면 각주 26) 참조.

러나 후쿠자와 유키치의『문명론의 개략』(1875) 단계에서는 그 개념의 강조점이 대폭 이동하고 변화하는 것을 발견할 수 있다. 후쿠자와는『문명론의 개략』에서 '문명'이란 '그것이 미치는 곳에 한계가 없는, 다만 야만상태에서 벗어나 점차 진보하는 것을 말할 따름'이라고 하는 한편, '문명'이 영어로는 'civilization'이며 그 어원인 라틴어 'civitas'는 원래 '나라'라는 뜻이었다고 하였다. 따라서 '문명'은 그 어원적 의미를 유지하면서 '인간 관계가 점차로 좋은 방향으로 나가는 양상'을 두고 하는 말이자 '한 나라의 모양을 갖춘다'는 뜻으로도 이해되었다.12) 여기서는 서구어 'civilis(z)ation'의 내포 가운데 '진보'와 더불어 '국가'라는 의식에 대한 강조가 두드러진다. 후쿠자와에게 "문명이란 어떤 한 사람에 관해서 논의되는 것이 아니라 한 나라 전체의 양상을 보고 하는 말이다."13)

『서유견문』에 등장하는 '문명', '문명개화'라는 개념은 유길준이 후쿠자와 유키치의『서양사정』을 통해 수용한 것으로 알려져 있다.14) 물론 문명이라는 어휘가 본래 후쿠자와 유키치의 책에서 유래한 것은 아니다. 『서유견문』에도 종종 보이는 "草昧不文한 世"15)나 "不文不明한 世"16) 같은 표현에는 '문(文)' 혹은 '문명(文明)'의 전통적 의미가 짙게 배어 있다. 문 또는 문명이란 "文物이 光明한 상태"17)라는 유교적 문치(文治)의 이상을 표현하는 말로서, '초매불문한 세'나 '불문불명한 세' 같은 표현은 유교적 문화권에서는 일종의 클리세로 유통되고 있었던 것이다. 그런데『서유견문』에 나타나는 문명과 문명개화라는 말은 비록 위의 '문' 혹은 '문명'과 단어의 외형이 동일하다고 하더라도 개념의 내면 구조에는

---

12) 후쿠자와 유키치, 정명환 역,『문명론의 개략』, 광일문화사, 1987, 47면 참조
13) 후쿠자와 유키치, 정명환 역, 위의 책, 61면.
14) 이한섭,「『서유견문』에 받아들여진 일본의 한자어에 대하여」,『일본학』6, 동국대 일본학연구소, 1987 참조. 이한섭은 이 논문에서 '개화'라는 말은 일본에서 기원했을 가능성이 높으나 더 조사할 필요가 있다고 판단을 유보하였다(98면).
15) 유길준,『유길준 전서』1, 일조각, 1971, 150면.
16) 유길준, 위의 책, 151면.
17) 유길준, 위의 책, 349면.

현격한 차이가 있다.

> 개화ᄒᆞᆫ 者ᄂᆞᆫ 千事와 萬物을 窮究ᄒᆞ며 경영ᄒᆞ야 日新ᄒᆞ고 又 日新ᄒᆞ기ᄅᆞᆯ 기약ᄒᆞᄂᆞ니 如此홈으로 其 진취ᄒᆞᄂᆞᆫ 기상이 웅장ᄒᆞ야 些少의 태만홈이 無ᄒᆞ고 又 人을 대ᄒᆞᄂᆞᆫ 도에 至ᄒᆞ야ᄂᆞᆫ 언어ᄅᆞᆯ 공손히 ᄒᆞ며 形止ᄅᆞᆯ 단정히 ᄒᆞ야 能ᄒᆞᆫ 자ᄅᆞᆯ 是效ᄒᆞ며 불능ᄒᆞᆫ 자ᄅᆞᆯ 是矜ᄒᆞ고 감히 慢侮ᄒᆞᄂᆞᆫ 기색을 示ᄒᆞ지 못ᄒᆞ며 감히 鄙悖ᄒᆞᆫ 용모ᄅᆞᆯ 設ᄒᆞ지 못ᄒᆞ야 지위의 귀천과 형세의 강약으로 인품의 구별을 불행ᄒᆞ고 國人이 其 心을 합일ᄒᆞ야 屢條의 개화ᄅᆞᆯ 共勉ᄒᆞᄂᆞᆫ 자며 (…후략…).18)

'개화'란 무엇인가? 위 글에 따르면, 개화한다는 것은 무엇보다도 새롭게 하는 것, 앞으로 나아가는 것을 의미한다. 유길준은, 세상의 모든 사물에 대한 연구와 계획은 오로지 새롭게 하기를 기약하는 활동이라고 말하고 있는데, 여기에 나타나 있는 태도를 간단히 '진보'에 대한 기대라고 요약할 수 있을 것이다. 한편 개화는 사람을 대하는 적절한 태도, 즉 말씨와 몸가짐, 표정과 행동을 규정한다. 여기에서 개화는 이를테면 '예의범절'과 비슷한 뜻이라고도 할 수 있다. 그런데 그 예절이 지위의 '귀천'과 세력의 '강약'에 따라 차별적으로 적용되어야 하는 것이 아니라, 그와는 대조적으로 그러한 경계와 구별을 지우면서 '국인(國人)'을 구성할 것을 지향하고 있다는 점에 주의해야 한다. '국민'의 형성은 개화의 중요한 내용이다. 위의 글을 바탕으로 개화의 핵심을 짧게 요약한다면, 첫째는 '진보'의 관념이며, 둘째는 '국가' 혹은 '국민'의 관념이다.

위에서 살펴본바, 유길준의 개화론과 후쿠자와의 문명론은 18세기 이후 서구에서 형성된 'civilization' 개념을 수용하면서 진보와 국가라는 두 지점을 동일하게 강조하고 있다. '진보'란 간단히 말하면 시간이 지날수록 점차로 좋아지리라는 기대를 표현하는 관념으로서, 이러한 관념의 배

---

18) 유길준, 위의 책, 396면.

후에는 특수한 시간의식이 자리 잡고 있다. 즉 진보 관념은, 시간에 대한 가치 평가의 전도나 역사의식의 대두 등과 아울러, 새로운 시간 논리에 토대를 두고 있다. 한편 '국민—국가'는 새로운 국제정치관계에 기반하고 있으며 '인구' 개념 등과 아울러 근대적 정치학을 표현하는 개념이다. 19세기 말에 일본과 한국의 문화 번역자인 후쿠자와 유키치와 유길준은 '문명' 혹은 '(문명)개화'라는 개념을 통해 '모더니즘'과 '내셔널리즘'이라는 서구의 근대적 문화 형식을 번역하고 있는 것인데, 이 두 가지야말로 19세기 말 비서구 나라들이 서구로부터 번역해 들여온 문화적 형식의 핵심이라고 할 수 있다. 아래에서는『서유견문』의 (문명)개화 개념을 중심으로 모더니즘과, 모더니즘을 토대로 한 역사주의적 사고방식의 번역에 대해서 논의할 것이다.[19]

3. (문명)개화 개념의 근대주의

이 절에서는 문명개화 개념의 '근대주의(modernism)'를 분석할 것이다. 여기서 모더니즘은 철학적 개념으로서 '시간'이라는 의미에서 정의된 것이다. 이러한 의미의 모더니즘은 "부정의 특수한 시간 논리에 대한 문화적 인준을 이르는 것"으로서, "어떤 특수하고, 분명히 미래지향적인 일련의 역사 경험 형식들의 가능성의 문화적 조건이다."[20] '시간적 형식'으로서 모더니즘은 근대의 시간 논리를 시간 의식의 '구조' 혹은 푸코가 역사적 '선험성'으로 말한 것으로 등재함으로써 근대인의 경험 형

---

19) 유길준과 후쿠자와 유키치가 문명개화 개념을 통해 번역한 '내셔널리즘'에 대한 논의는 김현주, 「이광수의 문화 이념 연구」, 연세대 박사논문, 2002, 33~42면 참조.
20) 피터 오스본, 김소영 역, 「번역으로서의 모더니즘」,『흔적』1, 2001, 394~395면 참조.

식들을 구조적으로 결정한다. '과거를 섬기지 않고 현재에 만족하지 않으며 미래의 대성을 꾀한다'는 미래지향적인 시간 논리야말로 '학문'과 '상공업'과, 넓은 의미에서 '인지'의 발달을 예측하고 기획하도록 한 문화적 조건이었다.[21) 모더니즘이라는 시간적 형식의 번역은 근대의 여러 가지 장치, 제도, 사고 방식을 번역하는 데 토대가 되었다는 점에서 우선적으로 검토해야 할 주제이다.

> 대개 개화라 ᄒᆞᄂᆞᆫ 자ᄂᆞᆫ 인간의 천사만물이 至善極美ᄒᆞᆫ 境域에 抵홈을 謂홈이니 然ᄒᆞᆫ 고로 개화ᄒᆞᄂᆞᆫ 경역은 限定ᄒᆞ기 不能ᄒᆞᆫ 자라. 인민才力의 分數로 其 등급의 고저가 有ᄒᆞᄂ 然ᄒᆞᄂ 인민의 習尙과 邦國의 규모롤 隨ᄒᆞ야 其 차이홈도 亦 生ᄒᆞᄂᆞ니 此ᄂᆞᆫ 개화ᄒᆞᄂᆞᆫ 軌程의 不一ᄒᆞᆫ 연유어니와 大頭腦ᄂᆞᆫ 인의 爲不爲에 在홀 ᄯᆞ롬이라. (…중략…) 천하고금의 何國을 顧考ᄒᆞ든지 개화의 極盡ᄒᆞᆫ 境에 至ᄒᆞᆫ 者ᄂᆞᆫ 無ᄒᆞ나 然ᄒᆞ나 대강 其 層級을 구별ᄒᆞ건더 三等에 불과ᄒᆞ니 曰 개화ᄒᆞᄂᆞᆫ 자며 왈 반개화ᄒᆞᆫ 자며 왈 미개화ᄒᆞᆫ 자라.[22)

'개화'는 사회의 전체 영역이 완전한 상태에 도달함을 가리키는 말이다. 개화란 전체성과 완전성을 지향하는 개념이므로 그 경지와 영역에는 한계가 있을 수 없다. 그래서 지금까지 어느 나라도 개화를 하나의 완성태로 경험할 수는 없었던 것이며, 나라들은 아직 개화하지 못하였거나 반쯤 개화하였거나 아니면 지금 개화하는 도중에 있을 따름이다. 위 인용문에서 반개화'한'과 미개화'한'이라는 완결형 표현과 대비되는, 개화 '하는'이라는 진행형 표현은 개화가 영원히 완결되지 않는, 지속되는 과

---

21) 후쿠자와 유키치는 근대 문명의 특성을 아래와 같이 묘사했다. "자진해서 덕을 쌓고 자진해서 지혜를 닦으며 과거를 섬기지 않고 현재에 만족하지 않는다. 소성(小成)에 안주하지 않고 미래의 대성을 꾀하며 전진하여 물러서지 않으며 성취하고도 여전히 멈추지 않는다. 학문의 길은 공허하지 않고 발명의 기초를 닦으며 상공업은 나날이 번창하여 행복의 근원을 이루고 인지(人智)는 오늘 사용해도 그 여분이 남아돌아 후일의 계획을 짜는 듯이 보인다. 이것이 현대의 문명이다. 야만, 반개의 상태에서 멀리 떠나 있는 것이다." 후쿠자와 유키치, 정명환 역, 『문명론의 개략』, 광일문화사, 1987, 22면.
22) 유길준, 『유길준 전서』 1, 일조각, 1971, 395~396면.

정임을 강조하고 있다. 유길준이 '문명'이라는 용어를 사용하면서도 굳이 '개화'를 자신의 슬로건으로 채택한 것도 '화(化)'라는 접미사가 표상하는 진행과 과정의 의미를 의식했기 때문인지 모른다.23)

> 世級이 降홀스록 인의 개화호는 도는 전진호느니 言者가 或 曰호더 後人이 前人을 不及혼다 호나 然호나 此는 未達혼 談論이라. (…중략…) 인의 지식은 閱歷이 多홀스록 神奇혼 자와 深妙혼 자가 疊出호느니 (…후략…)24)

위 인용문에 있는 '전인'과 '후인'의 대비는 다른 곳에서는 '고인(古人)'과 '금인(今人)'의 대비로도 변주되고 있는데, 이는 "文明開化의 步趨는 有進無退"라는 인식과 닿아 있다.25) 이러한 의미의 문명개화란, 코젤렉의 논의에 따른다면, 새로운 것을 향해 끊임없이 자신을 넘어서는 역사적 시간을 담고 있는 '현대적 운동 개념'이다. '문명'과 '개화'는 모두 미래의 기대지평을 새롭게 이끌어내면서 개념과 개념화되는 것 사이의 관계의 역전을 표시한다. 즉 문명개화라는 개념은 이전의 개념처럼 그때까지의 경험들을 하나의 표현으로 묶어내는 역할을 하는 것이 아니라 새로운 기대를 제기하고 일깨우는 역할을 하는 것이다. '문명'이 그 단어의 외형을 유지하면서도 구조적 차원에서 시간적 의미 층위를 변화시킨 개념이라면, '문명개화'는 역사의 새로운 역학을 표현하는 새로운 합성어라고 할 수 있다.26)

---

23) 유길준은 『서유견문』에서 '문명', '문명개화'라는 용어를 자주 사용했다(169·173·179·214·287·292·329·350·351·374·376·399면 등 참조). 그렇지만 14편에서 "개화의 등급"을 큰 제목으로 뽑고 본문에서 일관되게 '개화'라는 용어를 사용하였으며 다른 곳에서도 비슷한 맥락에서 '개화'를 자주 사용하고 있다는 점을 고려할 때 유길준의 사상을 '개화론'으로 표현할 수 있다고 생각한다. 유길준의 사유에서 '개화'는, "문명을 振起호야 개화호는 諸事에 그 意를 用혼 則"에 보이는 것처럼, '문명' 혹은 '문명화'와 호환될 수 있는 용어이다. 유길준, 『유길준 전서』 1, 일조각, 1971, 214면.

24) 유길준, 위의 책, 403면.

25) 유길준, 위의 책, 374면.

26) '현대적 운동 개념'에 대해서는 라인하르트 코젤렉, 한철 역, 『지나간 미래』, 문학동

한편 문명개화라는 개념은 옛 역사들이 지녔던 범례성이 상실되었음을 표명한다. '근대'라는 역사적 도식에 대한 실제적 인준으로서의 모던이즘(modernism)은 문화적으로 부여받은 (직관된) 시간적 형식들을 새로운 생산 행위와 매개시킴으로써 주체성의 시간적인 형식, 즉 '나(I)'의 시간성을 구조화한다. 이런 이유에서 모더니즘은 역사의 시간화 혹은 시간성의 역사화라는 특정한 배열과 관련된다.[27] 이는 역사의 근대적 경험에 대한 설명으로서, '역사의 진리는 그때그때 다르다'는 것이다. 앞의 인용문에 나타나 있듯이, 세대가 내려갈수록 개화하는 방법이 발전한다면 '후인(後人)이 전인(前人)을 따르지 못한다'는 옛 말은 더 이상 용인될 수 없을 것이다. 그렇다면 "개화의 大頭腦는 인의 爲不爲에 在홀 산름"[28] 이라는 말에는 '인간(나)'은 역사를 내다보고, 계획하고, 마침내 만들어낸다'는 내용이 스며들게 된다. 이런 점에서 개화는, 진보와 마찬가지로, 성찰적 시간 규정이라고 할 수 있다. '성찰'을 통해 역사는 미래를 가리키는 사회적 계획 지평이 되며 그 지평에서 과거는 범례적 성격을 상실하게 되는 것이다.[29]

『서유견문』에는 문명, (문명)개화 개념 이외에도 이행기의 의식을 특징짓는 '가속화', 시간 압박, 과거의 범례성의 상실, 시간적 변화계수의 침투 등을 나타내는 경험들이 다양하게 표현되고 있다. 「비고」에서 유길준은 『서유견문』이 "不朽에 전흐기를 經營홈이 아니오 일시 신문지의

네, 1998, 290~309 · 334~387면 참조. 코젤렉에 따르면, 서구에서는 18세기에 역사의 새로운 역학이 시간적 운동 범주들을 자극해서 많은 신조어와 합성어를 낳았고 기존 개념들의 시간적 내면구조를 바꾸었다. 이 시기에 역사적 운동을 시점주의적으로 미래로 고양시키는 '-주의'라는 합성어(예 : 공화주의, 자유주의)가 만들어졌으며, '혁명'과 '해방' 같은 개념들도 종전의 의미를 상실하고 전체적으로 시간화되었다.

27) 피터 오스본, 김소영 역, 「번역으로서의 모더니즘」, 『흔적』 1, 2001. 강조는 원저자.
28) 유길준, 앞의 책, 396면.
29) 이마무라 히토시는, 방법주의와 기도주의가 근대적 시간성, 즉 순환 시간의 의식을 붕괴시키고 미래 시간의 의식을 발생시키며, '의지'라는 근대에서만 나타나는 정신적 · 실천적 태도를 형성했다고 말한 바 있다. 이 방법주의와 기도주의를 내포한 사유의 양식이 곧 '성찰'이다. 이마무라 히토시, 이수정 역, 『근대성의 구조』, 민음사, 1999 참조

대용을 供홈이 可"하다고 하였다.[30] 각 나라의 정치·상업·군비·조세 등에 관계된 기록들은 '십여 년 전 또는 오륙 년 전의 참고 문헌에 따른 것'이기 때문에 현재의 사정과는 다를 수 있다는 것이다. 기록이 가치를 보존할 수 없는 까닭은 사물이 날로 새로워지기 때문이다. "舊世界에 不存ᄒ고 今日에 始有"[31]한 것들에 대한 인식이야말로 단절의 의식을 표명하면서 어제의 사실은 오늘까지 그 가치가 보존되지 않으며 오늘의 사실은 내일에 의해 뒤로 물러날 수밖에 없다는 점을 표현한다. 유길준이, 『서유견문』은 단지 신문을 대신할 뿐이라고 표현한 데에는 '미래에는 다르리라'는 단절의 의식이 자리잡고 있는 것이다. 유길준은 13편에서 열아홉 개의 근대 학문을 소개하고 나서 그 목록이 불완전할 수밖에 없는 이유를 "대개 世事는 日異月新ᄒ야 其 端이 愈出홀스록 愈多ᄒ 즉 巧歷의 才라도 測定ᄒ기 不能"[32]하기 때문이라고 말하고 있는데, 이러한 판단 역시 가속(加速)에 대한 예민한 의식을 반영하고 있다.[33]

4. (문명)개화 개념의 역사주의

지금까지 『서유견문』이라는 텍스트에 공공연하게 혹은 은폐된 채 언어화되어 있는 시간 체험의 문제를 문명개화 개념을 중심으로 고찰해왔

---

30) 유길준, 『유길준 전서』 1, 일조각, 1971, 12면.
31) 유길준, 위의 책, 403면.
32) 유길준, 위의 책, 377면.
33) 스스로의 시대를 이행기로 경험하는 두 개의 특수한 시간 규정이 바로 ① 미래에는 다르리라는 기대와, 이와 연관된 ② 시간적 경험 리듬의 변화이다. 이를 간단히 단절의 의식과 가속의 의식이라고 할 수 있다. 이에 대해서는 라인하르트 코젤렉, 한철 역, 『지나간 미래』, 문학동네, 1998 참조.

다. 개화 개념을 필두로 하여, 『서유견문』에 나타나는 진보의 의식, 미래
시간에 대한 기대, 과거의 범례성의 파괴, 가속의 경험 등은 새로운 시
간적 형식의 번역을 입증하고 있다. 이러한 현상에 대하여 위에서 '모더
니즘'의 번역이라는 이름을 부여했는데, 이 모더니즘이야말로 유교적 의
미의 문 혹은 문명 개념과 유길준의 문명 개념을 구분해주는 가장 큰
특징 가운데 하나일 것이다. 그런데 이러한 모더니즘과 더불어, 그리고
모더니즘이라는 문화적 조건에 기반하여 번역된 새로운 사고방식으로
'역사주의'를 들 수 있다.

　3절의 맨 앞 인용문에 제시되어 있다시피, 『서유견문』에서 유길준은
나라들을 '개화하는 나라', '반개화한 나라', 그리고 '미개화한 나라'로
등급화하여 분류하였다. 그는, 인민의 재력(才力)에 따라 그 등급이 구별
되고, 인민의 습속과 나라의 규모에 따라 그 궤정이 달라진다고 말하면
서도, 개화의 등급은 세 등급에 불과하다고 말하고 있다. 그전에 이미
후쿠자와 유키치는 그의 『문명론의 개략』에서 문명개화의 단계를 문명
−반개(半開)−야만으로 나누고, 유럽 여러 나라와 미합중국을 최상의
'문명국'으로, 터어키·중국·일본 등 아시아의 여러 나라를 '반개국'으
로, 아프리카 및 호주 등을 '야만국'으로 분류한 바 있다.[34] 이 3단계론
은 후쿠자와 유키치가 웨일랜드(Francis Wayland)의 『정치경제학의 요소(The
Elements of Political Economy)』에서 수용한 것으로 알려져 있지만,[35] 문명과 미개
같은 단계적 구분은 웨일랜드뿐만 아니라 진보사관에서 일반적으로 사
용해온 것이다.

　야만·반개·문명은 진보의 체계에 따라 전체 역사를 보편적으로 해
석하는 도식이다. 이 도식은 단수적(單數的) 역사와 단수적(單數的) 진보

---

34) 후쿠자와 유키치, 정명환 역, 『문명론의 개략』, 광일문화사, 1987, 21면.
35) 마루야마 마사오·가토 슈이치, 임성모 역, 『번역과 일본의 근대』, 이산, 2000, 132면
　　참조. 『만국공법』의 저자인 휘턴은 세계 각국을 문명화된(civilized) 나라와 문명화되지
　　않은(uncivilized) 나라로 분류하고 그 사이에 '중간' 나라를 두었다(같은 책, 131면).

개념에 근거하며, 여기서 각 단계들은 공시적인 비교를 통해 통시적으로 정렬된다. 역사가 이른바 '진보적 비교'를 통해 정리되는 것인데, 이는 연대기적으로 동일한 시대에 일어나는 비동시적인 것이라는 인식에 근거하고 있다. "비동시적인 것의 동시성, 무엇보다도 해외 확장의 경험을 기본체계로 삼아 '세계사'라는 단위는 18세기 이후 진보적으로 해석되었다."36) 이러한 진보 사관을 수용하여 후쿠자와 유키치는 야만·반개·문명(개화)을 인류가 거쳐가게 되어 있는 자연스러운 단계로 이해했으며, "야만은 반개로 향하고 반개는 문명으로 향하며, 그 문명이라는 것도 순간순간 진보하는 과정에 있다"37)고 보았던 것이다. 그의 문명 3단계론과 진보론은 다시 유길준에게 수용되었으며, 미개화·반개화·개화라는 간단하고도 명료한 도식은 『서유견문』의 서사를 지탱하는 뼈대가 되었다.

유길준, 거슬러 올라가 후쿠자와 유키치의 문명론에는 '역사주의' 사고 양식이 스며들어 있다. 인도의 한 학자에 따르면, 19세기에 유럽이 식민지에게 준 두 가지 개념적 선물 가운데 하나가 '역사주의'이다. 역사주의란 "이 세상에서 어떤 것의 성질을 이해하려면 그것을 역사적으로 발전하는 하나의 총체로서 보아야 한다"는 사고방식이다. 즉 대상을 ① 개별적이고 독자적인 총체로, 적어도 어떤 종류의 잠재적인 단일체로 보아야 하고, ② 시간이 지나면서 발전하는 것으로 생각해야 한다는 것이다. 특히 발전이라는 개념과 그러한 발전 과정에서 일정한 시간이 흘러간다는 가정은 역사주의에 결정적으로 중요하다.38) 역사주의는 앞서

---

36) 라인하르트 코젤렉, 한철 역, 『지나간 미래』, 문학동네, 1998, 374면.
37) 후쿠자와 유키치, 정명환 역, 『문명론의 개략』, 광일문화사, 1987, 23면.
38) 디페쉬 차크라바르티, 김은실·문금영 역, 「인도 역사의 한 문제로서 유럽」, 『흔적』 1, 2001 참조. 두 개의 선물 가운데 나머지 하나는 '정치적인 것'이라는 관념이다. 디페쉬 차크라바르티는 라나짓 구하(Ranajit Guha)의, 에릭 홉스봄의 "전(前)정치적(pre-political)"이라는 범주에 대한 비판을 역사주의 비판으로 다시 읽으면서, 궁극적으로 권력에 대한 다원적 역사를 생각하고 인도에서 근대적인 정치적 주체를 설명하기 위해서는 역사적 시간의 성격에 대해 근본적으로 문제를 제기해야 한다고 역설하고 있다. 그는 사고양식 으로서의 역사주의와 구식민지의 정치적 근대성 사이의 연관을 탐색한다(같은 글, 78

말한 모더니즘이라는 새로운 시간 논리에 기반하고 있는 동시에 그것이 수반한 새로운 사고양식으로서, 후쿠자와와 유길준의 문명단계론과 진보론의 토대가 되었다. 문명이 하나의 단일한 총체이며 시간이 지나면서 발전한다는 관념은 이들이 번역해 들인 문명론의 핵심이었으며, 이런 점에서 역사주의는 이들의 문명론의 기반이었다.

> 역사주의는 역사적 시간 그 자체를 서구와 비서구 간에 존재한다고 여겨지는 문화적 거리(적어도 제도적 발전에 있어서)의 척도로 위치시킨다. 식민지에서 그것은 문명이라는 사고를 정당화한다. (…중략…) 역사주의, 그리고 심지어는 역사에 대한 근대 유럽식의 사고는 어떤 사람(이 경우에는 유럽인)이 다른 누군가에 대해 "아직은 아니다"라고 말하는 방식으로 19세기 비유럽인들에게 왔다고 말할 수 있다.[39]

역사주의는 문명론을 정당화하고 비서구인들로 하여금 역사의 대기실에서 기다리는 처지를 기꺼이 받아들이도록 하였다. 후쿠자와 유키치나 유길준의 '미개(야만)·반개·(문명)개화'는, 문명을 시간이 지남에 따라 단계적으로 발전하는 하나의 단일한 총체로 보고 그러한 진보의 체계에 입각하여 역사를 해석하는 도식이다. 유길준은, 개화란 '시대'에 따른 변화와 '지방'에 따른 차이를 노정하는 것이며, 따라서 개화의 합/불합은 '시세(時勢)'와 '처지(處地)'를 참작하고 비교하면서 추진해야 한다고 하였는데,[40] 이때 시세와 처지에 대한 고려라는 생각 자체가 이미 개화론의 역사주의적 성격을 드러내고 있다. 시세가 '역사적 차이'를 수긍하는 표현이라면, 처지란 '문화적 거리'를 수긍하는 표현이다.

역사 단계론에 입각해 있는 문명론은, 그것을 수용한 후쿠자와 유키치나 유길준의 바람과는 반대로, 서구와 비서구의 격차를 좁히는 방향으

~91면 참조).
39) 디페쉬 차크라바르티, 김은실·문금영 역, 위의 글, 72~73면.
40) 유길준, 『유길준 전서』 1, 일조각, 1971, 398면.

로가 아니라 그 격차를 더욱 벌리는 인식론으로 작동하면서 비서구인을 '영원히' 역사적 대기 상태에 머물도록 하는 효과를 발휘한다. 이에 대하여 김현미는, 문화들의 동시대성의 거부가 결국 식민주의 권력의 집행을 위해 필수적인 '시공간적 거리두기(allochronic distancing)'의 인식론으로 이어진다고 설명한다. 시공간적 거리두기의 인식론은 타자를 자아와는 다른 시간적·공간적 지점에 위치시킴으로써 둘 사이에 메울 수 없는 '문명적 격차'를 상정하게 하며, 타자에게 동시대성을 거부하는 이러한 인식론은 제국주의적 법질서·종교·생활양식 등이 '계몽'과 '문명화' 사업이란 이름으로 피식민지인들에게 이식되도록 하였다. 이는 근대 / 전통, 문명 / 야만, 진보 / 정체 등의 이분법적 도식하에 제국주의적 권력이 집행될 수 있는 문화적 근거를 제공해 왔던 것이다.[41]

5. 문명론의 정치학

앞에서 우리는 유길준이 '문명' '문명개화' 개념을 통해 번역해 들인 모더니즘을 살펴보았다. 모더니즘이라는 새로운 시간적 형식의 번역이야말로 근대의 다양한 제도와 사고방식의 번역을 가능하게 한 문화적 조건이었다. 모더니즘의 번역은 이를테면 언어에 대한 아래와 같은 이해를 가능하게 했다.

쏘 언어는 交通ᄒ는 機具라. 그란 고로 교통이 점점 盛大혼 즉 각국 인민의 談話가 점점 夥多ᄒ고 언어가 점점 混淆ᄒ리니. ○要ᄒ건디 年月을 경과혼 즉

---

41) 김현미, 「문화 번역—근대적 성찰의 비판적 작업」, 『문화과학』 27, 문화과학사, 2001년 가을, 133~134면 참조.

語彙은 점점 증가ᄒ고 語種은 점점 감소홀 者이나 (…후략…)[42]

위 인용문에서 유길준은 의사소통이 활발해질수록 언어들이 서로 섞일 것이며, 시간이 지날수록 어휘는 점점 증가하는 반면 언어의 종류는 감소할 것으로 예측하고 있다. 그런데 이러한 판단은 비단 국문 의식의 불철저함에서 유래한 것이 아니며 단순히 현실의 추세를 고려한 데서 나온 것만도 아니다.[43] 유길준의 판단을 뒷받침하고 있는 것은 '언어는 의사소통의 도구'라는 생각이며 그의 예측을 뒷받침하고 있는 것은 시간이 지나면서 도구가 '변화'하고 '진보'할 것이라는 의식이다.

또 우리는 모더니즘에 기반 하여 번역된 사고방식으로서 역사주의를 검토했다. 역사주의적 사고방식에 의해 문명은 서구에서 기원하여 다른 곳으로 전파됨으로써 시간이 지남에 따라 세계적인 것으로 되는 것처럼 여겨지게 되었다. 진보론과 3단계론은, 『서유견문』이 "유럽에서 먼저, 그리고 나서 다른 지역"이라고 하는 이 세계적인 역사적 시간 구조에 편입되어 있음을 단적으로 보여준다. 한편 유길준은 이러한 단계론을 자국 내의 '인민'을 대상으로 반복하고 있다.

인민의 지식이 부족ᄒ 國은 卒然히 其 인민에게 國政參涉ᄒᄂ 權을 許홈이 不可ᄒ 자라. 만약 不學ᄒ 인민이 學問의 先修홈은 無ᄒ고 他邦의 善美ᄒ 政體

---

42) 유길준, 『유길준 전서』 3, 일조각, 1971, 13~14면.
43) 이병근은, 유길준이 언어에 대해 주시경에게서 나타나는 언어각이성(言語各異性)이나 자재성(自在性) 같은 이념적 태도와는 차이가 있는 '현실적' 태도를 보이고 있다고 평가하였다. 이병근, 「유길준의 어문사용과 『서유견문』」, 『진단학보』 89, 진단학회, 2000.6, 313면.
　그런데 유길준과 주시경의 차이는 현실론과 이상론의 차이라기보다 이상, 즉 이념의 차이라고 생각된다. 『서유견문』을 집필할 당시 유길준은 언어와 문자의 기능을 감정, 지식, 기술의 소통과 전달이라는 측면에서 이해하였다. 즉 언어와 문자는 의사소통의 도구이지 민족문화나 민족정신의 담지체가 아닌 것이다. 언어에 대한 이러한 '합리주의적' 이해는 1900년대 말에 이르면 '낭만주의적'으로 변화한다. 이 시기에는 유길준 역시 국어를 '자국 정신의 양성'이라는 측면에서 사유하게 된다. 유길준, 「소학교육에 대ᄒ 의견」(1908), 『유길준 전서』 2, 일조각, 1971.

룰 慾效호면 國中에 大亂의 萌을 播홈인 고로 當路호 君子는 其 인민을 교육호
야 국정참여호는 지식이 有호 연후에 此 政體롤 논의홈이 始可. (…후략…)44)

　　유길준은 입헌정체가 가장 훌륭한 정치체제라고 하면서도 인민의 지
식이 부족한 나라에서는 갑자기 인민들에게 국정참여권을 주어서는 안
된다고 말하고 있다. 인민들이 정치체제를 논의할 자격을 얻기 위해서
는, 즉 정치적 책임을 질 수 있는 국민이 되기 위해서는 '교육'이 우선되
어야 한다는 것이다. 사실 유길준이 구분하는 개화의 세 단계는 나라에
만 적용되는 것이 아니라 사람에도 적용된다. 유길준은 '시공간적 거리
두기의 인식론'을 적용하여 사람들을 개화하는 자, 반쯤 개화한 자, 아
직 개화하지 않은 자라는 세 등급으로 분류한다.45) 즉 그는 국가 안에
'군자(君子)'와 '인민(人民)'을 다른 시·공간적 지점에 위치시킴으로써 둘
사이에 문명적 격차를 상정하고 서구가 비서구에 대하여 좀더 기다리라
고 말하는 어법 그대로 대중들에게 기다리라고 말하고 있는 것이다. '선
교육, 후 참여'라는 이러한 단계론적 발상에 대하여, 우리는 유길준의
인권 의식의 불충분성을 지적할 수도 있다.46) 그러나 이러한 단계론은
문명론의 필연적인 귀결이라고 보아야 한다.
　　유길준이 『서유견문』을 통해 도달하고자 한 것은 서구에 대한 총체적
이고도 체계적인 이해였다. 이해는 다른 말로 한다면 '번역'일 것이다.
유길준의 『서유견문』은 한마디로 서구의 문화를 번역한 책이며, 그는
'(문명)개화' 개념을 통해 서구의 근대적 문화 형식 가운데 핵심에 해당
하는 모더니즘과 역사주의를 번역하고 있다. 그런데 모더니즘과 역사주

---

44) 유길준, 『유길준 전서』 1, 일조각, 1971, 172면.
45) 유길준, 위의 책, 398면.
46)『정치학』(미완성 초고)과 더불어, 『서유견문』은 유길준의 정치학을 연구하는 데 중요
　　한 텍스트이다. 『서유견문』에서 유길준의 정치학은 중화 중심의 구질서와 서구 중심의
　　신질서 사이에서 약소국 조선의 주권성을 보호하고 확보하는 데 중심이 두어져 있으며,
　　이에 비하여 인권에 대한 의식은 상대적으로 미약했다는 지적을 받고 있다.

의는 서구, 나아가 일본의 조선에 대한 직·간접적인 식민 지배를 관철하는 문화적 조건으로 기능할 가능성을 가진 것이었으며 실제로도 그러하였다. 그것은 식민주의 담론의 가장 보편적인 형식이었다. 모더니즘과 역사주의라는 문화적 형식을 벗어버리고 사유한다는 것이 과연 가능한가라는 질문은 문명론의 외부를 상상할 수 있는 가능성, 나아가 근대의 외부를 사유하는 일과 관련된다. 이런 점에서 문명 담론에 대한 비판은 근대 비판과 직결된다.

제 5 장

국토 기행문의 계보학

1. 근대, 여행기, 문학

이 글의 목표는 근대 초 국토 여행기의 전개 과정을 탐구하여 그 특성을 추출하고 여행기가 '문학'으로 의식되기 시작한 지점 또는 계기를 부각시키는 것이다.

이 글은 계몽기 이래 여행기의 실험적 전환을 '발전'이라기보다 '전개'라는 관점에서 바라본다. 이는, 간단히 말하면, 발전론적 사고로부터 벗어나기 위해서이다. 19세기 말 이래 신문과 잡지 등 대중매체를 통해 발표된 다양한 여행기들은 1910년대를 거쳐 1920년대에 본격화된 장편 국토 기행문에 이르러 비로소 '문학'으로 의식된 것으로 보인다. 기행문의 문학화는 해방 후 국문학 연구와 교육을 통해 더욱 확고해졌는데, 1920년대 최남선의 장편 기행문을 수필로 본 조연현이 그 대표적인 예이다.

그런데 기행문의 문학화를, 기행문이 '아직 문학이 되지 못한 것'으로부터 '문학'으로 성장·발전했다고 해석하는 것은 문학 중심주의적인 사고일 수 있다. 여행기는 교과서나 기사가 될 수 있고 소설이나 시도 될 수 있다. 여기서는 기행문의 문학화 현상을 기행문에 잠재되어 있는 다양한 가능성들 중 특정한 가능성의 발현으로 이해하며, 그것이 어떤 메커니즘을 통해 이루어지고 있는지에 관심을 가지고자 한다.

근대적 기행문의 특성과, 문학적 기행문의 '기원', 즉 기행문이 언제 어떤 특이점을 통과하면서 문학으로 지위가 격상(?)되었는가를 규명하기 위한 연구에서 주요 대상은 이광수와 최남선의 기행문이다. 특히 이광수는 근대 초에 기행문을 비롯한 산문 영역 전반에서 가장 활발하게 활동했던 작가인 동시에 소설 이외 산문의 문학적 가능성에 대하여 맨 처음 관심을 보였던 이론가였다. 이광수는 「문학이란 하(何)오」를 필두로 한 문학개론격의 글들에서 시·소설·극 이외도 가능한 문학으로서 '산문'에 대해 지속적으로 많은 관심을 보였다. 이광수는 이 장르를 '논문', '문학적 논문', 또는 '에세이'로도 불렀는데, 그는 과거의 한문학(漢文學)작품 가운데 '기행문', '서(序), 기(記), 묘지명(墓誌銘)' 등은 위 장르에 속할 것이라고 보았다.1) 기행문이 '에세이', '감상문'과 더불어 창작과 같은 대우를 받아야 한다는 생각을 다른 글에서도 피력했던바,2) 1920년대 초에 이광수는 『금강산유기』를 비롯한 기행문을 문학작품으로 의식하고 썼음에 틀림없다. 1920년대 초에 시·소설·비평이 각기 장르적 특질을 확립해 간 사실을 배경으로 읽을 때, 여행기의 문학화 과정 및 논리에 대한 연구

---

1) 이광수, 「문학에 뜻을 두는 이에게」, 『개벽』 21, 1922.3(『이광수 전집』 16, 삼중당, 1963, 53면). 이광수는 '논문'을 「문학이란 何오」에서부터 중요한 장르로 부각시키고 있는데, 이때 논문은 비평을 포함한 것이었다. 「문학에 뜻을 두는 이에게」에서 비평은 따로 독립하고 (문학적) 논문은 시·소설·극과 함께 창작적 문학작품으로 취급된다.
2) 이광수, 「조선문단의 현상과 장래」, 『동아일보』, 1925.1.1(『이광수 전집』 16, 삼중당, 1963, 94면). 이광수는 이 글에서 '에세이, 紀行文, 感想文 같은 것' 역시 창작과 같은 대우를 받아야 한다고 말했다.

는 그 밖의 다양한 변두리 산문 양식들의 변화 과정을 파악하는 데에도 시사해주는 바가 있을 것으로 기대된다.

끝으로, 이 글이 특별히 '국토 기행'을 텍스트로 한 이유는 그것이야말로 근대적 기행문의 전개를 검토하는 데 적절한 자료라고 생각했기 때문이다. '국토'는 '지구(세계)'라는 지평의 형성과 연관된 매우 근대적인 공간 지평이다. 국토라는 관념의 형성 자체가 이 시기 여행기의 근대성을 논의할 수 있는 가장 중요한 배경인 것이다.

2. 공간 지평의 변화와 국토 관념의 형성

이 절에서는 근대적인 공간 지평의 문제를 다룬다. 이는, 간단히 말하자면, 세계(지구)와 국가(국토)라는 인식 지평의 등장 또는 형성이다. 우선, 1900년대 이래 출간된 다양한 지리 교과서와 신문·잡지의 기사에 반영되어 있는 '(지구)세계'와 '국토'라는 공간 지평을 전대(前代)의 공간 지평과 비교하여 설명하고, 새로운 공간 지평으로서 세계와 국토에 대한 관심과 그 변화 양상을 살펴보겠다. 마지막으로는, 국토 기행문의 현실 구성 능력을 근대적 국가·국민 관념의 형성과 연관하여 개괄하고자 한다.

경(經)·사(史)·자(字)·집(集)이라는 동양 전래의 지식 체계 속에서 지리학은 역사학에 비해 존재가 분명치 않았다.3) 물론 조선 후기에는 천하(天下) 사상으로부터의 탈피, 지도학의 발달, 지역 연구의 발달, 지리학의 실용화, 과학적 지리학의 발달이 이루어졌다.4) 이에 따라 행정적 목

---

3) 임형택, 「20세기 초 신·구학의 교체와 실학」, 『민족문학사연구』 9, 민족문학사연구학회, 1996, 20면 참조.
4) 조선 후기 지리학의 발달은 양란 이후의 시대정신을 반영한 사회적·사상적 여건 속

적에 의한 관찬(官撰) 지리지(地理誌)가 등장했고 지도(地圖)적 지리 개념이 발전했을 뿐만 아니라 자연환경과 인간생활의 관계를 탐구하는 인문지리 개념도 등장했다. 이중환의 『택리지』는 이러한 관점에서 씌어진 최초의 인문지리서라는 평가를 받고 있다.[5] 그러나 조선사회에는 근본적으로 지리학 연구와 교육(대중화)의 동기가 존재하지 않았다고 보는 편이 정확할 것이다. 지리적으로 고립되어 자급자족을 유지하던 농경사회는 수직적 차이화와 더불어 수평적 차이화의 경향이 뚜렷했다. 지방 공동체는 지리적인 이웃과 비교하여 문화적·언어적 특이성을 요구하는 경향이 강했는데, 이는 고립된 생활 스타일이 문화적·언어적 차이를 고무했기 때문이다. 이러한 사회에서는 지배층도 구성원들을 문화적으로 동질화하는 데 거의 관심이 없었다. 그들은 오히려 지역적 차이를 허용하고 계급적 구분을 확고히 함으로써 지배질서의 안정을 유지했다.[6]

지리학이 본격적으로 소개되고 그 중요성이 대중화된 것은 근대 계몽기에 이르러서였다. 다시 말해 지리학은 근대에 이르러 대륙, 국가, 지역 사이의 소통과 교통이 활발해지면서 그 필요와 가치가 증대했던 것이다.

> 대저 지리학은 인적 생활과 물적 현상, 두 방면의 지식을 결합한 교과이다. 그러므로 국민교육과 현실 생활에 있어서 관계가 중대한 것이다.
>
> 예전에 교통이 발달하지 않아 문호를 닫고 그 안에서 생활하던 때에는 생활에 직접적 필요를 느끼지 않았으므로 이 학문의 역사가 구원(久遠)함에도 불구하고 유치한 단계를 면하지 못하였다. 근세에 이르러서야 비로소 이를 교과에 편입하게 되었으니 우리나라 교육이 점차로 발달하게 됨을 기려 축하할 일이다.[7]

에서 파악할 수 있다. 이에 대해서는 최영준, 『국토와 민족생활사』, 한길사, 1997, 21~68면 참조.

5) 『택리지』는 조선의 자연 및 인문환경을 전통적 사상과 지리관에 입각하여 서술한 '한국적 인문지리서'이다. 『택리지』의 내용·체계와 현대 인문지리학의 차이에 대해서는 최영준, 위의 책, 69~106면 참조.

6) 이에 대해서는 Ernest Gellner, *The Coming of Nationalism and Its Interpretation : The Myths of Nation and Class, Mapping the Nation*, London · New York : Verso, 1996 참조.

7) 안확, 「高等大韓地誌 序」, 『最新高等大韓地誌』(鄭寅琥 纂輯), 보성사, 1909(민족문

위 글에서 본국(本國) 지리에 대해 알아야 할 필요성은 무엇보다도 교통의 발달에 의해 지역간의 문호가 개방되어 서로 활발하게 소통하게 된 상황에 말미암은 것으로 이해되고 있다. 세계의 지리에 대해 알아야 할 필요 역시 마찬가지 이유에서 출발한다. "오늘날에 이르러 세계의 열국(列國)은 항로와 철로로 서로 이어지고 외교가 서로 이루어져 아시아와 구라파가 이웃이 되고 황인종과 백인종이 한 가족처럼 되었"으며, "각처의 산해(山海)·풍토·정치·산업이 우리와 서로 관련되지 아니함이 없"기 때문에, "전지구의 지리를 널리 탐구하고 만국의 실정과 형세를 정밀히 살펴서 우리의 사고와 지식을 증대시키지 않을 수 없다"는 의식이 성립한 것이다.8) 이 시기에 지리학에 대한 관심은, 공간 지평이 '중국'에서 '5대양'과 '6대주'로, 나아가 '지구세계'로 확장되었으며 이에 따라 '세계'에 대한 지식이 필요해졌음을 반영하는 현상이다. 세계의 주인이 되기 위해서 습득해야 할 지식은 바로 지리학이었는데, 그것은 '자연지리학'을 바탕으로 '인문지리학', 즉 대상 지역의 역사와 산업과 문화와 풍습에 대한 정보로 나아가야 할 것이었다.9)

서구에서 지리학의 발전은 애초부터 팽창의 욕망과 분리되어 있지 않았다. 서구사회에서 지리학의 부흥은 십자군 원정의 결과였으며, 이어서 포르투갈인 및 스페인인의 세계 여행과 신대륙 발견에 따라 항로가 개척되었다. 그렇지만 서구의 여러 나라들이 식민지의 개척과 확장을 절대적으로 필요로 하게 된 것은 18세기 산업혁명의 결과였고, 잇따른 19세기야말로 지구의 지리학적 인식에 있어서 결정적인 단계가 된 시기였다. 19세기에 비로소 대륙 내부로의 전진이 이루어졌고 사막이나 양극 지대 등 인간에게 가장 적대적인 지역조차 답사되었으며, 해저나 성층권에 대

<hr>

학사연구소 편역, 『근대계몽기의 학술·문예사상』, 소명출판, 2000, 279면에서 재인용).
8) 민영휘, 「新訂中等萬國新地誌 序」, 『新訂中等萬國新地誌』(김홍경 편집), 광학서포, 1907(민족문학사연구소 편역, 위의 책, 273~274면에서 재인용).
9) 계몽기의 인문학적 열망과 그 지평에 대해서는 고미숙, 「근대 계몽기, 그 생성과 변이의 공간에 대한 몇 가지 단상」, 『민족문학사연구』 14, 민족문학사연구학회, 1999 참조.

한 탐사도 이루어졌다. 물론 이를 뒷받침한 것은 해상에서는 증기선, 지상에서는 철도망의 발달, 자동차나 항공기 등 수송 수단의 비약적인 발전이었으며 과학적 조사 방법의 발전이었다. 특히 점령한 식민지를 원료 공급 및 상품 판매를 위해 활용하기 위해서는 그 지역의 기후, 지형과 지질, 식물·동물적 환경, 생활 양식과 습관에 대한 정보가 필요했던바, 지리학은 당연히 자연지리에 대한 탐구에 멈추지 않고 그 지역의 인문지리적 환경에 대한 탐구로 나아가게 되었다. 이에 따라 지리학은 사회지리학·인구지리학·도시지리학·경제지리학·정치지리학·문화지리학·역사지리학의 내용을 포괄하게 되었다.10)

한편, 세계(지구)로의 지평 확대가 역설적으로 '국가'와 '국토'에 대한 관심을 낳았다는 점에 주목할 필요가 있다. 지금도 세계화 논리가 그 기저에 강력한 국가(민족)주의적 충동을 깔고 있는 경우가 많은 것처럼, '세계'에 대한 인식은 '나' 혹은 '우리'의 경계와 성격을 분명히 해야 한다는 요구와 별개의 것이 아니었다. '우리'에 대해 안다는 것은 '우리'의 시·공간적 과거와 현재를 안다는 것이었고, 이러한 요구는 역사학과 지리학에 대한 관심으로 구체화되었다.

계몽기의 지리적 관심은 자주 역사지리학적 경향을 띠었는데, 이는 조선 후기의 지리학 전통과 연결된 것이었다. '우리 강역(疆域)의 연혁과 흥폐는 내부의 성쇠치란과 관련되며, 외부의 중국·일본의 기세와도 연계된 것'11)이라는 인식은, 지리학을 경국(經國)의 도(道)와 연결하여 이해하면서 강역(疆域)의 문제에 집중했던 조선 후기 역사지리학의 관점을 이어받은 것이라 할 수 있다.12) 이러한 사유 속에서는 알아야 할 '지(地)'의 범

---

10) 지리학의 발달사에 대해서는 홍시환·박관섭, 『지리학사』, 대왕사, 1977, 83~99면 참조.
11) 장지연, 「大韓疆域考 序」, 『大韓疆域考』, 황성신문사, 1903(민족문학사연구소 편역, 앞의 책, 160~163면 참조).
12) 장지연과 김택영이 편찬·정리한 『증보문헌비고』 「여지고」를 17세기의 신경준, 18세기의 이만운 등 전통시대의 역사 지리 연구를 총정리하는 입장에서 편찬된 것이라고 보는 입장에 대해서는 박인호, 『조선후기 역사지리학 연구』, 이회문화사, 1996 참조.

주가 곧 '강역'이 되고, '지지(地誌)'와 '역사'는 하나가 된다. '지리학과 역사학이 표리의 관계'라는 말은 곧 이러한 생각을 반영하고 있다.13) 이 시기에 지리학은 역사학과 더불어 국가 관념을 생산하는 기제로서 각광을 받았다. 지리학은 '애국심'을 발양하는 데 꼭 필요한 지식이었다.14)

이러한 역사지리학적 관심과 더불어, 그리고 시간이 지남에 따라 더욱 중요하게 부각된 것은 지리를 '현재'의 산업·경제·종교·문화 등과 관련된 것으로 보는 시각이었다.15) 『소년』은 계몽기의 근대 지식에 대한 열망을 반영한 종합잡지인데, 창간호부터의 편집만 보아도 본국과 세계 각국의 자연과 인문에 대해 아는 것이 이 시기에 얼마나 중요한 과제로 간주되고 있었는가를 알 수 있다.16) 예를 들어 최남선은 우치무라[內村]의 「지리학연구의 목적」이라는 글을 번역하여 실었다. 이 글에서는 지리학이 "지구표면 현재의 상태"를 연구하는 학문이며, "지리학은 실로 제학(諸學)의 기(基)"로서 '지(地)를 궁구치 않고는 식산·정치·미술·문학·법교라는 계단을 오를 수 없다'고 이해되고 있다.17) 이때 지리란 일차적으로 자연적 지리를 가리켰지만, 자연은 인간에 의해 창조된 환경, 예를 들어 식산·정치·미술·문학·법교(종교-인용자) 등과의 관

---

13) 장지연, 「新訂中等萬國新地支 序」, 『新訂中等萬國新地支』, 광학서포, 1907(민족문학사연구소 편역, 『근대계몽기의 학술·문예사상』, 소명출판, 2000, 275면).
14) 장지연, 「大韓新地誌 序」, 『大韓新地志』, 광학서포, 1907(민족문학사연구소 편역, 위의 책, 269면).
15) 물론 역사지리학으로부터 자연·인문지리학으로의 중점 이동이 자연스럽고 필연적인 일은 아니었다. 역사학 저서와 마찬가지로, 계몽기에 활발하게 출판되었던 역사지리학 교과서들은 1909년에 모두 사용금지 처분을 받았다는 점도 고려해야 한다.
16) 「봉길이 지리공부」(『소년』 1~12, 신문관, 1908~1909, 총7회), 「쾌소년세계주유시보」(『소년』 1~5, 총5회), 「해상대한사」(『소년』 1~9, 총9회), 「지도의 관념」(『소년』 2), 당대 유명 답사가 헤딘 박사의 내한(來韓) 소식과 그의 약력(『소년』 2~3), 「북극탐험사적」(『소년』 3~6, 총4회) 등. 이외에도 창간호부터 세계 각국의 수도, 유명 건축물과 경물, 풍속을 소개하는 사진과 설명을 계속 게재하고 있는 점, 『최남선지리지』·『대한지지』·『외국지지』 등의 서적과 「한양가」·「경부철도가」·「세계일주가」 등의 가사집을 광고하고 있는 점을 들 수 있다.
17) 內村, 최남선 역, 「지리학 연구의 목적」, 『소년』 12, 신문관, 1909.10.

런 속에서 해석됨으로써 현대적 의미의 인문지리학으로 나아가게 된다. 우치무라의 경우처럼, 세계 지리를 연구하고 교육해야 할 필요가 정치·경제·문화와의 관련성 속에서 도출되는 한편, 본국 지리에 대한 관심 역시 과거 역사와 관련된 강역의 문제라기보다는 현재의 현실적인 문제와의 관련성 속에서 형성되었다. 이를 구체적으로 보여주는 것은 『소년』에 9회에 걸쳐 연재된 「해상대한사(海上大韓史)」이다. 이 글은 반도라는 지리적 상황이 미술·정치·법률·학술·교육·상업 등에 끼치는 영향을 이탈리아의 역사에서 확인하고 조선의 경우에 적용하고 있다.[18]

'세계 지리'라는 범주 자체가, 이에 동일화되지 않는 '우리나라 지리'라는 범주를 전제로 하는 것이며, 이는 대외적 자율성의 관점에서 국토를 정의해주는 것이다. 대내적으로는 도(道)·시(市)·군(郡) 등으로 분류되는 '지방'이라는 범주 자체가 그것들을 하나로 수렴하는 '국가'를 전제로 하는 것이며, 이는 내적 동일성의 관점에서 국토를 정의해 주는 것이다. 계몽기 이래 대내적 동일성과 대외적 자율성의 관점에서 '국토'를 정의하려 한 시도는, 위에서 설명해 온, 세계 지리와 본국 지리에 대한 각종 교과서들에 의해 이루어졌으며, 여기에 신문이나 잡지에 게재된 관련 기사들이나 문학적인 글들이 추가될 수 있다.[19] 다음 절에서 자세히 살펴보겠지만, 최남선의 「평양행(平壤行)」에 등장하는 수많은 지역명과 역명, 강과 산 이름은 평안도를 국토 안에 포괄된 것으로 의식하게 해주었으며, 특히 당시 거의 유일한 대중 매체였던 『매일신보』에 연재된 이광수의 「오도답파여행(五道踏破旅行)」에 나타난 주요한 지방 도시와 유적지와 명승지들에 대한 정보는 그야말로 대중들에게 국토의 관념과 국민의 의식, 즉 '내적 동질성'을 부여하는 데 기여했을 것이다. 즉 여행기는

---

18) 최남선, 「해상대한사」, 『소년』 1~9, 신문관, 1908~1909.
19) 헨리 엠(Henry H. Em)은, 경상도 시골의 농부가 언제 그리고 어떻게 '한국인'이 되었겠는가라는 흥미로운 문제를 제기한 바 있다. 그의 주장에 따르면, 19세기 말 새로운 세대의 정치인들과 지식인들의, 내적 동질성과 대외적 자율성의 관점에서 한국을 정의하려는 시도에 의해서 농민들은 '한국인'으로 변형되었고 비로소 '국민'이 탄생했다.

사람들에게 '국토'라는 관념을 형성하게 해줌으로써 사람들을 '국민'으로 정의해주는 것이다.

근대 초 지식인들의 이러한 노력은 전대(前代) 지식인들의 의식과는 확연한 차이를 보인다. 고려는 초기에 이미 프랑스 혁명 이전의 프랑스보다 강력한 언어적·문화적 통합체를 이루었고, 엘리트들은 자신들과 중국인들과의 정치·언어·관습의 차이를 인지하고 있었다. 그러나 조선시대까지 지역들 사이에는 명백한 언어적·문화적 차이들이 존재했으며 신분적 차이는 문화의 수직적 위계를 공고하게 했다. 그리고 무엇보다도 이 시기의 정부는 구성원들을 문화적으로 동질적으로 만드는 데 거의 관심이 없었다. 이런 성격은 당시의 여행기에도 반영되어 있다. 조선시대 기행가사의 대표적 유형인 '관유(觀遊) 가사'의 주요 창작층은 벼슬아치와 선비였다. 관유 가사는 대개 심진낙토(尋眞樂土)의식, 즉 참세계를 찾거나 이상세계를 구하는 의식을 드러낸 경우가 대부분이며 여행하는 지방의 인문지리에 대해서는 관심을 보이지 않았다.[20] 여행기가 '국토'라는 관념에 바탕을 둔 동시에 그것을 생산하고 대중화하는 데 중요한 역할을 하게 된 것은 근대에 이르러서이다.

한편 근대 여행기와 국가(국민) 구성의 관련성을 논의하는 데 있어서 또 하나 고려해야 할 사항은 그 물질적 기반이다. 그것은 구체적으로는 철도·도로 등 근대적인 교통체계와 신문·잡지 등 근대적인 인쇄문화의 형성이다. 이것들이야말로 내적 동질성과 외적 자율성의 관점에서 국가(국토)를 정의하려는 계몽기 이래 지식인들의 의도를 실제화할 수 있게 한, 하부 구조였다. 베네딕트 앤더슨이 지적했듯이, 인쇄자본주의(print-capitalism)의 확대에 의한 언어적 동일성의 확인이야말로 국민의 경계를

---

20) 최강현에 의하면, 대부분의 기행가사들은 인문지리에 대해 본격적인 관심을 보이지 않았다. 19세기에 이르러서야 「팔도가」, 「팔도읍지가」와 같은 지명(地名) 가사가 출현하여 규방의 아녀자들이나 양반가의 하인배, 일반 서민들까지도 국내의 행정 지리와 각 지방의 명산물들을 암송할 수 있게 되었다. 최강현, 「한국 기행문학 연구—주로 조선시대 기행가사를 중심으로」, 고려대 박사논문, 1981, 157면 참조.

분명하게 한 것이었으며,[21] 근대적인 교통 체계의 발달은 지역간의 거리를 축소하고 소통을 활발하게 함으로써 지방 공동체간의 문화적·언어적 차이를 해소하고 중앙으로의 문화적 동질화를 가능하게 만들었던 것이다.[22]

3. 국토에 대한 근대적 시선과 감각―「평양행」과 「오도답파여행」

기차와 신문이라는 근대 매체(media)는 근대적 국가와 국민을 형성한 물질적 기반이었다. 그것들은 인간의 능력('눈'과 '발')을 고도로 연장하여 시간을 줄이고 공간을 축소하는 효과를 발휘함으로써 문화를 동질화할 수 있는 가능성을 획기적으로 확장했으며, 바로 이 가능성을 활용하면서 근대적인 국가와 국민이 구성되었다. 이 절에서는 「평양행(平壤行)」과 「오도답파여행(五道踏破旅行)」이라는 여행기를 통해 기차와 신문이라는 근대 매체가 선택한 시선과 그에 의해 사람들의 감각과 인식이 어떻게 변화하게 되는지를 살펴볼 것이다.

『소년』 창간호에서 최남선은 "여행은 진정한 지식의 대근원"이라고 강조했는데,[23] 이 시기 그가 현대의 영웅으로 추앙한 존재가 바로 '여행하는 인간', 즉 '탐험가'였다. 그는, 용감하게 암흑의 대륙에 발을 내딛어

---

21) 베네딕트 엔더슨, 윤형숙 역, 『민족주의의 기원과 전파』, 나남, 1991 참조.

22) 유진 웨버에 따르면, 프랑스 농민은 1880년대가 되어서야 '국민화(곧 프랑스 국민)'되었다. 농민의 프랑스화는 보통교육의 확립과, 지역을 넘나드는 노동력의 이동과 상비군 제도 등을 통한 풍속과 신념의 단일화, 애국주의 이데올로기가 정치적·종교적 갈등을 해소한 이후에야 가능해졌다. 달리 말해, 프랑스 농민의 국민화는 차별적인 사회적, 정치적, 언어적 관습들이 새롭게 창조된 민족적 문화의 지역적인 변종들로 취급되는 근대 국가 체제 출현 이후에 가능해졌다.

23) 최남선, 「쾌소년세계주유시보」, 『소년』 1, 신문관, 1908.11.

학술상의 공적과 지리상의 공로를 세운 콜럼버스나 마젤란이야말로 '인문에 공헌하는 자'라고 찬양했다.24) 『소년』이 유명 답사가의 내한(來韓) 소식과 그의 약력을 실은 기사, 미국의 북극 탐험기, '표류기' 소설25) 등을 지속적으로 실은 이유가 여기에 있다.

그러나 여행이나 탐험에의 열망은 당시 조선의 정치·경제 등 물적 토대의 발전과는 전혀 조응하지 않는 '돌출적' 국면이었다. 근대 초에는 유길준과 같은 특별한 경우를 제외하고는 세계 여행이 가능하지 않았다. 당시에는 외국 유학도 매우 한정적이었으며,26) 외국에서의 유학생활이나 여행 경험을 국내의 잡지나 신문에 기고하는 통로나 관습도 형성되어 있지 않았다.27) 따라서 『소년』지가 창간호부터 야심만만하게 기획한 「쾌소년세계주유시보(快少年世界周遊時報)」는 "아시아, 유롭파, 아메리카 等 大陸과 支那, 터어키, 쩌잇튜, 쑤릿탠 등 邦國과 崑崙과 히말라야, 럭키, 등 山岳과 에니세이, 유우쁘렛, 나일, 미시십피 등 江河'를 내 발로 밟고 내 눈으로 보겠다"28)는 희망을 결코 현실화할 수 없었다. 그 여행은 원래의 목표를 달성하지 못하고 국내 여행에 그칠 수밖에 없었으며, 그것도 개성까지밖에 가지 못했다.29) 한편, 국내의 경우에도 여행의 물질적 기반이 극히 취약했다. 1900년대만 해도 근대적인 교통 체계, 즉 철도화·도로화의 수준이 매우 낮았다.30) 우편이나 전보 등 통신 체계

---

24) 최남선, 「쾌소년세계주유시보」, 『소년』 1, 신문관, 1908.11.
25) 「거인국표류기」(『소년』 2), 「로빈손표류기」(『소년』 4~10, 총6회).
26) 미국유학생은 갑오개혁을 전후해 구한말까지는 아주 소수에 그쳤다. 1899년에서 1909년까지 약 10년 동안에는 모두 사비유학생으로 총64명에 불과했다. 일본유학생은 1909년에 약 900명에 달했으며 대부분 사비유학생이었다. 계몽기 외국 유학생에 대해서는 김성학, 『서구 교육학 도입의 기원과 전개』, 문음사, 1996 참조.
27) 이런 글은 1910년대 후반 『청춘』이나 『학지광』에 가서야 많이 볼 수 있다.
28) 최남선, 앞의 글.
29) 「쾌소년세계주유시보」는 5회에 걸쳐 개성까지의 여행을 보도하는 데 그쳤다.
30) 1910년 이전에 철도는 경인선·경부선·경의선만이 개통되어 있었고, 근대적인 도로 시설은 더욱 미비했다. 도로는 1911년에야 '도로규칙'을 제정·공포하고 그에 따라 전국의 도로망이 계획되었다. 김의원, 『한국국토개발사연구』, 대학도서, 1982 참조.

역시 활발하게 작동하지 못했기 때문에 신문도 지방의 소식을 전하는 통로를 갖고 있지 못했을 정도였다.[31) 따라서 세계에 대한 관심은 물론이고 국토에 대한 관심마저도 실증적인 차원이 아니라 추상적인 지식 습득의 차원에 머물러 있었다. 이 시기 지리학 서적이 전대(前代)의 지리서나 일본인에 의해 씌어진 책을 번역하는 수준에 머물렀던 것은 그 때문이었다. 이른바 '번역 지리학'의 시대였던 것이다.

『소년』에 실린 기행문 「평양행(平壤行)」의 주체는 '나'가 아니라 '기차'라는 근대적 기계이다. 「평양행」에서 최남선은 경의선 기차를 타고 남대문―평양 구간을 가는데 그 맨 앞 문단이 "九月 十九日, 日曜, 前九時 十分 南大門驛發 新義州行 第一列車. 나는 너에게 感謝한다"라는 구절로 시작하여, '나는 다시 너에게 感謝한다'는 구절로 끝난다.[32) 여기서 '너'란 최남선이 '4원 3전'이라는 '약소한 사례'를 하고 탄 기차이다. 그는, 평양이라는 '러버(님)'를 만날 수 있도록 자기를 싣고 가주는 기차가 고맙기만 하다고 쓰고 있다. 이 글이 평양역에 도착하는 데서 끝나는 이유는 그 목적이 평양을 보여주는 데 있었던 것이 아니라 '평양까지의 행(行)'을 보여주는 데 있었기 때문이다. 기차의 선로를 따라가는 이 여행기에는 무려 백여 개의 지명과, 수십 개의 역명, 철교와 터널 이름, 강과 산의 이름이 등장한다.[33) 최남선은 그저 역들과 선로 주변들로만 이루어져 있는 세계를 보여주고 있는 셈이다. 즉 이 여행에서 '나'는 내가 보고 싶은 것을 보는 것이 아니라 기차가 보여주는 것, 기차 안에 앉아 볼 수 있는 것만을 본다. 나의 시선은 기차가 선택하고 제한하는 퍼스펙티브를 벗어날 수 없는 것이다.

---

31) 권보드래, 『한국근대소설의 기원』, 소명출판, 2000, 208면 참조.
32) N. S., 「평양행」, 『소년』 12, 신문관, 1909.10, 133~134면.
33) 경의선은 원래 러·일 전쟁 수행의 필요에 의해 군용으로 계획된 것으로 1906년 4월부터 운행하였다(김의원, 『한국국토개발사연구』, 대학도서, 1982, 500~503면 참조). 「평양행」에는 경의선이 '6년 전 군용철도로 있을 때'를 회상하는 대목이 나오는데(N. S., 위의 글, 147~148면), 이는 최남선의 착오인 것 같다.

마음은 몸을 짜르고 몸은 汽車를 짜라 龍山新開地의 宏壯한 日本宮舍와
日人市井을 놀라면서 새로 짓난 龍山驛舍 엽헤 暫時 멈춘 後 뒤ㅅ거름으로
義州ㅅ집아 平壤집아 어서 보자하고 나아갈 새 沿江 上下에 第一 盛榮하다하
야도 우리 눈엔 그 모양이 貧寒한 漁村갓흔 龍山·麻浦와 近江部曲에 第一
殷富하다하야도 汽車에선 그 家宅이 亂雜한 豚柵갓흔 東幕·孔德里를 보고
불상한 이 사람아 게어른 이 사람아 하야 한번 弔傷하고서 半空에 높히 쎄여
난 度支部煉瓦製造所煙突에서 쏨어 나아오난 黑烟이 무슨 意味가 잇난 듯하
야 近世文明과 烟突의 關繫며 二十世紀 以後의 機關과 原動力 등 問題를
생각하난데 水色驛에서 停車치 아니한 汽車가. (…후략…)[34]

맨 앞 구절만 보아도 시선을 이끌어 가는 주체가 '기차'라는 것을 알
수 있는데, 이 완벽한 의미의 기차 여행은 기행문에 여러 가지 변화를
초래한다. 그것은 달리는 기차 안에서 본다는 데에서 생긴 변화이며, 또
기차에 의해 새로운 안과 밖이 만들어진 데서 나타난 현상이다.

이 글에서 역과 선로 주변의 모습은 걷거나 말을 타고 가면서 보는
것과는 상당히 다른 모습으로 드러난다. 달리는 기차에 앉아서 하는 여
행에서는 걷거나 말을 타고 갈 때만큼 공간을 밀도 있게 경험할 수 없
다. 이는 일단 기차의 속도에 의해 발생되는 것인데, 속도에 의해 대상
들은 시선에서 재빨리 벗어나게 되고 따라서 세밀하게 묘사될 수 없다.
'일본의 궁과, 시장이구나' 하고 지각하는 사이에 기차의 창에는 용산역
건물이 나타나고 기차는 거기에 잠시 섰다가 곧 나아간다. 이렇게 빠르
게 앞으로 나아가는 기차는 사람들로 하여금 기차 밖의 풍경을 연속적
으로 변화하는 그림(장면)으로 체험하도록 한다.

한편 '한창 번영하고 있다고 하는 것'과 '풍성하고 넉넉하다고 하는
것'도, 달리는 기차에서 보면, 가난한 어촌이나 난잡한 돼지우리 같이 보
일 뿐이다. 그런데 이러한 착시(?)는 기차의 속도감에 의해서 생기는 것만
은 아니다. 그것은 무엇보다도 기차가 만들어 낸 안과 밖의 분리에 의해

___

34) N. S., 「평양행」, 『소년』 12, 신문관, 1909.10, 134면.

서 생긴다. 아도르노에 의하면, 자가용 승용차문화야말로 안과 밖의 완전한 분리를 만들어낸 계기였지만, 「평양행」에서 '달리는 기차 안의 나'와 '저기 문루 위에 앉아 담배를 피우고 있는 허술한 지게꾼' 역시 완전히 분리되어 있다.[35] 사람들은 기차 밖에 있는 사물들의 냄새를 맡을 수 없고 소리도 들을 수 없다. 따라서 기차 안의 나에게 기차 밖의 모습은 그저 풍경 이상의 것이 아니다. 여기서 고진이 말한 '내면적 인간에 의해 발견된 풍경'을 떠올릴 수도 있을 텐데, 어쨌든 "마음은 몸을 따르고 몸은 기차를 따른다"는 것은 결코 허황한 유물론이 아닌 셈이다.[36] 기차가 만들어 낸 새로운 풍경에 또 하나 더해져야 할 것은 바로 객실 안의 풍경이다. 기차의 객실은 일본인과 조선인, 남성과 여성, 어른과 아이, 남자와 '어느 댁 마님'이 한 공간에 앉을 수 있고, 옆에 앉은 모르는 사람들의 애기도 자연스럽게 귀동냥할 수 있는 새로운 공간이다. 또 기차는 새로운 예절을 만들어내고[37] 새로운 신호 체계도 만들어낸다.[38]

「평양행」은 "오백오십 리 머나먼 길을 一瞬千里 나르난 듯한 기차가 생"[39]김으로써 씌어질 수 있었다. 이 글에서는 기차가 여행의 주체이자 주제이며, '철도지(鐵道誌)'가 곧 여행의 안내서이다. 기차라는 문명기계는 이전에 감각할 수 있었던 것을 못 하게 하는 동시에 이전에 감각할 수 없었던 것을 할 수 있게 해준다. 이 글에서 '나'의 시각 경험은 기차라는 기계가 선택한 퍼스펙티브에서 벗어날 수 없는바, 「평양행」은 바로 기차가 쓴 글인 셈이다.

「오도답파여행(五道踏破旅行)」은 이 시기 국토에 대한 국민(의 관심을

---

35) N. S., 위의 글, 138~141면 참조.
36) 철도가 변화시킨 시간과 공간의 문제에 대해서는 볼프강 쉬벨부쉬, 박진희 역, 『철도 여행의 역사』, 궁리, 1999를 참조할 수 있다.
37) 이를테면 '나'는 옆 칸에서 장죽을 물고 담배를 피우는 여자에 대해 꼴불견이라고 생각한다.
38) 달리는 기차가 대낮에 인공적인 전기 조명등을 켜는 것은 곧 터널을 통과하게 된다는 신호이다. 이때 승객들은 이 신호를 해석하고 창문을 닫는 조치를 취해야 한다.
39) N.S., 앞의 글, 133면.

표방하는 신문)의 관심을 적극적으로 반영한 1910년대의 대표적인 기행
문이다. 이 글은 이광수가 『매일신보』의 기자 신분으로 충남·전북·전
남·경남·경북을 거쳐간 여행을 기록한 것인데, 1917년 6월 26일 조치
원에서 보낸 1신에서 8월 18일 경주에서 보낸 52신까지 『매일신보』에
통신문 형식으로 연재되었다.[40] 다섯 도를 거치면서 씌어진 이 여행기
역시 철도는 물론이고 근대적인 도로, 항만의 체계가 없었다면 씌어질
수 없었을 것이다. 특히 1910년대 중반에는 도로가 철도의 노선을 보완
함으로써 거의 모든 중요한 지방 행정 구역이 가깝고 또 그만큼 쉽게
도달할 수 있는 곳이 되었다. 이광수가 2개월이라는 비교적 짧은 기간
동안 경기 이하 여러 도(道)를 순회할 수 있었던 것은 철도와 도로라는
근대 교통 체계에 의해 가능했다. 한편 철도와 도로는 서울이라는 중심
으로 수렴되었다. 근대적인 철도망과 도로망을 통해 지방으로의 분산과
서울로의 통합이 동시에 이루어진 것이다.[41]

　이 글에 나타난 이광수의 국토에 대한 관심은 대략 3가지로 나누어
살필 수 있다. 첫째는 경제부 기자의 시선인데, 이는 근본적으로 '개발
자'의 관심이다. 여정이 '도(道)'라는 행정 단위에 의해 경계 지워진 점에
도 나타나는바, 그가 이 여행에서 주로 만난 사람은 해당 지역의 공무원
(도 장관, 군수, 경찰서장)과 유지(실업가, 은행가)와 각종 사회단체의 대표자들

---

40) 이광수는 1917년 5월 하순 귀국하여 6월 14일로 『무정』의 연재를 끝냈다. 6월 26일
　　『매일신보』의 기자 자격으로 오도답파여행을 떠났는데 충남-전북-전남-경남-경북
　　으로 다섯 개 도를 답파할 예정이었으나 건강상의 이유로 경주에서 금강산 행을 포기
　　하고 중지하였다(「연보」, 『이광수 전집』 20, 삼중당, 1963, 277면).
41) 이광수는 서울-조치원-공주-부여-강경-군산-이리-전주-이리-송정리-광
　　주-목포-삼천포-마산-삼랑진-부산진-동래온천-해운대-삼천포-진주-부산
　　-마산-대구-경주까지 기차를 주로 하고 부차적으로는 도로와 해로를 이용하여 이
　　동했다. 참고로 덧붙이자면, 1917년까지 철도는 호남선(대전-목포), 경원선(용산-원
　　산), 군산선(이리-군산), 평양탄광선(대동강-승호리), 평남선(평양-진남포)이 추가로
　　개통되었다. 근대적 도로는 1911년에서 1917년 10월까지 제1기 도로건설사업기간 동안
　　약 2,694km가 추가로 건설되었으며, 이로써 중요한 지방 행정 구역은 도로에 의해 연
　　결되었다. 김의원, 『한국국토개발사연구』, 대학도서, 1982 참조.

이었다. 그가 관심을 가지고 방문하는 곳은 '물산진열장'과 '양잠 학습소' 등이다. 또 그가 해당 지역에 대해서 보도할 가치가 있다고 생각하는 정보는 주요 산업과 특산물, 그리고 향후의 발전 계획 등이다. 국토에 대한 그의 생각은 대체로 이러한 관심에서 벗어나지 않는다.

> 鳥致院 公州 간은 거의 빨간 山뿐이다. 잔디까지 벗겨지고, 앙상하게 山의 뼈가 드러났다. 저 山에도 原來는 森林이 있었으련마는, 知覺 없는 우리 祖上들이 松蟲으로 더불어 말끔 뜯어 먹고 말았다. 무엇으로 家屋을 건축하며, 무엇으로 밥을 지을 作定인가. 道路 左右便에 늘어 심은 아카시아가 어떻게 반가운지. 이제부터 우리는 半島의 山을 온통 鬱蒼한 森林으로 덮어야 한다. 모든 山에 森林만 茂盛하게 되어도 우리의 富는 現在의 몇 갑절이 될 것이다. 十年의 計는 植木에 있고, 百年의 計는 교육에 있다고 하거니와, 現今 朝鮮에서는 植木과 敎育이 同時에 一年計요, 十年計요, 百年, 千年, 萬年計일 것이다.[42]

「오도답파여행」은 '개발' 욕망에 의해 추동된 여행의 기록이다. 산→삼림→건축 자재와 연료원→식목의 필요성→국부(國富)로 나아가는 이러한 생각을 이끌어 가는 것은 전형적인 국토개발자의 시선이다. 여기에는, 사람과 자연을 '자원'으로 인식하는 것이야말로 이전 시기 우리에게 결여되었던 것이며 현재 우리에게 가장 필요한 것이라는 의식이 반영되어 있다. '자연'은, '인민'과 마찬가지로, '자원'으로 파악되어야 하는 것이다.[43] 이러한 시선에 의해 국토는 활용되어야 할 것이 되고, 그러기 위해서 우선 면밀하게 조사·계획·개발되어야 할 대상이 된다. 그리고 이는 '지방'의 특성에 맞게 이루어져야 할 것인데, 이러한 부분화 내지 특화말로 역설적으로 '국가'라는 '전체'로의 구성적 통합을 전제한 것이다. 이 글에서 부(富)가 궁극적으로 국부(國富)라는 차원에서 논

---

42) 이광수, 「오도답파여행」, 『매일신보』, 1917.6.26~8.18(『이광수 전집』 18, 삼중당, 1963, 126면에서 인용).
43) 이광수, 위의 『이광수 전집』 18, 144면.

해지는 것은 이 때문이다.

다른 하나는 문화부 기자의 관심인데, 이는 주로 유적을 탐방할 때 나타난다. 여기서 국토는 과거의 역사·문화의 흔적을 간직하고 있는 공간이다. 이광수는 이 여행에서 부여·전주·경주 등 옛 수도에 배어 있는 왕조의 흔적을 찾기도 하고 이순신 등 역사적 인물과 관련된 유적을 살피기도 한다. 그는 유적들을 돌아보며 "기타 지방에서는 인민들조차 此地의 유래를 모르는 것이 슬프다. 시인, 史家, 미술가 같은 이가 이러한 땅에 임하여 선조 유적을 光輝하게 함이 어떠하뇨"라고 말한다.44) 유적의 유래에 대해서 다른 지방의 사람들이 알게 하는 것은 곧 그들을 동일한 역사와 문화, 그리고 선조를 가진 국민 또는 민족으로 구성하는 일이다.

그런데 이광수는 유적을 탐방하고 그것과 관련된 사실이나 전설을 보도하는 태도를 보이는 한편, 역사와 유적을 다른 식으로 전유하는 태도도 보인다. 그는 고적으로부터 역사를 읽을 뿐만 아니라 그것의 '맛'을 느끼도록 하는 데에도 관심이 있다. 중간에 노래가 삽입된다거나45) 유적이 불러일으키는 상념에 젖어들면서 상상력을 불러일으키는 부분이 특히 그러하다.

山(부여의 扶蘇山-인용자)에 기와 조각이 한 벌 깔렸다. 그날밤 火焰에 튄 것이다. 御爐의 향내 맡던 것이요, 南薰의 太平歌 듣던 것이다. 여기는 大闕 자리요, 여기는 妃嬪이 있던 데요, 달 맞은 迎月臺, 달 보내는 送月臺는 여기 여기요, 공 차던 蹴鞠場이 여기, 歌舞하던 무슨 殿이 여기, 七百五十年의 榮華가 一夜에 사라질 때 扶蘇山 전체가 온통 불길이 되어 七月의 밤하늘과 泗沘水를 비칠 때 그때의 悲壯 慘憺한 광경이 눈을 감으면 보이는 듯 하다. 그때에 榮華의 꿈에 醉하였던 九重의 宮闕이 온통 驚惶하여 울며불며 엎드러지며

---

44) 이광수, 『이광수 전집』 18, 삼중당, 1963, 146면.
45) 백마강을 여행하는 배에 동승한 한 미인이 부른 세 곡의 노래를 싣고 있다. 이광수, 위의 책, 134면.

자빠지며 이리 뛰고 저기 굴고 하던 양, 꽃같이 아름답고 細柳같이 軟弱한 數百의 妃嬪이 黑煙을 헤치고 送月臺의 비낀 달에 落花岩으로 가던 양, 숫고개와 泗沘水로 暴風같이 말려 드는 羅唐聯合軍의 乘勝한 鼓喊 소리가 귀를 기울이면 들리는 듯 하다.46)

이광수는 부여가 나당연합군에 침략 당했을 때의 풍경을 마치 영화의 한 장면처럼 생생하게 형상화하고 있다. 그런데 이 역사화(歷史畵)는 역사적 사실들 간의 전후관계나 인과관계에 대한 상상력을 소거한 자리에서 감정이입을 통한 극적 장면화의 방법을 선택하고 있다. 따라서 이것은 슬픔과 아름다움이 공존하는 '비애미'를 발생시키는데. 이를 역사에 대한 미적 전유라고 할 수 있을 것이다.

세 번째 시선은 자연에 대한 심미적 시선이다. 여기에서 국토는 무엇보다도 아름다운 자연 경관이다. 이러한 시선은 이광수가 기자의 업무를 잠시 접어두고 해운대에서 '휴가'를 즐기던 때 가장 두드러진다. 여기서 이광수는 개발자와 탐방자의 관심을 거두어들이고 '시인'이 된다. 그는 산과 바다를 갖춘 해운대의 풍광을 더욱 빛나게 하는 청풍과 명월을 찬미하며, 그 위에 더해진 일엽편주와의 일체감을 노래하고 있다.

一葉舟가 碧波 위로 소리없이 지나간다. 내가 그 一葉舟인지, 그 一葉舟가 낸지, 알 수가 없다. 이런 美景을 對하면 기쁠 듯도 하건마는, 나는 도리어 深刻한 悲哀를 깨달았다. (…중략…) 莫山絶頂에 자루를 박고 도는 北斗星을 바라보고, 실 풀리듯이 솔솔 풀려나오는 골안개를 바라보고, 明月을 바라보고, 葉舟를 바라보고, 清風에 옷소매를 날리며, 벌레 소리에 눈물을 흘리며, 나는 失神한 사람 모양으로 혼자 徘徊하였다. 이 어인 悲哀인고.47)

이광수는 위 인용문 바로 앞에 해운대의 풍광이 불러일으킨 감격을

---

46) 이광수, 위의 책, 131면.
47) 이광수, 위의 책, 164면.

네 수의 연시조로 형상화하고 있기도 한데, 이는 낭만적 서정의 유출이라고 할 수 있다. 그는 국토에 대한 일체의 실제적 관심(interests)에서 벗어남으로써 그것의 감각적 아름다움을 느낄 수 있게 되었으며, 그 황홀한 미적 체험으로부터 자연스럽게 시적 형상화가 가능해진 것이다. 시는 일종의 '실신(失神)' 상태, 즉 현실로부터의 고양의 산물이기 때문이다.[48]

'관광'이 대중적 관심사가 된 것은 이러한 메커니즘을 통해서였을 것이다. 훗날 현진건은 「몽롱한 기억」이라는 기행문에서, 이광수의 글을 읽고 "나도 細모래판에 미쳐 뛰어보리라. 淸風에 옷소매를 날리며 눈물을 흘려보리라. 그리고 나도 그런 시를 읊으리라. 그런 글을 지으리라"는 동경을 품고 해운대에 갔다는 말을 하고 있다.[49] 1930년대에는 김기림 역시 금년 여름에는 기필코 춘원의 『금강산유기』를 '포케트'에 넣고 금강산을 찾겠다는 계획을 실행에 옮기겠다는 결심을 피력하고 있다.[50] 이광수의 여행기를 통해 해운대와 금강산은 현진건과 김기림에게 일상과 도시의 생활을 벗어나 시인이 될 수 있는 아름다운 곳으로 상상되고 기억되었던 것이다. 그러나 이러한 효과는 비단 이들과 같은 '작가'에 한정된 것이 아니다. 이들 여행기의 내포 독자가 신문의 독자, 즉 대중이라는 것을 감안한다면, 이 글들은 해운대나 금강산을 대중적 관광지로 만드는 데 기여했다고 할 수 있다. 사실 아름다운 자연 경관을 둘러보며 시인의 감정에 젖어드는 경험이나 그러한 경험에서 우러나온 시정(詩情)을 작품화한 글을 읽는 문화란 전대에는 일부 집단만이 즐길 수 있었던

---

48) 여기에서 산출되고 있는 것이 미이며 그것도 비애미라는 점은 여러 면에서 의미심장하다. 계몽기의 역사적 상상력은 본래적으로 '미'를 산출하도록 의도된 것이 아니었으며, 그것이 부수적으로 산출하는 미도 비애의 미는 아니었다. 그런데 「오도답파기」에서는 역사와 자연이 매우 '심미화'되고 있으며 이로부터 공통적으로 비애미가 산출되고 있다. 특히 아름다운 자연의 풍광으로부터 비애미가 산출된다는 것은 자연스럽지만은 않은바, 이는 1920년대의 『금강산유기』에 나타난 미적 성격과도 구분된다. 이는 1910년대 이광수에게 배어 있는 역사 혹은 현실의 자취라고 할 수 있다.

49) 빙허, 「朦朧한 記憶」, 『백조』 2, 문화사, 1922.2.

50) 김기림, 「바다의 幻想」, 『김기림 전집』 5, 심설당, 1988, 330~331면 참조.

것이다. 그런데 이제 신문과 같은 대중매체의 여행기에 의해 관광은 모든 사람의 관심사가 되었다. 이런 의미에서 관광이란 그 자체로 매우 근대적인 문화인 셈이다.

「오도답파여행」이 신문 기자의 통신문이라는 점은 이 시기 국토 기행문의 특징을 살피는 데 중요하게 고려해야 할 사항이다. 『소년』이 1년 동안 겨우 200명의 독자를 확보했을 정도로 그 영향 범위가 작은 잡지였던 반면,[51) 신문은 "신분이나 지역의 구별을 뛰어넘어 '국민'으로서의 단일성을 전제한 새로운 매체"로 등장했다.[52) 따라서 신문은 '국민'을 독자로 하며, 국민이 공유할 가치가 있는 내용을 보도(함을 표방)한다. 이러한 신문이, 중앙의 정계의 추이를 다루는 데 무게를 두면서 정론과 계몽에 중심을 두던 체제에서 벗어나 사회의 다양한 부면으로 관심을 분산시키고 자신의 독자적인 영역을 사실 보도에서 찾기 시작한 것은 1910년대 중반에 들어서였다.[53) 「오도답파여행」은 신문의 이러한 변화, 즉 사회적 관심의 확대와 취재 체제의 성립 등을 확인해주며 이 당시 국토에 대한 국민의 관심(을 표방하는 신문의 관심)이 무엇이었는지를 보여준다. 국민에게 국토는 개발되어야 할 자원이기도 하고, 역사의 흔적을 간직한 문화적 공간이기도 하며, 아름다운 자연 경관이기도 한 것이다. 국토에 대한 이 다양한 관심들은 서로 견제하고 제한하기도 한다. 예를 들어 문화부 기자가 유적이 불러일으키는 감상에 마냥 젖어드는 것을 제어하는 것은 경제부 기자의 시선이다. 이광수는 "懷古의 淚만 흘림도 부질없으니 道廳이나 찾아가서 잘 살아 갈 方針이나 듣자"[54)고

---

51) 최남선, 「1주년 기념사」, 『소년』 12, 신문관, 1909.10.
52) 권보드래, 『한국근대소설의 기원』, 소명출판, 2000, 208면.
53) 권보드래, 위의 책, 205~220면. 권보드래에 의하면, 1910년대에 들어 신문에서 정론과 계몽의 입지가 축소되면서 신문은 사회의 다양한 방면에 관심을 분산시키기 시작했고 자신의 독자적인 영역을 사실 보도에서 찾기 시작했다. 신문과 신문기자는 사진기와 사진기사로 비유되면서 사회의 만반 상황을 '듣고 보는 대로 기재하는 것'을 적극 표명했다. 신문의 이러한 변화는 1910년대에 대부분의 민간 신문이 폐간된 뒤 유일하게 신문으로서의 명목을 이은 총독부 기관지인 『매일신보』에 의해 진행되었다.

말하며 감상을 거두어들인다. 신문이 국토에 대한 관심을 다루고 배치하는 형식에 있어서도 「오도답파여행」은 중요한 특징을 보여준다.

4. 심미적 가상으로서의 기행문―『금강산유기』

1920년대에 씌어진 이광수의 『금강산유기(金剛山遊記)』[55]나 최남선의 『심춘순례(尋春巡禮)』,[56] 『백두산근참기(白頭山覲參記)』[57] 등은 민족주의 의식을 드러낸 대작 수필로 평가받아 왔다. 그런데 기행문이 체계적인 지식을 제공하거나 시의성이 있는 정보를 전달하는 실용적인 문장에서 벗어나 드디어 문학적인 것으로 대우받게 된 것이 대략 이 시기 경이었다. 이 절에서는 기행문의 지위 상승이 어떤 메커니즘을 통해 이루어지는지를 부각시키는 데 중심을 둘 텐데, 이는 소설을 제외한 다양한 주변적 산문들이 어떤 과정을 거쳐 '문학'으로 주목받게 되었는지를 해명하는 데에도 시사해 주는 바가 적지 않다.

최남선의 『심춘춘례』는 '조선주의'를 실천하기 위해 씌어진 문장이었다. 『심춘순례』는 후대의 시선에 의해 문학(수필)으로 '발견'된 것이지,[58]

---

54) 이광수, 『이광수 전집』 18, 삼중당, 1963, 137면.

55) 이광수, 「금강산유기」, 『신생활』, 1922.3~1922.8(본문에서 이 글을 인용할 때는 『이광수 전집』 18, 삼중당, 1963의 면수를 표기하기로 한다).

56) 최남선, 『심춘춘례』, 신문관, 1925.

57) 최남선, 『백두산근참기』, 한성도서주식회사, 1927.

58) 조연현은, 최남선이 『심춘순례』 등을 통해 '근대적인 수필문학의 기초를 확립'했다는 점을 강조하였다. 그에 따르면, 이 기행문들은 조선주의를 실천하려는 목적으로 씌어진 것이지만 학술적인 역사 탐구나 전문적인 철학적 체계가 아니고 우리 민족의 역사와 사상에 대한 많은 지식을 가진 한 교양인의 기행록으로서, 평이한 일반적인 문장과 문학적인 표현 방식에 의거해 표현되었기 때문에 수필일 수 있다. 조연현, 『한국현대문학사』, 성문각, 1969, 153~157면 참조.

당시에 최남선이 문학작품을 목표로 하고 쓴 것은 아니었다는 얘기다. 최남선은 민족의 역사와 정신의 근본을 찾아내기 위해 국토를 탐사했으며, 이러한 태도는 『심춘춘례』 '서문'에 명확하게 표현되어 있다.

朝鮮의 國土는 山河 그대로 朝鮮의 歷史며, 哲學이며, 詩며, 精神입니다. 文字 아닌 채 가장 明瞭하고 正確하고 또 자미잇는 記錄입니다. 朝鮮人의 마음의 그림자와 生活의 자최는 고소란히 쏙쏙히 이 國土의 우에 박여잇서 어쩌한 風雨라도 磨滅식히지 못하는 것이 잇슴을 나는 밋습니다.59)

최남선은 국토를 조선인의 정신과 생활의 자취가 새겨져 있는 일종의 '기록물'로 파악하고 있다. 따라서 그의 여행 목적은 국토 혹은 산하의 자취들—'기록'—에서 조선의 역사·철학·시·정신—'의미'—을 해석해 내는 것이다. '산하 그 자체가 역사·철학·시·정신'이라는 말의 의미는 이러한 것인바, 이는 소위 문화지리학적 탐구에 속할 것이다. 그의 문화지리학적 탐색의 근간이 된 것이 바로 '조선주의'라는 사상이었다. 최남선의 경우, 국토는 살아있는 '박물관'이었으며, 국토의 순례는 곧 국토의 '독해'였다.

『금강산유기』에서 이광수는 최남선과는 다른 태도를 보여준다. 이광수는 금강산을 해석할 가치가 있는 어떤 의미를 담고 있는 기록물로서 대하고 있는 것이 아니다. 『금강산유기』는, '유기(遊記)'라는 표제에 이미 드러나 있는 것처럼, 어떤 실제적인 목적도 가지지 않은 여행의 기록, 아내를 동반한 주유(周遊)의 기록이다. 여기서 이광수의 시선은 「오도답파 여행」 중 해운대에서의 시인의 시선과 가장 가까운데 이를 자연에 대한 '심미적' 태도라고 부를 수 있을 것이다.

현진건은 「몽롱한 기억」에서 이광수의 '시'에 감동하여 자기도 '시'를 얻으려고 해운대에 찾아갔다가 '너절한 산문'만을 얻었다고 말하고 있다.

---

59) 최남선, 「순례기(巡禮記)의 권두(卷頭)에」, 『심춘춘례』, 신문관, 1925, 1면.

현진건은 해운대의 풍광에 대해 '산도 그저 그렇고 바다도 그저 그렇다. 이까짓 경치야 아모 해변에서도 볼 수 있다'고 불평했다.[60] 해운대의 아름다움은 그것을 보려는 사람에게만 보인다. 아름다움은 해운대에 '내재'한 것이 아니다. 마찬가지로 금강산의 '미' 역시 시선의 문제이지 결코 실재의 문제가 아닌 것이다.

『금강산유기』에도 국토 개발자의 시선이 나타나기는 한다. 그런데 그것은 이광수가 금강산으로 들어가기 전 기차를 타고 가면서 밖의 피폐한 산야를 바라보는 때에 한정되어 있다. 또 유적 탐방자 혹은 문화부 기자의 시선도 궁예나 마의 태자의 흔적을 확인하는 곳에 계속 나타나지만 역사적·이념적 상상력은 곧 미적 상상력에 자리를 내주게 된다. 미적 상상력의 우위는 예를 들어 수미암(須彌庵)을 등정하면서 마주보이는 산 위 바위들의 모습과 배치를 보고 마치 미의 궁전 같다고 느끼는 아래와 같은 부분에 잘 드러난다.

> 혹은 이것(바위들이 배치된 모습—인용자)을 어떤 옛 王宮의 빈 터라고 보고 혹은 佛寺, 혹은 道觀의 옛 터라고 볼 수 있습니다. 그러나 나는 이 宮殿을 總稱하여 須彌宮이라고 부르고 싶습니다. 開闢紀元 몇 年에 須彌라는 아름다운 女王이 滿朝百官을 거느리고 많은 宮女의 護衛 속에 이곳에서 갖은 風樂을 치고 놀았다고 想像합니다. (…중략…) 이렇게 想像할 때에 내 눈 앞에는 神仙 같은 사람이 보이고 仙樂이 들리는 것 같습니다. 燈明塔 위에서는 自枯香의 香氣로운 불길과 煙氣가 오릅니다. 鐘臺 위에서는 殷殷한 種소리가 납니다. 나는 이곳을 일컬어 自然의 古蹟이라고 하였습니다.[61]

이광수는, 바위들의 모습을 역사적이거나 종교적인 건축물의 흔적이 아니라 '아름다움'을 표상하는 궁전의 흔적이라고 상상하고 싶어 — '부르고 싶어' — 한다. 그는 미의 궁전을 바탕 화면으로 하고 그 속에 아름

---

60) 빙허, 「朦朧한 記憶」, 『백조』 2, 문화사, 1922.2.
61) 이광수, 『이광수 전집』 18, 삼중당, 1963, 60면.

다운 사람과 아름다운 풍경과 아름다운 음악이 어우러진 장면을 오버랩한다. 여기서 그가 하는 일은 바위들의 모습에서 촉발된 상상력을 바탕으로 아름다움의 '감각적 가상'을 만들어 내는 것이다.

『금강산유기』전체가 이와 마찬가지의 메커니즘에 의해 만들어진 것이다. 『금강산유기』에는 여정의 서술과 풍광의 묘사가 매우 정밀한데, 이를 통해 그려진 금강산의 모습은 서술자의 심미적 이상이 투영된 감각적 가상이다. 이광수에 의하면, 금강의 미의 본질은 "복잡과 통일의 조화", 즉 "얼른 보면 錯雜한 듯 하되 자세히 보면 계통과 질서가 있고, 더욱 자세히 보면 무수한 小 統一을 합하여 보다 큰 통일을 만들고, 또 그것이 합하여 내금강 전체가 一大 통일을 이루었다"는 데 있다.62) '복잡과 통일의 조화미'라고 했지만, 여기서 초점은 '복잡'보다는 '통일'에 있으며, 그것은 무엇보다도 '계통과 질서'가 있는 통일이다. 계통과 질서, 그리고 통일이라는 성격 그 자체는 금강산에 실재하는 것이 아니라 서술자의 심미적 이상이 투영된 것이다.

심미적 이상이란 무엇을 아름답다고 느끼는가와 관련된 문제인데, 조화와 통일의 미를 지향하는 이러한 미의식은 『금강산유기』안에 약 60여 곳에 배치되어 있는 110수 가량의 '시조'에 의해서도 표현된다. 정격을 유지하는 시조는 본래 조선시대 사대부들의 미적 이상이 투영된 형식으로서 조화와 균형의 아름다움을 표상한다. 『금강산유기』에서도 시조는 대개 정격을 유지하고 있으며, 금강산을 주유하던 시인과 처사의 이야기가 삽입되거나 감정이 격해진 경우에만 정격이 파괴되거나 연시조로 나타난다. 이야기가 게재되는 경우, 그 주인공이 시적 화자로 등장하기도 하는데, 이때에도 화자가 원래의 서술자와 대화하거나 논쟁하는 관계를 이루지는 않는다. 따라서 『금강산유기』안에 있는 시조들은 모두 서술자의 심미적 동경을 효과적으로 표현하는 데 이바지한다.63)

---

62) 이광수, 위의 책, 31면.
63) 금강산의 심미화는 단지 이광수의 문제만은 아니다. 예를 들면 최남선의 본격적인 금

예를 들어, 마찬가지로 금강산을 주유한 기록이라 할지라도 조선조 정철의 「관동별곡」은 이광수의 『금강산유기』와는 매우 다른 양상을 보여준다. 정철의 「관동별곡」에는 여정의 서술이나 풍광의 묘사에 있어서 요약과 생략이 두드러진데, 이는 이 글의 목표가 대상을 '제시'하는 데 있지 않기 때문이다. 「관동별곡」은 무엇보다도 작자의 주자학적 이념에 의해 통일성을 확보하고 있으며, 따라서 주자학적 이념과 관련 없는 부분을 과감히 요약·생략함으로써 주제를 뚜렷이 부각시킨다.64) 이에 대비해 볼 때, 『금강산유기』는 '조선주의'라든가 '주자학'이라든가 하는 이념이 아니라 오로지 금강산을 복잡과 통일의 조화미를 가진 것으로 보려는―만들려는―서술자의 의도에 의해 통일성을 확보하고 있다.

그런데 『금강산유기』에 나타난 자연의 심미화는 애초부터 역사와 사회를 괄호 안에 묶어두는 작업을 통해 이루어진다. 이러한 태도는 만폭동을 오르면서 금강산에서 노닌 유명한 풍류객으로 명종조 초의 양봉래(楊蓬萊)를 거론할 때 잘 드러난다.

강산 기행문인 『楓嶽記遊』(『시대일보』, 1924)의 서두에서도 이와 같은 성격을 볼 수 있다. "造化의 일대 文章인 金剛山은 인류 공통의 미적 大財産이요, 우주 장식의 최고급적 一物일 것이다. 홀으로 朝鮮 及 朝鮮人만이 專有 독점한 양으로 제 집안 자랑을 삼을 것은 아니다. (…중략…) 혹은 性靈 發揮 혹은 神韻 攀住, 혹은 造形, 혹은 寫音的 모든 방면으로 金剛美만한 것을 靈現, 活現, 具現, 全現하여 美의 使徒로서 최고의 문화의 殿宇에 참렬케 하려 함이 金剛山으로써 朝鮮人에게 付畀하신 攝理主의 徵 意가 아닌가하는 의식을 가지기는 진실로 철나기 비롯한 때부터의 일이다."(『육당 최남선 전집』 6, 현암사, 1973, 392면) 이 글에서 최남선은 금강산을 신에 의해 만들어진 하나의 '작품'으로 본다. 최남선에 의하면, 금강산의 본질적인 가치는 무엇보다도 '미'적인 데 있다. 그는 금강산의 미를 언어로, 음악으로, 조형으로 형상화하여 전하는 미의 사도가 될 것을 주장했다.

64) 조세형, 「가사장르의 담론 특성 연구」, 서울대 박사논문, 1998, 169면 참조. 조세형에 따르면, 기행가사는 가사 장르 중 '대상제시형'에 속하므로 외적 관찰의 시점이 주류를 이루는 등 대상을 객관적으로 기술하려는 태도를 보이지만 실제로는 화자의 관념을 통하고 또 화자의 관념이 투사된 담론 특성을 보인다. 즉 여정의 기록이라고 하더라도 기행가사의 담론 주체는 단순히 사실을 객관적으로 묘사하는 데 의도를 두지 않고 여행 체험을 자신의 관점에 따라 제시하려는 목적에서 담론을 조직한다(같은 글, 134면 참조).

그(양봉래-인용자)는 淸州人으로서 登科하여 守領도 지내고 하다가 飄然히 塵世를 버리고 金剛山에 들어 處士로 날을 終하니, 外金剛 神溪寺의 動石洞과 이 萬瀑洞포에 그의 遺跡이 있읍니다. 나는 그러한 사람을 崇拜도 아니하고 도리어 社會에 대한 義務를 逃避하는 者라 하여 攻擊도 하고 싶지마는, 그가 이 大自然의 美를 理解하고 熱愛한 아름다운 심정은 사모하지 아니 할 수가 없읍니다. 더욱 우리 民族의 心情이 무디고 식어 先人의 敏感을 다 잃어버려 제 집에 있는 自然의 美景을 돌아볼 줄도 모르는 오늘날에 그를 사모함이 간절합니다.65)

이광수에 의하면, 대자연의 미를 '이해'하고 '열애'할 줄 아는 능력이야말로 선인에게는 있었지만 현재 우리에게는 결여된 '아름다운 심정'이다. 양봉래가 자연의 아름다움을 사랑할 수 있는 능력을 가졌다는 사실은 그의 사회로부터의 퇴각에 면죄부를 주도록 하며, 나아가 그를 '사모'의 대상으로 격상시킨다.

이광수의 심미적 생활에 대한 동경은 사회를 등진 처사를 사모하는 수준까지도 훌쩍 넘어선다. 그의 미적 동경은, 만폭동의 물 소리, 바람 소리, 바람맞아 우는 소나무와 절벽의 소리를 들을 수 있다는 이유로 늙은 바위를 부러워하는 경지에까지 이른다.

"松風은 거문고요 / 萬瀑水 琵琶로다 / 千劫에 아뢰는 曲調 / 뉘 있어 들었던고 / 神仙이 虛辭이오며 / 바위뿐인가 하노라 // 바위야 늙은 바위 / 네 身勢 부럽고야 / 天樂에 醉하여서 / 白雲에 누웠으니 / 骨髓에 엉킨 기운이 / 淸風인가 하노라."66)

이 시조에서 바위는 바람과 폭포가 만들어내는 아름다운 노래를 들을 수 있다는 점에서 신선을 넘어서는 존재이며, 그런 점 때문에 시적 화자의 부러움을 산다. 다른 곳에서도 이광수는 풀뿌리와 나뭇잎이 아름다운

---

65) 이광수, 『이광수 전집』 18, 삼중당, 1963, 41~42면.
66) 이광수, 위의 책, 42~43면.

자연 속에서 일생을 즐기고 있는 것으로 서술하고 있다. 이러한 심미적 생활에 대비할 때, '공명'·'부귀'·'제국'과 '자유와 평등'의 의의와 가치는 무로 돌아간다.[67]

『금강산유기』는 전대에 금강산에 부여되었던 유교적이거나 종교적인 이념들을 걷어냄으로써, 그리고 국토에 대한 다양한 관심들 가운데 심미적 가치를 특권화하는 구도 속에서 씌어졌다. 『금강산유기』가 금강산의 감각적 가상화를 목적으로 하고 있다는 말은 심미화된 시선에 의해 형상화되었음을 지적하는 것이다. 『금강산유기』에는 역사와 자연을 심미화하고 심미적 생활을 동경하는 작가의 태도가 삼투되어 있으며, 여기서 '금강산'은 질서와 체계를 가지고 통일되어 있는 것이 아름답다는 이광수의 심미적 이상이 투영되어 만들어진 감각적 가상이다.[68]

5. 문학적 기행문의 기원

「평양행」과 「오도답파여행」은 기차와 신문이라는 근대적 매체가 생산한 기행문이다. 철도, 도로라는 근대적 교통체계와 신문, 잡지라는 근대적 인쇄매체는 모두 지역으로의 분산과 중앙으로의 집중이라는 근대

---

67) 이광수, 『이광수 전집』18, 삼중당, 1963, 52~53면. 한편 『금강산유기』에 가장 뚜렷한 자취를 남기고 있는 사상은 '불교'라고 할 수 있을 터인데, 불교 역시 모든 역사적이고 사회적인 것을 무로 돌린다는 점에서 미와 같은 기능을 한다. 그는 특히 '인생의 고락과 생사가 모두 空華일 뿐'이라는 공사상에 가장 깊은 전율을 체험했다고 쓰고 있다. 이광수의 불교사상과 심미적 이상의 관련성은 매우 복잡한 문제이므로 여기서는 이렇게 간단히 지적하고 넘어가고자 한다.

68) 본고가 발표된 이후 국토 기행문에 대한 연구는 이동원, 「기행문학연구─1910~1920년대를 중심으로」 연세대 석사 논문, 2003; 서영채, 「최남선과 이광수의 금강산 기행문에 대하여」, 『민족문학사연구』, 민족문학사학회, 2004를 통해 더욱 구체화되었다.

세계의 메커니즘을 가능하게 한 물질적 토대로서, 최남선과 이광수의 국토 기행은 이를 기반으로 하여 성립하고 있다. 기차와 신문이라는 근대적 매체가 선택하여 제공하는 새로운 시각은 사람들에게 새로운 감각과 인식의 지평을 열어준다. 「평양행」은 사람들의 시선이 기차라는 근대적 기계가 선택한 시각으로부터 벗어날 수 없으며, 그에 의해 사람들의 감각적 인식이 어떻게 변화하고 있는지를 잘 보여준다. 「오도답파여행」은 국민의 시선을 표방하는 신문이라는 매체가 선택한 시각을 보여주며 그에 의해 국토가 경제적, 역사·문화적, 심미적 관심에 의해 포착되고 있음을 보여준다. 「평양행」과 「오도답파여행」은 근대적 미디어가 '국가'와 '국민'을 형성하는 내적 메커니즘을 잘 보여준다.

1920년대의 국토 기행문 역시 국토에 대한 다양한 시각을 보여준다. 최남선의 국토 기행문은 국토를 민족의 정신과 생활의 자취가 새겨져 있는 기록물로 보며 이로부터 민족의 역사와 철학이라는 의미를 찾아내려 한다. 이는 문화지리학적 관심에 의해 씌어진 기행문이다. 한편 이광수의 『금강산유기』에서 국토는 해석할 가치가 있는 어떤 의미를 담고 있는 기록물이 아니라 오로지 감각적 아름다움을 가진 존재로 향수된다. 여기서 금강산은 조화와 통일이라는 미적 이상을 구현하고 있는 심미적 표상이 되며, 이광수는 미적 표상으로서의 금강산을 통해 심미적 생활에 대한 동경을 표현하고 있다. 즉 『금강산유기』는 대상의 심미적 가치를 새로이 '발견'함으로써 이루어졌는데, 이는 동시에 대상에 덮씌워져 있던 과거와 현재의 여러 가지 이념을 거두어내고 다양한 실제적인 관심들을 사상하는 과정이었다고 할 수 있다.

여행기에는 여러 가지 가능성이 잠재되어 있다. 간단히 말해, 그것은 시가 될 수도 있고 산문이 될 수도 있다. 신문과 잡지의 기사를 지향한 「평양행」·「오도답파여행」 등이 산문적인 방향으로 나아간 것이라면, 『금강산유기』는 시를 지향한 여행기이라고 할 수 있다. 한편 우리는 1920년대에 또 다른 성격을 가진 여행기가 등장하고 있음을 확인할 수 있다. 앞서 예로 들었던 현진건의 「몽롱한 기억」은 궁극적인 관심이 여행하는 인간 자신에게로 향해 있는 여행기이다. 이에 대하여 자기 성찰적 여행기라는 이름을 붙일 수 있을 텐데, 여기서 여행은 자아의 정신적 성숙 혹은 성장의 물질적 계기이다.[69] 그렇다면 이러한 여행기의 정신은 성장소설을 그 원형으로 하고 있는 근대소설의 정신과 그리 멀리 떨어져 있는 것이 아닐 것이다.[70]

　일찍이 김윤식은 1920년대에 활발히 창작된 기행문들이 보여주는 '민족의 얼・혼・정신의 육화로서의 산하(山河)'란 국가의 상실을 보상받으려는 낭만적 아이러니에 불과하다고 비판한 바 있다.[71] 민족의 '얼'이니 '혼'이니 하는 것들과 '미'라는 것의 이데올로기를 살펴보면, 그 안에 '병적인 동경과 열망'의 함량이 거의 비슷할지 모른다. 역사와 현실을 괄호 안에 묶어버림으로써 성립되는 자연의 심미화란 낭만적 아이러니의 한 양상이라고 할 수 있기 때문이다. 1920년대에 이러한 지점을 가장 분명히 보여주고 있는 것이 바로 앞서 살핀 이광수의 『금강산유기』이며, 그의 '엣세이'론이다. 이광수가 기행문이나 에세이를 비롯한 산문들을 문학 안에 배치하고 또 그 원리에 의해 설명하고자 했을 때, 문학성의 핵심은 바로 '미'였다.[72]

---

69) 1920년대 초 새로운 산문의 경향에 대해서는 이 책의 9장 '1920년대 초 동인지문학과 수필적 글쓰기' 참조.
70) 김예림, 「1920년대 초반 문학의 상황과 의미—서사 장르의 상관성을 중심으로」, 『1920년대 동인지 문학과 근대성 연구』, 『상허학보』 6, 상허학회, 깊은샘, 2000 참조.
71) 김윤식, 「역사・철학・시로서의 산하—낭만적 이로니의 문제점」, 『수필문학』, 1977.8 참조.
72) 이광수의 에세이 이론과 작품에 대한 자세한 논의는 김현주, 「이광수의 문화이념 연구」, 연세대 박사논문, 2002, 164~178면 참조.

3부

수필 개념의 계보학

제6장 1930년대 수필 개념의 구축 과정

제7장 비판의 글쓰기로서의 수필

제8장 심미적 산문론

제9장 1920년대 초 동인지문학과 수필적 글쓰기

1930년대 수필 개념의 구축 과정

1. 역사적 구성물로서의 수필

해방 이후 국문학계에서 수필 개념이 형성·변화해 간 과정을 살펴보
면, '수필'이라는 용어의 의미가 점차 두 가지로 정리됨을 알 수 있다.
하나는 보통 네 번째 장르라 불리는 비-허구 산문문학을 총칭하는 이
름으로서의 수필이고, 다른 하나는 비-허구 산문 장르에 포함되는 특
정한 글쓰기 양식을 가리키는 이름으로서의 수필이다. 그 차이는 광의 /
협의라는 매우 단순한 이분법에 의해 설명되곤 했는데, 학계의 연구는
이 가운데 특히 광의의 장르 개념을 중심으로 진행되었다.[1] 한편 수필

---

1) 백철,『문학개론』, 동국문화사, 1948; 백철,『문학개론』, 신구문화사, 1958; 우리어문학
   회,『국문학개론』, 일성당서점, 1949; 장덕순,『국문학통론』, 신구문화사, 1960; 장덕순,
   『한국 수필문학사』, 새문사, 1984; 조연현,『문학개론』, 고려출판사, 1953; 장덕순,『한국

문단에서는 수필을 그 광의의 장르에 포함되는 하나의 독특한 산문 양
식으로 정의하려는 경향이 강했다. 대표적인 것이 '수필은 서정적 산문'
이라는 정의이다. 서정성을 중시하는 견해들은 일반적으로 수필이 작가
의 감정과 생각을 드러내는 문학이라는 점을 강조했는데, 이 가운데 가
장 큰 권위를 가지고 재생산되어 온 것이 피천득의 '서정적 에세이' 개
념이다.[2] 현재 한국에서 수필에 대한 담론들은 보통 이러한 '단정한' 이
원적 구도 안에 포괄되는데, 이 두 가지 수필 개념은 서로 경쟁하거나
대립한다기보다 상호 보충적 관계에 있다고 할 수 있다.

두 가지 수필 개념은 그 이론적 토대를 1930년대에 두고 있다. 조연현
과 장덕순의 수필관 및 수필사 서술은 김진섭의 수필론에 의거해 있다.
조연현이 최남선의 기행문을 수필로 규정할 때,[3] 그리고 장덕순이 혜초
의 「왕오천축국전」을 수필로 '발견'할 때,[4] 이들의 이론적 토대는 '수필
은 자기의 '인간'과 '지식'을 동시에 표현하는 문학'이라는 김진섭의 수
필 개념이다. 한편 피천득의 서정적 에세이로서 수필 개념은 '수필이 드
러내고자 하는 것은 대상 자체가 아니라 대상에 대한 주체의 감정과 사
유'라고 본 이태준의 수필론을 계승한 것이다. 이렇게 보면 지금 자연스
럽게 받아들여지고 있는 수필에 대한 '강력한' 정의들, 예컨대 수필은
'교양의 문학'이라거나 '인격의 표현'이라는 생각, 수필은 '아름다운 산
문'이라거나 '서정적 산문'이라는 관념이 형성된 것은 1930년대였다.

1930년대에 형성된 수필에 대한 두 가지 관념은 별반 의문 없이 해방
이후 국문학 연구와 교육에 수용되었으며 창작에 의해 더욱 강화되었다.
한 가지 지적할 점은, 조연현과 장덕순뿐만 아니라 그 이후의 연구자들
도 수필 개념이 형성되는 순간 자체에 대해서는 관심을 두지 않았다는

현대작가론』, 청운출판사, 1965; 장덕순, 『한국현대문학사』, 성문각, 1969; 장덕순, 『문학
　개론』, 정음사, 1973; 최승범, 『수필 문학』, 형설출판사, 1970 참조.
2) 피천득, 「수필」, 『산호와 진주』, 1969; 윤오영, 『수필문학입문』, 관동출판사, 1975 참조
3) 조연현, 『한국현대문학사』, 성문각, 1969, 153~154면 참조
4) 장덕순, 『한국수필문학사』, 새문사, 1984, 7~11면 참조

사실이다. 이제까지 수필 연구자들은, 두 가지 수필 개념이 어떻게 형성되었는가, 형성의 순간에 어떤 일이 있었는가, 거기에 어떤 요소들이 개입했고 또 영향을 끼쳤는가에 대해서는 묻지 않았다. 이 연구가 문제로 삼고 싶은 것은 정연하고 단정한 이원적 구도가 자명한 것으로 처리되고 만 까닭에 도리어 은폐되고 만 형성의 순간이다. 1930년대를 보려는 이유가 거기에 있다.

2. 1930년대와 수필

'수필'이라는 주제를 중심으로 1930년대를 관찰하면 우선 아래와 같은 몇 가지 사항이 눈에 들어온다. 먼저, 1930년대에 수필작품이 질적·양적으로 크게 발전했다는 점이다. 단행본 수필집이 대거 출간된 때는 물론 해방 이후이지만, 1930년대 후반에 이미 '김진섭의 수필은 철학적 수필, 이은상의 수필은 동양적 수필, 모윤숙의 수필은 시적 수필' 하는 식으로 작가들의 특징과 경향을 논의할 수 있는 수준이 되었다.[5] 비로소 '수필계'라고 할 만한 집단이 형성되었으며, 단행본 수필집이 발간된 것을 비롯하여 창작이 활성화되었던 것이다.[6]

---

5) 김기림, 「문단시평」, 『신동아』 23, 신동아사, 1933.9(「수필·불안·'카톨리시즘'」, 『김기림 전집』 3, 심설당, 1988, 109면). 당시 문학계에서 가장 주목을 받았던 수필가는 김진섭이었다. 김광섭은 김진섭의 수필이 소설 이상으로 '신중한' 글이라고 고평했고, 김기림은 김진섭이 수필에 대한 선입관, 즉 수필을 '조반 전에 잠깐 두어 줄 쓰는 글'로 생각하는 태도를 불식시켰다고 평가했다(김기림·임화 외, 「수필 문학에 관하야(토론)」, 『조선문학』 11, 조선문학사, 1933.11; 김기림, 「수필·불안·'카톨리시즘'」, 같은 전집).
6) 1936년에 이은상의 『무상(無常)』이, 1937년에 모윤숙의 『렌의 애가(哀歌)』와 이은상의 『노방초(路傍草)』가 발간되었고, 신문지상에 이에 대한 비평이나 출간기념회 소식이 실렸다. 양주동, 「노산 근저 『무상』을 읽고」, 『조선일보』, 1936.12.9; 「『렌의 애가』 출판기념회」, 『조선일보』, 1937.5.7; 이태준, 「노산 수필집 『노방초』를 읽고」, 『조선일보』 1937.

한편 이태준·이효석·박태원·김기림·정지용·이상·노천명 등 기성의 시인·소설가들도 수필을 많이 썼으며, 그것의 질적 발전에 기여했다. 예컨대 김기림과 이태준은 수필의 개성화 또는 다양화라는 측면에서 좋은 비교 대상이 된다. 자신의 글쓰기가 신문기자로서 학예면에 기행문을 쓴 데에서 비롯했다고 말한 바 있는 김기림은 전체 수필의 대략 1/2 정도를 일간 신문에 발표한 반면, 이태준은 거의 모든 수필을 잡지에 발표했다. 이태준 수필의 '특이한 문향(文香)과 노숙한 인상'[7]이 잡지라는 소수의 교양 있는 독자를 대상으로 한 매체에 부합했다면, 김기림의 수필은 신문이라는 매체에 적합한 성격을 가졌다. 신문 학예면의 한 귀퉁이에서는 흔히 도시생활에서 제기되는 일상적 / 자극적 문제가 다루어졌는데, 이런 것들에 대한 관심이야말로 김기림 수필의 특징이었다. 그는 대도시의 면모를 갖추어 가는 경성의 번화한 거리 풍경을 제재로 수필을 썼다. 이는 이태준의 수필이 대부분 방 혹은 집에서 씌어졌던 것과는 대조되는 경향이다. 이태준은 '성북정(城北亭)' 혹은 '경독정사(耕讀精舍)'로 표현되곤 하던, 번잡한 거리로부터 멀리 떨어진 고적한 집에서 벽이나 화단·화분·서화(書畵) 등을 소재로 관조적인 수필을 썼다.[8] 김윤식이 '이상(李箱)까지도 수필을 썼던 시대'라는 인상적인 말로 표현한 바 있는 1930년대 수필 붐 현상에는 이상뿐 아니라 김기림이나 이태준 그리고 이효석·박태원·정지용 등의 기여도 컸다.[9]

12.25 참조
7) 김기림, 「'스타일리스트' 이태준씨를 논함」, 『김기림 전집』 3, 심설당, 1988, 173면.
8) 김기림의 수필과 이태준의 수필을 '매체'와 관련해서 비교한 더 자세한 논의는 이 책의 7장 '비판의 글쓰기로서의 수필' 참조.
9) 윤오영은 이상·박태원·이효석의 산문이 '수필 문학의 중요한 본질적인 요소를 갖추고 있다'고 평가했다. 그는 이들이 산문에서 ① 각자 개성적인 독특한 문체를 구축하려고 노력한 점, ② 자기들의 내적 체험의 세계를 표현했다는 점, ③ 시, 소설과 일관한 작가 정신을 잃지 않았다는 점을 들었다. 황종연은 1930년대의 수필 유행 현상을 문인들의 자유로운 자기 표현을 위한 시도와 관련하여 논의했다. 그에 따르면 정지용을 비롯한 상당수의 문인들은 수필을 통해서 자유로운 자기 현시의 형식을 개척했다. 윤오영, 『수필문학입문』, 관동출판사, 1975, 136면; 황종연, 「한국문학의 근대와 반근대」, 동

1930년대 수필 '작품'의 성장에 물질적 토대를 제공한 것은 저널리즘이었다. 일간 신문의 학예면과 종합잡지의 문예면이 문학동인지나 순수문예지보다 큰 권위와 영향력을 가지면서 대중문학을 촉진할 수 있었던 것은 비단 '연재소설'을 통해서만이 아니었다.10) 신문 학예면은 수필의 양적 성장의 중요한 물질적 토대였고, 수필은 연재소설과 더불어 문학의 대중화와 오락화를 촉진하는 데 큰 몫을 담당했다.11) 그리고 1938년에는 수필 전문 월간잡지 『박문(博文)』이 창간되었고, 순수문예지인 『문장(文章)』이 수필에 고정란을 할애한 것을 비롯하여 다양한 잡지들도 수필의 위상을 제고하는 데 기여했다.12) '수필의 유행'이나 '수필문학시대'(최재서), '수필의 범람'(김진섭)이라는 진단은 위와 같은 상황을 바탕으로 하고 있었다.

저널리즘은 수필에 대한 '비평'과 '이론'을 활성화하는 데도 크게 기여했다. 오랫동안 '잡문'으로 천대받아 온, 혹은 기껏 감상·수상·상화 같은 모호한 이름으로 불려온 하위 양식들이 1930년대에 들어서 '문학'의 구성원이 될 수 있었던 데13)에는 수필 담론의 축적이라는 측면을 무시할 수 없다. 1933~1934년, 1938~1939년의 두 시기에 걸쳐 문학계는 긍정적인 의미에서건 부정적인 의미에서건 수필이라는 주제를 많이 거

국대 박사논문, 1992, 129~130면 참조.

10) 조연현은 1930년대 문학 저널리즘의 동향과 영향을 논의하면서 일간 신문의 학예면과 종합잡지의 문예면이 순수문학과 대중문학의 발전에 동시적으로 기여했다고 평가했다. 그는 특히 연재소설이 대중문학의 급속한 진출을 가능하게 했다고 보았다(『한국현대문학사』, 성문각, 1969, 514~515면 참조).

11) 일간 신문에 학예면이 신설되고 그 안에서 수필의 비중과 위상이 계속 높아진 것은 1930년대에 들어서면서 신문이 대중적·일상적·문화적인 영역에 더욱 큰 관심을 두게 되었음을 반영하는 현상이다. 1930년대 초에서 1940년대 초까지 『조선일보』 학예면의 변화를 수필과 관련하여 논의한 부분은 이 책의 7장 '비판의 글쓰기로서의 수필' 참조.

12) 최승범, 『수필 문학』, 형설출판사, 1970, 165~171면 참조.

13) 윤오영은 1930년대를 '문학적' 수필의 태동기로 보았으며, 구인환도 1930년대에 산문문학의 한 장르로서 본격수필이 형성되었다고 보았다. 윤오영, 앞의 책, 136면; 구인환, 『한국현대 수필을 찾아서』, 한샘, 1984, 34~41면 참조.

론했는데, 이 과정에서 수필에 대한 이론적 검토가 진척되었다. 하나의 문학 형식이 장르로 성립하는 데에는 무엇보다도 작품이 전제되어야 하지만 그 형식의 독자성을 이론적으로 정초하는 작업 역시 필수적이다. 이 시기 서양의 '에세이'와 한글 고전 산문 등에 바탕을 두고 형성된 수필에 대한 담론들은 수필이라는 문학 형식을 의식화하는 데 중요한 역할을 했다. 지금까지의 논의를 정리하면, 1930년대는 수필이 저널리즘을 배경으로 창작·비평·이론을 활성화함으로써 비로소 하나의 문학 형식으로 성립한 때라고 말할 수 있다.

그런데 1930년대에 수필의 '문학'으로의 입신양명을 이렇게 '자연스러운' 일로 이해해도 좋은 것일까? 다시 말해 수필의 문학으로의 격상은 그것이 하나의 문학 형식으로 성립할 만큼 양적·질적으로 성장했기 때문인가? 또 수필 개념의 정돈은 창작과 비평의 성숙이 가져온 필연적인 결과였는가? 이 글은 위와 같은 의문에 답하기 위해 1930년대에 '수필'을 둘러싸고 이루어진 담론 투쟁을 다시 검토하고자 한다. 이 시기 수필을 둘러싼 토론의 주요 주제는 두 가지로 정리된다. 하나는 '수필 유행' 현상에 대한 판단과 해석이었다. 수필 유행 현상은, '소설의 수필화' ─ 이는 비평계가 당시 소설 형식의 변화를 설명하게 위해 붙인 이름이다 ─ 현상과 더불어 비평계의 주요한 관심사였다. 다른 하나는 '수필은 어떤 문학인가'였다. 이는 이론적 관점에서 수필의 본질과 속성을 묻는 것이었다. 1930년대 수필 담론은 이 두 가지 논제가 복잡하게 교차하는 양상을 보이고 있다. 3절에서는 수필 유행 현상을 중심으로 수필의 당대적 의의가 논의되는 과정에서 그것에 대한 특정한 관념이 형성, 변화해 가는 모습을 살필 것이다. 4절과 5절에서는 수필에 대한 대표적 개념이 구축되는 과정을, 흔히 전형기로 일컬어지는 1930년대 후반에 문학에 대한 새로운 이념이 형성되고 이에 따라 문학 담론이 전체적으로 재배치되는 상황 속에 놓고 살펴 볼 것이다. 수필의 개념이 구축되고 있는 순간을 다시 들여다봄으로써 거기에 개입하고 있는 다양한 힘, 영향을 규명하고 그 의미를 재해석할 수 있을 것으로 기대한다.

3. 수필 유행 현상에 대한 두 가지 시각

1933년 9월 김기림은 "수필을 위하여"라는 짧은 글에서 수필을 '소설의 뒤에 올, 시대의 총아가 될 문학 형식'이자, '이 시대 문학의 미지의 처녀지'라고 적극적으로 평가했다. 그는 수필이 '가장 시대적인 예술'이 될 가능성이 있다고 전망했다.[14] 여기서 그가 강조한 것은 무엇보다도 수필의 당대적 의미였다.

김기림의 수필관은 "불안의 문학"에서 '산문'의 가능성을 포착한 시각과 연결하여 읽을 때 그 의미가 더욱 분명해진다. 그는 현실의 싸움터에서 한 걸음 물러서서 변환하는 현실의 모순·추악·허위·가면에 대해 차디찬 조소를 퍼붓는 세타이어의 문학은 산문의 형식을 취하게 될 것이라고 전망했다.[15] 여기서 '산문'을 소설, 특히 19세기의 정통 소설로 좁혀 생각해서는 안 된다. 김기림은 20세기 문학의 장르 해체 경향을 포착하고 있었으며, 버틀러·로렌스·조이스·헉슬리의 작품에 나타나는 소설 형식의 파격을 그 증거로 이해하고 있었기 때문이다.[16] 이렇게 볼 때 수필의 '시대성' 주장은 소설의 형식 해체에 대한 이해를 기반으로 하면서 풍자적 '비판'의 문학에 대한 기대까지 포함하고 있었다.[17]

---

14) 김기림, 「문단시평」, 『신동아』 23, 신동아사, 1933.9(「수필·불안·'카톨리시즘'」, 『김기림 전집』 3, 심설당, 1988, 109~110면).

15) 김기림, 「수필·불안·'카톨리시즘'」, 위의 『김기림 전집』 3, 112~113면 참조.

16) 김기림, 위의 글, 110면.

17) 김기림의 수필론과, 1930년대 전반기 김기림 수필의 특징인 '풍자적 비평'에 대한 더 자세한 논의는 이 책의 7장 '비판의 글쓰기로서의 수필' 참조.

김기림의 문제 제기에 이어 『조선문학』이 토론회를 주선했다. 김기림·유치진·김광섭·백철·서항석·임화·정지용·이무영 등 토론자 전원이 수필의 유행과 소설의 수필화 추세에 동의했지만, 그 원인과 의의에 대해서는 서로 다른 견해를 제시했다. 특히 김기림과 임화는 대립된 태도를 보였다. 김기림은 소설의 수필화를 소설이 형식의 구속을 벗어나 표현의 자유를 실현하려는 노력으로 보았다. 김기림에 따르면 "문학적 불만이 뭉쳐서 수필이 요구"된 것이다. 반면 임화는 "수필화가 소설가나 시인의 내적 요구는 아니"라고 대응했다. 임화에 따르면 수필화를 촉진한 것은 문학의 매개자와 수용자, 즉 저널리즘과 독자의 요구였다. 또 김기림은 수필에 "비판적 요소가 포함"되어 있다고 주장했으나 임화는 "계급적으로 비판적 요소가 풍부한 것도 아니"라고 맞받아 쳤다. 수필 유행 현상은 저널리즘의 영향이지 문학의 발전이 아니라는 것이다.[18] 이 토론에는 1930년대 수필 유행 현상을 바라보는 두 가지 대표적인 시각이 분명하게 나타나 있다. 하나는 저널리즘의 요구와 관련시키는 것이고, 다른 하나는 수필 자체의 당대적 의미를 강조하는 것이다.

이로부터 대략 5년이 경과한 시점에서 문학의 수필화는 다시 비평의 이슈로 대두했다. 안회남도 1938년의 '수필 기행계'를 검토한 글에서 그것을 심각한 문제로 지적한 것을 보면,[19] '문학이 수필화하고 있다'는 담론은 당시에 광범하게 공감을 얻고 있었던 듯하다. 최재서는 「문학의 수필화」에서 저널리즘과 문학의 공모에 주목했다. 일본에서는 수필집 간행이 출판사의 중요한 영리 방법으로 자리 잡았다는 점, 조선에서도 신문과 잡지의 편집자에 의해 수필의 주문 생산이 관례화되고 있으며 수필잡지를 통해 출판사를 광고하는 현상이 나타나고 있다는 점이 지적되었다. 그는, 문학이 저널리즘의 상업적 요구에 굴복하고 문인들이 수필로 흘러드는 추세가 궁극적으로 문학 자체의 수필화로 귀착되지 않을

---

18) 김기림·임화 외, 「수필 문학에 관하여(토론)」, 『조선문학』 11, 조선문학사, 1933.11.
19) 김윤식, 「한국근대수필고」, 『문학사와 비평』, 일지사, 1975, 181면 참조.

까 우려했다. 그에 따르면 문학의 수필화는 문학이 '이지 고잉(easy-going)한 만필(漫筆)'이 되어 가는 것이다.[20]

수필 유행 현상을 최재서가 '저널리즘의 문필동원(文筆動員)'이라는 측면에서 접근했다면, 김진섭은 작가와 독자의 '현대적' 경향이라는 측면에서 이해했다.

> 특히 현대에 이르러 수필의 범람은 우리에게 무엇을 말하는가. 소설의 수필화는 평가들이 지적하는 바와 같이 엄연한 문학적 사실로서 그것이 경향으로서 좋고 나쁜 것은 나의 알 바 아니니 말함을 피하거니와 수필의 매력은 자기를 말한다는 데 있는 것이 아닐까 하고 나는 생각한다. 수필은 소설과는 달라서 그 속에 필자의 심경이 약여히 나타나는 것을 특징으로 하고, 그래서 그 필자의 심경이 독자에게 인간적 친화를 전달하는 부드러운 매력은 무시하기 어려우리만큼 강인한 것이 있으니 문학이 만일에 이와 같은 사랑할 조건을 잃고 그 엄격한 형식 속에서만 살아야 된다면 우리는 소설은 영원히 가질 수 있을지 모르지만 작가의 마음은 찾아낼 길이 없을 것이다. 우리들 현대인은 소설이 주는 흥취에 빠지려기보다는 소설가가 보여주는 작가의 마음에 부닥치고 싶은 경향이 농후해진 것은 아닐까. 그리고 작가 자신도 허세와 假作의 세계에서 腦漿을 짜는 거짓된 슬픔보다는 자기 신변과 심경을 아울러 고백하는 참된 기쁨에 취하고 싶은 경향이 농후해진 것은 아닐까.[21]

이 글에서는 "수필의 범람", 특히 소설의 수필화 현상이, 수필이 가진 본래의 '매력', 즉 '자기'와 '고백'에 대한 작가와 독자의 요구라는 측면에서 해석되고 있다. 수필의 장점은, 작가측에서 보면 자기의 신변과 심경을 숨김없이 고백할 수 있다는 데 있고 독자 측에서 보면 작가의 숨김없는 자아를 접할 수 있다는 데 있다는 것이다. 김진섭은 수필의 전제

---

20) 최재서, 「문학의 수필화」, 『동아일보』, 1939.2.3.
21) 김진섭, 「수필의 문학적 영역」, 『동아일보』, 1939.3.14~23(『교양의 문학』, 진문사, 1949, 131면). 이 장에서 인용문은 현대어 표기로 바꾸었으며 필요한 경우에만 한자를 그대로 옮겼음을 밝혀둔다.

조건으로 '자기'를 들었고 형식적 특성으로 '고백'을 들었다.

이제까지의 논의를 요약하자면, 1930년대 수필 유행 현상에 대해 비평계에서는 저널리즘에의 굴복이라는 시각과 수필 형식의 당대적 의미를 긍정하는 시각이 뚜렷하게 대별되었다. 김기림이 수필이 소설과 결합함으로써 소설 장르에 가져올 긍정적 변화를 기대했다면, 임화와 최재서는 이에 대해 매우 부정적인 태도를 취했다. 두 사람은 독자와 저널리즘에 대한 문학의 굴복을 우려하고 비판했다.[22] 한편 김진섭은 수필의 '현대적' 의의와 가능성을 강조했지만, 그 시각은 김기림과 달랐다. 1933년도에 김기림이 수필을 풍자라는 스타일과 비판의 정신이라는 측면에서 접근했다면, 1939년도에 김진섭은 수필을 고백이라는 스타일과 표현의 욕구라는 측면에서 접근했다. 풍자적 비평이, 1930년대 초반 김기림의 모더니즘론이 가진 사회 현실에 대한 관심과 비판의 가능성을 구체화한 형식이라면,[23] '고백'은, '예찬'과 더불어, 1930년대 후반 수필의 정형화 추세를 드러낸 형식이었다. 고백과 예찬은 이 시기에 수필이 추구한 '자아'의 성격을 잘 보여준다. 고백하는 자아와 예찬하는 자아는 표면적으로는 거의 정반대 경향을 띠는 듯 보이지만 본질적으로는 하나이다. 김진섭의 '특이한' 사람(의 마음), 즉 '자기'와, 뒤에서 살펴 볼 김광섭의

---

22) '소설의 수필화' 현상에 대한 이후의 평가는 대략 두 방향으로 나뉜다. '소설의 수필화' 현상을 부정적으로 본 학자로는 김윤식을 들 수 있다. 그는 소설의 수필화를 산문이 시대에 대한 응전력을 잃어버린 결과로 보았다. '소설의 수필화'를 긍정적으로 본 학자로는 김준오를 들 수 있다. 그는 수필이 소설과 결합함으로써 소설의 지성화와 서정화를 가져왔다고 평가했다. 이에 대해서는 김윤식·김현, 『한국문학사』, 민음사, 1973; 김준오, 『한국 근대 문학에서의 전통과 근대』, 한국정신문화연구원, 1992, 19~31면 참조. 그런데 '소설의 수필화'란 비평계가 이 시기 소설 형식의 변화를 설명하면서 붙인 이름이었고, 위의 견해들도 평가에 있어서는 긍정/부정으로 선명하게 대별됨에도 불구하고 그 초점이 소설에 맞추어져 있다는 점에서는 같다. 이 글에서는 소설의 수필화 현상 자체에 대한 자세한 논의는 생략하기로 한다.
23) 1930년대 전반기 김기림 모더니즘론의 현실에 대한 관심과 비판적 가능성에 대해서는 진영복, 「반파시즘 운동과 모더니즘」, 『근대문학과 구인회』, 상허학회, 깊은샘, 1996, 114면 참조.

'보편적' 사람, 즉 '인간'은 동일한 자아의 다른 얼굴이기 때문이다.[24]

풍자적 비평에서 고백적 표현으로의 이동은 결코 '자연스러운' 과정은 아니었다. '자기의 신변과 심정을 솔직히 고백하는 문학'이라는 정의가, 지금 통용되고 있는 수필에 대한 가장 위력적인 담론 가운데 하나이기 때문에, 이러한 이동은 지금까지 보통 수필에 대한 이해의 '발전'이나 '성숙'으로 읽혀 왔다. 그러나 위와 같은 정의의 성립 및 보편화가 수필이라는 문학 형식의 주요 속성이 자연스럽게 발현되거나 인식되는 과정이었다고만 볼 수는 없다. 다음 절에서는 1930년대에 수필에 대한 대표적인 관념들이 형성되는 과정을 살피면서 거기에 개입하고 영향을 끼친 요소와 힘들을 규명할 것이다.

4. 교양주의—인간과 지식 또는 사상의 문학으로서의 수필

1933년 토론회에서 김광섭은 영문학에서 에세이의 중요성을 강조한 바 있는데, 1934년 초 「수필 문학 소고」에서는 영문학의 에세이 이론에 근거하여 수필의 일반적·형식적 특징을 좀더 자세히 설명했다. 여기서 특히 주목할 점은 그가 수필을 시대적 변화나 사회적 상황과는 무관한 문학으로 이해하고 있다는 것이다. 그에 따르면, 수필은 다른 문학과는

---

24) 김신정은 1930년대 '수필 범람' 현상이 함의하는 문제 지점을 '형식의 정형화'로 보고 그 예로 '예찬'과 '고백'을 들었다. 다른 하나의 문제 지점은 '개인주의의 왜곡'인데, 김신정은 이를 '고백' 형식을 통해 설명했다(김신정, 『정지용 문학의 현대성』, 소명출판, 2000, 233~237면 참조). 그런데 '예찬' 역시 똑같은 문제점을 내포하고 있다고 생각된다. '고백'과 '예찬'은 1930년대 수필적 자아의 두 가지 표현태이다. 1930년대 '예찬' 형식 수필의 문제점에 대해서는 김윤식, 『우리 문학의 넓이와 깊이』, 서래헌, 1979, 275~286면 참조

달리 내용이나 형식이 "시대사조나 사회의식에 연결되어 발전－쇠퇴하지 않는다." 즉 수필은 "시대에 부딪힌다기보다 생활에 부딪히기 때문"에 "그 성쇠기복이 시대적 제약에 의거하지 않는" 문학이다. 또 그는 수필이 "전인격적" 표현으로서 인간으로 구성된 사회 어디에나 존재하는 보편적 문학 형식이라고도 보았다.[25]

김광섭의 수필론은 1920년대 이광수의 에세이론의 연장선상에 있는데, 두 사람의 생각은 영국의 에세이 개념에 의거하고 있다는 공통점이 있다.[26] 에세이는 영국에서 가장 지속적으로 실천되었으며 하나의 장르로서 완성되었다는 것이 정설이다. 이는 영국 문화의 경험적이고 비개성적인 성격과 관련이 있으며, 영국에서 부르조아적 세계관과 가치가 가장 먼저 정착하고 권위를 획득했던 것도 에세이의 안정화에 호조건을 제공했다고 말할 수 있다.[27] 영국에서 에세이는 '보편적' 인간과 '일상적' 생활의 표현으로서 부르주아 휴머니즘의 대표적인 예술 형식으로 자리 잡았다. 사회와 생활의 "평정과 균형"이야말로 수필의 발전에 근본적 전제조건이 된다는 김광섭의 말은 이런 경향성을 드러내고 있다.

수필에 대한 김광섭의 정의는 보편적 '인간'과 개별적 '인격'이라는 보편/특수의 이분법적 틀 안에서 움직이면서 1933년 토론회에서 제시되었던 김기림과 임화의 견해를 반박하고 있다. 수필을 시대와도 관련 없고 계급과도 관련 없는, '생활'과 '인간'을 드러내는 문학으로 규정함으로써 김광섭은 그것을 보편적 휴머니즘의 영역으로 배치했다. 이러한 태도는 소위 〈해외문학파〉의 문학에 대한 학구적・자유주의적 입장을 대변한 것이다. 〈해외문학파〉는 1930년대 초반 송영, 임화와의 논쟁을 거치면서 문단에서 그 세력과 입장이 가시화되었는데, 이헌구가 「해외

---

25) 김광섭, 「수필문학 소고」, 『문학』 1, 시문학사, 1934.1, 4~8면.
26) 이광수의 '에세이' 개념과 에세이 작품에 대해서는 김현주, 「이광수의 문화 이념 연구」, 연세대 박사논문, 2002, 164~178면 참조.
27) Claire De Obaldia, *Essayistic Spirit*, New York : Oxford University Press, 1995, p.37.

문학과 조선에 있어서 해외문학인의 임무와 장래」에서 규정한, 〈해외문학파〉의 자기 위치는 '학구적 입장'과 '자유주의적 입장'에서 외국문학을 보급하고 조선문학을 활성화한다는 것이었다.28) 학구적·자유주의적 문학관은 아카데미즘과 딜레탕티즘이 결합해 만들어낸 문학에 대한 새로운 관념으로서, 이후 교육과 저널리즘을 통해 지속적으로 유포, 확산되었다. 이렇게 볼 때, 김광섭에 의해 소개되고 권장된 에세이 혹은 수필은 문학에 대한 〈해외문학파〉의 학구적·자유주의적 이념의 '은유'였다고 할 수 있다.29)

김광섭의 관점을 좀더 발전시킨 이는 김진섭이다. 이헌구와의 대담에서 김진섭은 서양 에세이의 특징과 역사를 개괄하면서 에세이를 '자기의 인간을 표현하는 동시에 자기가 가진 지식을 표현하는 문학'으로 규정했다.30) 수필가 자신의 '인간'과 '지식'을 강조하는 김진섭의 수필 개념은 「수필의 문학적 영역」에서 더욱 구체화되었다.

> 그러므로 과연 저 토머스 브라운의 『醫家의 종교』라든가 파브르의 『곤충의 생활』이라든가 소로우의 『삼림생활』이라든가 러스킨의 『塵埃의 윤리』라든가 메테르링크의 『密峰의 생활』이라든가 루소의 『참회록』이라든가 이 모든 저작은 물론 이른바 문학적 작품은 아니지만 그러나 그 전부가 정통적 수필의 명함으로서 천고에 빛나는 문학적 생명을 가지고 있는 것은 누구나 다들 알고 있는

---

28) 이헌구, 「해외문학과 조선에 있어서 해외문학인의 임무와 장래」, 조선일보, 1932.1.8. 이에 대해 임화는 〈해외문학파〉를 '사회적 계급과는 전연 무관계한 초계급적 문화', '부르주아적 예술의 일층의 연장을 위한 문화'를 건설하려는 집단으로 강하게 비판했다(임화, 「당면 정세의 특질과 예술 운동의 일반적 방향」, 『조선일보』, 1932.1.27). 〈해외문학파〉와 〈프로문학파〉 사이에 있었던 논쟁의 전개 과정과 그 의의에 대해서는 김영민, 『한국근대문학비평사』, 소명출판, 1999, 429~451면 참조.

29) 〈해외문학파〉의 딜레탕티즘에 대해서는 김현·김윤식의 『한국문학사』, 민음사, 1973; 구자황, 「구인회와 주변단체」, 『근대문학과 구인회』, 상허학회, 1996, 143~147면 참조. 〈해외문학파〉와 저널리즘의 관계는 보통 인맥에 의해 설명되지만 더 근본적인 관계는 '문학'에 대해 새로운 관념을 형성하고 유포하는 데 뜻을 같이 했다는 점에 있었다. 이에 대해서는 김윤식, 『한국근대문예비평사연구』, 일지사, 1987, 162~163면 참조.

30) 김진섭·이헌구 대담, 「수필 문학에 대하야」, 『조선일보』, 1938.1.1.

일이다.

　　가령 여기 지적한 파브르는 문학자가 아니요 과학자이었고 따라서 그의 저작
인『곤충의 생활』도 문학적 작품이 아니요 철두철미 과학자적 연구와 관찰의
소산에 틀림없지만 그것이 문학으로서의 생명을 갖게 되는 이유는 다름 아니라
과학자로서의 풍부한 지식을 가진 과학자 파브르가 곤충의 생활상을 순전히 연
구적으로 냉정하게 관찰한 결과를 '보고, 기록'함에 그치지 않고 그는 한 사람
의 시인으로서 곤충의 생활 상태를 관찰하여 그것을 시화하고 인간화하는 것에
성공하였음으로 써다.[31]

　　위의 글에 따르면, '지식'과 '인간'을 동시에 표현하는 글로서 수필은
'학문'이면서 '시'이고, 수필가는 대상을 '(과)학자'의 위치에서 대하는
동시에 '시인'의 입장에서 대한다. 따라서 수필에서 중요한 것은 지식과
감흥, 지성과 감성의 조화로운 융합이다. 지금까지 살핀 김광섭·김진섭
의 수필 개념은 크게 보아 서양의 에세이 개념에 토대를 두고 있다. '인
간'과 '생활' 또는 '인간'과 '지식'을 중시한 김광섭·김진섭의 수필론은
수필을 교양과 일상의 표현 형식으로 배치했다.[32]

　　비슷한 시기에 임화도「수필론」을 통해 수필의 성격을 본격적으로 다
루었다. 이 글에서는 문학이 어떤 점에서 과학(학문)과 구별되는지, 수필
이 어떤 점에서 시, 소설과 구별되는지가 차례로 논의되었다. 먼저, 그는
개념 / 형상, 논리 / 윤리, 체계 / 형상, 객관 / 주관, 진리 / 진실의 대쌍 개념
을 활용하면서 인식론적 층위에서 문학과 과학을 구별하고, '형상'을 통
해 '윤리(모랄)', 즉 주관적 '진실'을 추구한다는 점에서 수필은 문학적이
라고 했다. 수필은 문학작품과 학술 논문 사이에 있지만 문학에 더욱 가
깝다는 것이다. 둘째, 그는 수필이 "고유의 구조를 갖지 않는 문학, 바꾸

---

31) 김진섭,「수필의 문학적 영역」,『동아일보』, 1939.3.14~23(『교양의 문학』, 진문사, 1949,
　　129면).
32) 〈해외문학파〉의 딜레탕티즘과 수필의 관계에 대해서는 김윤식·김현,『한국문학사』,
　　민음사, 1973, 222~224 참조.

어 말하면 장르로서의 문학 이외에 아직도 존재 가능한 문학의 한 양식"
이라고 말하고 있다. 그에 따르면 수필을 시·소설·희곡과 구별해 주
는 특성은 그것이 가진 이중의 '직접성'이다. 수필은 형상이나 구조의
도움을 받지 않으면서 저자의 취미와 모랄을 직접적으로 표현하고, 또
일상의 현실을 직접적으로 표현한다는 것이다. "사상이 도그마가 아니
라 교양으로 용해되어 그 사람의 모든 생활과 감정의 세부에까지 삼투
되어 그것이 하나의 취미와 모랄로 작용"해야 한다는 임화의 주장은 수
필이 결코 '안이한' 문학이 아니라는 점을 강조하고 있다. 여기서 '도그
마'의 상대 개념으로서 '교양'은 사상이 개인에게 내면화된 상태를 가리
키며, 임화의 주장은 그렇게 내면화된 교양이 취미와 모랄로 전화할 때
훌륭한 수필이 탄생한다는 것이다.[33]

임화의 '사상→교양→취미·모랄'론은 그의 "사상으로서의 문학"[34]
론의 연장선상에 있는 동시에 그로부터 일정한 전환을 표시하고 있다.
임화의 사상, 교양, 취미·모랄론에서 중요한 지점은 '현대성'이다. 그는
특히 현대성이 결여된 수필을 비판했다. 이제까지 순문학자의 수필은
"근대화되지 않은, 즉 현대 정신을 통하여 현대 문화로서의 교양이 되어
진 현대 취미가 아니고 전대의 소위 동양 취미"에 매몰되었다는 데 문제
가 있다는 것이다.[35] 사상, 교양, 취미·모랄의 '현대성'론은 동양 취미
에 탐닉하는 수필의 시대 착오를 비판하는 준거가 되는데, 이렇게 보면
임화의 수필 이론은 이전 김기림의 수필론과 상당히 가까운 곳에 있다.

다른 한편 임화의 수필 논의는 1930년대 후반 비평의 아카데미즘화
경향을 보여준다. 문학사 기술과 소설론에서 단초가 보이는 비평의 아카
데미즘화는 수필 담론의 전개 과정에서도 확인된다. 1930년대 초반에
'비평적' 관심사였던 수필은 1930년대 후반에는 그것으로부터 현저히 멀

---

33) 임화, 「수필론」, 『동아일보』, 1938.6.18~22(『문학의 논리』, 학예사, 1940, 667~682면).
34) 임화, 「주체의 재건과 문학의 세계」, 위의 책, 49면.
35) 임화, 「수필론」, 위의 책, 680~682면.

어졌다. 김진섭과 임화에게 공통적으로 보이는 것처럼, 그리고 뒤에서 살펴볼 이태준과 이병기에게 나타나는 것처럼 1930년대 후반에 수필은 '이론적'·'역사적' 탐구의 대상이 되었다. 이는 문학 연구가 비로소 하나의 자율적 학문으로 성립하는, 분화와 전문화의 일반적 수순을 보여준 것이기도 하지만 앞서 말한 1930년대 말 문학 이념의 변화와도 연관된 현상이다. 1930년대 말 임화가 도달한 곳이 부르주아적인, "보편적 주체"의 위치라고 했을 때,[36] 그 주체는 곧 아카데미즘적 주체, 곧 절차적, 과학적 합리성으로 존재하는 주체라고 할 수 있기 때문이다.[37] 임화의 수필론에는 이러한 '새로운' 주체 위치로부터의 영향이 스며들어 있다.

5. 심미주의―문장과 정서 또는 감각의 문학으로서의 수필

이태준은 한국문학사에서 근대적인 산문과 산문 예술에 대해 가장 전방위적인 지식과 실천을 보여준 작가이다. 그는 근대적인 단편 소설의 완성자라는 평가를 받을 만큼 소설에서 큰 성과를 이루었지만 수필이라는 양식과 그 개념을 형성하는 데 있어서의 역할 또한 만만치 않았다.

> (수필은―인용자) 자연, 人事, 만반에 단편적인 감상, 所懷, 의견을 경미, 소박하게 서술하는 글이다.[38]

---

36) 채호석, 「임화와 김남천의 비평에 나타난 '주체'의 문제」, 『1930년대 후반 문학의 근대성과 자기성찰』, 상허학회, 1998, 217면 참조.
37) 1930년대 후반 비평의 아카데미즘화에 대해서는 차혜영, 「1930년대 한국 소설의 근대성과 모더니즘적 전망」, 위의 책, 132면 참조.
38) 이태준, 『문장강화』, 문장사, 1940, 185면.

이렇게 수필은 엄숙한 계획이 없이, 가볍게 손쉽게 무슨 감상이나, 의견이나, 무슨 비평이나 써낼 수가 있다. 인생을 말하고 문명을 비평하는 데서는 적은 논문일 수 있고, 偶感이나 서경, 서정에 있어서는 모두 小作品들일 수 있다.[39]

윗글은 이태준의 『문장강화(文章講話)』에서 옮겨온 것들인데, 여기서 수필은 다양한 산문 양식들의 '예술화'로 인식되고 있다. 그에 따르면, 서간, 일기, 감상 등 다양한 산문들은 '예술적'으로 가공됨으로써 '문예 문장'인 수필이 될 수 있다. 그런데 수필이 다양한 산문 양식의 예술화라고 했을 때, 그것은 어떤 양식이 본래 가지고 있던 문학적 가능성이 그저 실제화한다는 것을 의미하지 않는다. 수필은 그 양식의 잠재적 가능성이 '특정한' 방향으로, 예컨대 '계획 없이', '가볍고 손쉽게', '단편적으로', '경미, 소박한' 방향으로 예술화됨으로써 본래의 형식 자체와는 구분되는 새로운 형식으로 산출되는 것이다. 여기서 '수필'은 제4의 문학 등으로 불리는 예술적 산문 전체를 일컫는 것이 아니라 그 안에 포함되는 하나의 작은 갈래를 가리킨다.

수필에 대한 이태준의 견해는 그가 수필의 특성을 소설에 대비하여 설명하려고 할 때 좀더 분명해진다.

인물이나 사건을 묘사하는 문장에서는 구체적으로 인물과 사건을 보여주니까 독자가 시각적으로 만족하지만, 인물도, 아무 사건도 보이지 않는 문장에서는 어구나 문장 그 자체까지 아무 맛볼 것이 없다면 읽는 데 너무나 흥미 없는 노력만이 부담될 것이다.

그러기에 문예 문장에서도 아무 시각적 흥미가 없는 수필류의 문장은 한자가 섞인 편이 훨씬 읽기 좋고 風致가 난다.[40]

위 인용문에서 수필과 소설의 차이는 '이야기'의 유무가 아니라 '보여

---

39) 이태준, 위의 책, 208면.
40) 이태준, 위의 책, 73면.

주기' 혹은 '묘사'의 유무와 관련된다. 이태준은, 수필이 대상을 '묘사'하여 '보여주는' 문학 형식이 아니라고 생각하고 있다. 여기서 수필에 대한 앞 인용문의 정의, 즉 '수필은 자연과 인간사에 대한 단편적인 감상·생각·의견을 서술하는 글'이라는 말의 의미가 좀더 분명해진다. 수필작품이 실제로 취하는 표현 형식은 묘사일 수도 있고 설명일 수도 있지만, 그러한 형식을 통해 드러내고자 하는 것은 대상 자체가 아니라 대상에 대한 주체의 감정과 사유인 것이다.

이태준은 수필을 주관의 표현 형식으로 설정하기 위해 묘사의 부재를 그것의 특성으로 강조하게 되는데, 수필을 비묘사적 산문으로 규정함으로써 그는 앞서 말한 수필의 온갖 결여 — 계획이나 일관성, 진지함 등의 결여 — 보다 좀더 근본적인 문제를 야기하게 된다. 이태준의 소설론에서 묘사는 단순한 표현 기법이 아니라 근대적 산문 정신, 곧 실증의 정신과 연관된 하나의 '방법'이었다. 따라서 실증과 묘사는 근대소설의 핵심이었다. 문제는, 그의 수필론에는 '실증'과 '묘사'를 대체할 다른 어떤 정신과 방법도 설정되어 있지 않았다는 데 있다. 위 인용문에 나타나 있는 것처럼, 묘사의 부재를 소설과 구분되는 수필의 특성으로 정초하는 과정에서 그는 수필의 문자, 어구, 문장의 스타일 다듬기 및 풍치(風致)에의 경도를 정당화하게 된다. '수필류의 문장'에서 묘사를 대체할 것으로 선택된 것은 '한자가 섞인 풍치 있는 문장'이었다. 궁극적으로, 이태준은 수필을 소설처럼 근대적인 산문 정신을 구현하는 장르가 아니라 고대나 중세에서도 그 예를 찾을 수 있는 정제된 형식의 아름다운 산문으로 여겼다.[41]

이태준이 『문장강화』에서 「한중록(恨中錄)」, 「인현왕후전(仁顯王后傳)」, 인목왕후(仁穆王后)의 전교(傳敎), 필자 미상의 제문(祭文)과 「제침문(祭針文)」 등을 인용하고 그것들을 '조선의 산문 고전'으로 평가한 것은[42] 이

---

41) 이태준의 수필론에 대한 더 자세한 논의는 이 책의 8장 '심미적 산문론' 참조.
42) 이태준, 『문장강화』, 문장사, 1940, 316~324면 참조.

병기의 산문론을 수용한 결과였다. '조선적인' 산문론을 맨 먼저 개척한 사람은 이병기이다. 『문장』지에 「한중록」의 교열본을 연재하는 첫머리에서, 이병기는 조선시대 한글 산문을 가사체(歌辭體)·역어체(譯語體)·내간체(內簡體)로 나누고, 그 가운데 내간체 산문을 '가장 한글다운 문체'이자 '가장 산문적인 문체'로 높이 평가했다. 그에 따르면 내간체는 종래 유식한 이들 사이에서 써오던 것이고 장구한 전통이 있고 항상 실용이 되던 글이고 오로지 우리말글을 맡아오던 부녀들의 글, 이른바 규방문학 가운데 가장 진취된 것이다. 그래서 「한중록」 같은 글은 그저 "만필"이 아니라 역사소설보다 좋은 하나의 "작품"으로 대우해야 한다.[43] 이병기에 의해 조선시대 궁중이나 양반 여성의 한글 산문은 '문학(작품)'으로 발견되었고 나아가 '고전'의 반열에까지 오르게 되었다. 이러한 국문학사 구성 작업에는 구어만이 내면, 즉 개인의 정서와 감각을 투명하게 드러낼 수 있다는 음성중심주의와 함께 문학에 대한 새로운 이념이 스며들어 있다.

이병기에게 「한중록」 또는 내간체는, 시조와 마찬가지로, '조선적인 것=과거적인 것'의 정수로서 역사적인 연구의 대상이었을 뿐만 아니라 현재에도 그 자체로 반복되어야 할 본질적인 형식이었다. 다시 말해 그것은 개념화되거나 체계화될 수 있는 대상이기 이전에 하나의 '작품'이었다. 그가 「한중록」을 '맛'과 '정경(情景)', 어휘·사조·필치의 아름다움이나, 특히 '전아한 어휘' 등으로밖에 설명하지 못한 이유가 거기에 있다. 이병기가 '시조' 창작을 통해 과거의 삶의 어떤 본질적인 국면을 '시대 착오적으로' 반복하고 '지나간 것'으로서의 과거를 현재에 현현하게 했으며, 또 이를 통해 현실의 자아를 초월하고자 했다면,[44] '내간체'

---

43) 이병기, 「『한중록』 해설」, 『문장』 1, 1939.2, 104면. 1930년대 내간체 산문의 의미에 대해서는 황종연, 「한국문학의 근대와 반근대」, 동국대 박사논문, 1992; 김신정, 『정지용 문학의 현대성』, 소명출판, 2000 참조.

44) 이병기에게 시조와 시조 창작이 가지는 의미에 대해서는 차승기, 「1930년대 후반 전통론 연구」, 연세대 박사논문, 2002, 58~68·75~80면 참조.

역시 문학이 하나의 '자기 전위의 장'으로 설정되는 이러한 이념 안에서
의미를 획득한다.[45] 1930년대 후반에 문장과, 정서 또는 감각을 중시하
는 심미주의적 수필 또는 내간체는 위와 같은 새로운 문학 이념의 은유
로 성립한 것이다.[46]

6. 수필의 타자들

수필 개념의 구축은 1933~1934년, 1938~1938년 사이에 집중적으로
이루어졌다. 김진섭과 김광섭은 수필을 교양과 휴머니즘의 영역으로, 이
태준과 이병기는 미와 감정(감각)의 영역으로 배치했다. 다시 말해 한편
에서 수필은 교양과 개성의 영역으로 배치된 문학을 표상하는 은유로
성립하고, 그러한 문학 이념을 보장하고 (재)생산하는 초석이 되었다. 다
른 한편에서 수필은 자기 전위의 장으로서의 문학, 즉 경험적 삶으로부
터 보다 순수하고 보다 본질적인 존재로 전위하는 장으로서의 문학(미)
을 나타내는 은유가 되었다. 내간체 산문은 문학에 대한 그러한 관념의
상징으로서 새로 '만들어진' 것이다. 한국에서 수필에 대한 두 가지 중
요한 관념의 형성은, 특히 전형기로 일컬어지는 1930년대 후반 문학 이

---

45) 이병기의 문학 이념을 내간체 산문을 통해서 실천한 것은 정지용이었다. 정지용의 내
    간체 산문에 대해서는 김신정, 『정지용 문학의 현대성』, 소명출판, 2000 참조.
46) 스즈키 토미는 일본에서 '여류 일기문학'이라는 개념의 구축 과정을 되돌아보면서
    그 개념이 근대국민국가의 자전적 이야기로서 일본문학사와 문화 담론 형성에 어떻게
    관여하고 있는가를 논의했다. 스즈키 토미, 「장르・젠더・문학사 서술」, 『창조된 고전』
    (하루오 시라네・스즈키 토미 편, 왕숙영 역), 소명출판, 2002, 93~134면 참조 '1930년
    대 말 새로운 문학 이념의 은유로서의 수필'이라는 시각은, 스즈키 토미가 일본문학사
    에서 여류 일기문학이 특정한 문학 이념, 이를테면 '자기 전위의 장으로서의 문학'에
    대한 은유로 성립한 과정을 분석한 부분에서 빌려온 것이다.

넘의 변화와 그에 따른 담론 재배치의 과정이자 그 산물이었다.[47]

　1930년대에 수필이 '문학'으로 정립된 것은 미숙한 상태에 있던 글쓰기 형식들이 자연스럽게 '성장'하거나 '발전'한 결과는 아니었다고 할 수 있다. 다시 말해 1920년대에 문학 동인지와 각종 잡지들에서 기행·감상(문)·수상·상화·소품·일기 등의 이름으로 일컬어지며 번성하던 주변적이고 사소한 글쓰기[48]들이 그 자체 안에 잠재되어 있던 문학적 가능성들을 자연스럽게 발현, 발전시킴으로써 '수필'이 된 것은 아니라는 뜻이다. 이와는 반대로, 수필이라는 말이 특정한 글쓰기를 가리키는 이름으로 등장하여 통용되기 시작한 1920년대 후반부터,[49] 그리고 더욱 결정적으로는 1930년대에 비평적·이론적 논의를 통과하면서, 기행·감상·수상·상화·소품·일기 등 잡다한 하위 양식들은 수필이라는 특정한 '문학'으로 수렴되고, 동일화될 것을 요구받았다.

　수필이 문학으로 격상된 과정은 그것으로 동일화되지 않는, 동일화되기를 거부하는 다양한 속성들을 배제하거나 다른 분야로 이월하는 과정이었다. 1930년대 중반에 민병휘는 「수필문학의 유린에 대한 감상」에서 프롤레타리아 문예 운동의 일환으로 수필 형식을 활용하자는 의견을 내놓았으며, 현동염은 「수필 문학에 관한 각서」에서 수필이 소부르주아적 인테리 문인들의 추억담과 신변잡화에 불과하다고 비판했다. 김관은 「수필과 비평」에서 수필을 신변 잡기에 의의를 두는 서정적 소품이라고 생각하는 문학계 일반의 관점을 비판하면서 '에세이'로의 확대를 주장했다.

---

47) 물론 이 두 가지 수필 개념이 해방 이후 국문학계와 수필문학계에서 지배적인 것으로 자리잡게 되는 과정과 맥락에 대해서는 또 다른 연구가 필요하다.

48) 1920년대 초 동인지의 '수필적' 글쓰기의 특징에 대해서는 이 책의 9장 '1920년대 초 동인지문학과 수필적 글쓰기' 참조.

49) '수필'이라는 용어는 1915년 『학지광』 5호에 실린 안확의 「조선의 미술」에서도 볼 수 있다. 그러나 한국에서 '수필'이 특정한 글쓰기 양식을 가리키는 명칭으로 등장한 것은 1920년대 중반 이후였다. 1920년대 중반 이후 '수필'이 정착하는 과정에 대해서는 정주환, 「수필 문학 장르적 명칭과 정착 과정」, 『비평문학』 9호, 한국비평문학회, 1995, 370～375면 참조

그는 수필이 에세이로 확대 발전하기 위해서는 '비평적 정신의 앙양'이
필요하다고 강조했다.50) 수필에 대한 두 가지 지배적인 관념은 수필에
대한 위와 같은 다양한 요구들을 배제하면서, 그리고 그것들을 비평이나
시평(時評)의 영역으로 돌리면서 구성된 것이다. 수필은 문학이 되기 위
해 지속적으로 많은 희생을 치러온 것이다.

---

50) 민병휘, 「수필문학의 유린에 대한 감상」, 『신동아』 23, 신동아사, 1933, 9; 현동염, 「수
   필 문학에 관한 각서」, 『조선일보』, 1933.10.21~22; 김관, 「수필과 비평」, 『조광』 20,
   1937.6 참조

비판의 글쓰기로서의 수필

김기림론

1. 수필의 근대성

한국 근대 수필사에서 1930년대가 가지는 의미는 여러 모로 특별하지만 그 중 수필에 대한 '이론'의 등장을 빼놓을 수 없다.[1] 이 시기에 선보인 수필론은 크게 두 가지로 분류된다. 하나는 서양의 에세이 이론이나

---

[1] 수필이 1930년대에 비로소 하나의 문학 장르로 정립되었다는 것은 일반적으로 인정되고 있는 사항이다. 그 근거로는 ① 이 시기에 수필이 양적·질적 측면에서 모두 큰 성장을 이룩했다는 점을 들 수 있다. 문학자로서 수필만을 전문적으로 쓴 김진섭, 이양하를 비롯하여 이효석·이상·김기림·이태준·정지용·노천명 등 작가들의 수필 창작이 매우 활발했으며 이들은 수필에서 각기 개성적인 스타일을 이루었다는 평가를 받고 있다. ② 수필의 장르적 독자성에 대한 논의가 등장하여 장르의 형성을 이론적으로 뒷받침해주었다는 점을 들 수 있다. 이러한 성장을 바탕으로 1930년대 말에는 수필 전문지 『박문(博文)』이 창간되었고 『문장(文章)』과 같은 순수예술잡지도 수필에 고정란을 할당했을 정도로 수필의 위상이 제고되었다.

작품으로부터 영향을 받아 형성된 것이다. 에세이론에 토대를 두고 임화와 김진섭은 장르론적 관점에서 수필의 문학적 특성을 정의하고자 했으며, 김기림과 김광섭도 수필에 대해 비평적 견해를 표했다. 다른 하나는 조선시대의 한글 산문을 발굴하고 계승함으로써 형성된 '조선적' 산문(수필)론이다. 이병기와 이태준이 그 개척자에 해당된다. 그런데 이러한 수필론들 가운데 한국 근대수필의 이론과 창작에 지속적으로 많은 영향을 끼친 것은 특히 김진섭과 김광섭·이병기와 이태준의 것이었다. 이들의 수필관은 1930년대에 수필에 대한 '교양주의적' 이해나 '형식주의적'·'심미주의적' 이해에 기틀을 놓았을 뿐만 아니라, 해방 이후 수필의 역사를 구성하고 창작을 선도하는 데 거의 절대적인 영향력을 행사해 온 것으로 보인다.[2]

이에 반해 임화나 김기림이 수필에 대해 표명한 의견은 수필의 전개에 그다지 생산적인 역할을 하지 못했으며 현재에도 못하고 있는 형편이다. 그 원인으로는 먼저 임화의 경우 월북 문인으로서 1980년대 중반 이후에야 문학을 둘러싼 공론의 장에 실명으로 등장할 수 있었다는 점을 들 수 있다. 그렇지만 시나 비평 분야에서 연구자들이 암암리에 임화의 작품·이론과 비판적 대화를 계속했다는 점을 고려한다면 임화가 수필론의 역사에서 소홀히 취급되었던 이유를 거기에서만 찾을 수는 없을 것 같다. 다른 한 원인은, 임화는 물론이고 김기림의 경우에도 전체 문학 활동에서 수필과 관련된 활동의 비중이 크지 않았던 데 있다. 시와 비평이 이들의 주요 종목이라는 인식이 굳어진 상태였기 때문에 수필에

---

2) 예를 들어, 조연현은 '최남선이 근대적인 수필문학의 기초를 확립했다'고 주장했는데, 이때 그가 최남선의 『백두산근참기』나 『심춘순례』를 수필로 정의하는 근거는 '수필은 인격의 반영이자 교양의 산물'이라는 김진섭의 수필론에 있다(조연현, 『한국현대문학사』, 성문각, 1969 참조). 한편 한국 근대수필의 기원을 조선시대의 '한글' 산문에서 찾는 이병기의 견해는 오랫동안 수필사 구성에 영향을 끼쳤다. '한문' 산문의 전통을 수필사의 관점에서 검토하는 작업은 1970년대에 와서야 본격적으로 이루어졌던 것으로 보인다. 대표적인 업적으로 장덕순의 『한국수필문학사』(새문사, 1985)가 있다.

대한 견해나 수필작품은 부차적인 자료로서만 검토되었다. 이들의 수필이나 수필론은 그 자체로서 연구될 기회를 좀처럼 얻지 못했던 것이다. 그렇지만 이태준이 월북 문인의 처지였으며 주종목 또한 수필이 아니라 소설이었음에도 불구하고 수필 창작과 이론에서 그 명성과 영향력을 계속 유지해왔다는 사실을 떠올리면, 위 두 사람에 대한 수필계의 무관심은 무엇보다도 이들의 견해가 한국 수필의 주요 흐름과는 종류를 달리하는 것이었던 데에서 비롯한다고 볼 수 있다.

그렇지만 임화와 김기림의 수필론은 수필의 '근대성'과 관련하여 적지 않은 시사점을 제공한다. 이 가운데 맨 처음으로, 그리고 강력하게 수필의 근대성을 강조한 논자는 김기림이었다. 그는 1933년 한 잡지에 쓴 「문단시평(文壇時評)」에서 "수필을 위하여"라는 표제 아래 수필을 '소설의 뒤에 올, 시대의 총아가 될 문학 형식'이자 '이 시대의 문학의 미지의 처녀지'라고 적극적으로 평가했다. 그는 수필이 '가장 시대적인 예술'이 될 가능성이 있다고 전망했다.[3] 다시 말해 김기림은 무엇보다도 수필의 '시대성'을 강조했다.

"수필을 위하여"에서 김기림이 수필의 '문장(언어)', 나아가 '스타일'에 초점을 두고 있다고 볼 여지가 전혀 없는 것은 아니다. 비슷한 시기에 쓴 다른 글에서도 김기림은 이태준의 문학에서 섬세한 감성에 토대를 둔 '문장'을 특별히 강조한 바 있다.[4] 그러나 김기림의 문학론에서 언어의 문제가 문학의 '현대성'과 불가분의 관계에 있음을 고려했을 때, 이를 곧장 형식주의로 평가하는 것은 적절하지 않다. 그가 말한 '스타일'이란 단순히 표현의 차원에만 걸쳐 있는 것이 아니라 '어떻게 보고 어떻게 말하는가', 즉 '리얼리티를 붙잡는 작가의 개성적인 방법'의 문제였

---

3) 김기림, 「문단시평」, 『신동아』 23, 신동아사, 1933.9(「수필·불안·'카톨리시즘'」, 『김기림 전집』 3, 심설당, 1988, 109~110면). 아래에서 김기림의 글을 직·간접으로 인용할 경우, 간단히 『전집』 ○, ○면'으로 표기하여 인용의 소재를 밝혔다.
4) 김기림, 「'스타일리스트' 李泰俊씨를 논함」, 『전집』 3, 173면.

기 때문이다.[5]

> 향기 높은 '유머'와 보석과 같이 빛나는 '윗트'와 대리석 같이 찬 이성과 아름다운 논리와 문명과 인생에 대한 찌르는 듯한 '아이로니'와 '파라독스'와 그러한 것들이 짜내는 수필의 독특한 맛은 이 시대의 문학의 미지의 처녀지가 아닐까. 앞으로 있을 수필은 이 위에 다분의 근대성을 섭취한 가장 시대적인 예술이 되지나 않을까.[6]

이 글에서 언급된 유머·위트·아이러니·패러독스는 단지 수사적 장치의 차원에서 거론된 것들이 아니다. 이는 보는 방법과 말하는 방법의 '근대성'과 관련된 문제이다. 다시 말해 김기림은 유머, 위트, 아이러니, 패러독스 등을 수필이 '근대적인' 예술이 되기 위하여 가져야 할 태도 혹은 방법의 형식적 구현물로 제시한 것이다.

김기림의 수필관은, 위 글에 이어 쓴 "불안의 문학"에서 '산문'의 가능성을 포착한 시각을 배경으로 읽을 때 그 성격이 더욱 분명해진다. 자신의 시적 실험이 시의 새로운 의의를 '세타이어'에서 찾으려는 것이었다고 정리하고 나서, 그는 현실의 싸움터에서 한 걸음 물러서서 변환하는 현실의 모순·추악·허위·가면에 대하여 차디찬 조소를 퍼붓는 세타이어의 문학은 앞으로 산문의 형식을 취하게 될 것이라고 전망했다.[7] 풍자적 비판의 태도 혹은 방법은 시 형식보다 산문 형식을 통해 더 잘 실현될 수 있으리라는 것인데, 여기서 '산문'을 소설, 특히 19세기의 정통 서구 소설로 좁혀 생각해서는 안 된다. 그는 이 시기에 이미 20세기 문학이 장르 해체로 나아가고 있음을 의식하고 있었으며, 버틀러·로렌스·조이스·헉슬리의 작품들에 나타나는 소설 형식의 파격을 이러한

---

5) 김기림, 「예술에 있어서의 '리얼리티'·'모랄'문제」, 『전집』 3, 116면.
6) 김기림, 「수필·불안·'카톨리시즘'」, 『전집』 3, 110면.
7) 김기림은 이 글에서 위기에 처한 인텔리겐차가 택할 수 있는, '비겁하기는 하지만 그러나 정직한' 문학으로서 현실 도피의 문학과 세타이어의 문학을 들었다(김기림, 「수필·불안·'카톨리시즘'」, 『전집』 3, 112~113면 참조).

경향의 증거로 판단하고 있었기 때문이다.[8] 요컨대 1930년대 초 김기림의 '수필의 근대성' 논의는 소설의 형식 해체 경향에 대한 이해를 기반으로 하면서 풍자적 비판의 문학에 대한 기대까지 반영하고 있었다.

해방 후에 김기림은 1930년 이후 발표한 수필들을 모아서 『바다와 육체(肉體)』라는 수필집을 발간했다. 그는 「머리말」에서 자신의 수필, 나아가 수필 장르의 핵심이 '비판' 정신에 있다는 점을 좀더 분명하게 표명했다.

> 저자 또한 때를 따라 수필에 붓을 적셨다. 다만 문학의 정의의 테두리만 돌아다니는 불평분자인 수필의 편을 들려한 데 지나지 않는다. (…중략…) 이런 따위가 도대체 문학이 되는지 아니 되는지, 아니 수필인지, 아닌지도 나는 모른다. 나는 여하간에 나딴으로는 까닭이 있어서 천대받는 수필의 편을 거들려 한 것에 지나지 않는다. 불평의 편을 드는 것은 역시 문학의 수명일지도 모르겠다. 그렇다. 수필이 또 문학이 되려면 시나 소설의 당당한 의관을 차리고 예복을 입으려만 들지 말고, 불평이 있는 곳에 반드시 불평의 편에 서기를 명심하면 그만이다.[9]

인용 글에서 김기림은, 수필은 시나 소설처럼 장르의 고유한 구조 법칙에 의해 정의될 때가 아니라 '불평의 편을 든다'는 문학의 사명을 공유할 때 비로소 당당하게 문학이 될 수 있다고 주장하고 있다. 인용 부분의 앞에서는, 수필이 '문학의 정의의 테두리만 돌아다니기' 때문에 문학의 가족 안에서 '서자' 또는 '사생아'로 눈총을 받고 있다고 하면서 '지금까지의 문학의 정의를 좀 뽀개 놓아야 할 것을 느낀다'고 말해놓고 있기도 하다. 이는, 3분법의 협소한 장르 체계를 벗어나 수필을 필두로 하여 "기행이니 일기니 이른바 기록문학이니 하는 따위들"도 문학에 포함시켜야 한다는, 이른바 포괄적 문학론의 입장이다. 이러한 문학론에

---

8) 김기림, 「수필 · 불안 · '카톨리시즘'」, 『전집』 3, 110면.
9) 김기림, 머리말(『바다와 육체』), 『전집』 5, 170면.

바탕을 두면서, 그는 '근대'문학의 요체를 '비판적 태도'에 두었다. 요컨대 1933년 "수필을 위하여"이래 김기림의 수필 이해의 키워드는 항상 '비판'이었다. 그에게는 비판이야말로 수필이 '근대'문학으로 성립하기 위해 가져야 할 정신적·방법적 핵심이었다.

2. 일간신문 학예면과 김기림의 수필

김윤식이 '이상(李箱)까지도 수필을 썼던 시대'라는 인상적인 말로 표현한 바 있는 1930년대의 '수필붐' 현상은 저널리즘과 밀접한 관계를 가지고 있었다. 수필 유행 현상은 특히 '신문'과의 관련성을 빼놓고는 정확히 이해하기 어렵다. 김기림도 자신의 글쓰기가 신문기자로서 학예면에 기행문을 쓰게 된 것에서 비롯했다고 말한 바 있는데,[10] 1930년대 일간신문의 학예면 혹은 문예면은 수필의 양적·질적 성장의 중요한 물질적 토대였다. 특히 김기림의 수필은 일간신문의 학예면과 매우 특별한 관련을 맺고 있다.

한국의 경우, 신문과 산문적 글쓰기의 관계는 계몽기 신문의 '논설'란에서 그 기원을 찾을 수 있다. 계몽기에 담론 생산의 가장 중요한 물적 토대는 저널리즘이었고 지식인들은 신문을 현실 비판이나 새로운 사상의 전파를 위한 장으로 활용했다.[11] 초기에 신문의 글쓰기는, 글쓰기 내부를 가르고 있던 옛 기준은 이미 해체되고 있었으나 아직 새로운 분화가 정착되지는 않은 상태를 보여주고 있었다.[12] 예를 들어 산문적 글쓰

---

10) 김기림, 「문단불참기」, 『전집』 5, 420면.
11) 정선태, 『개화기 신문 논설의 서사 수용양상』, 소명출판, 1999, 17면 참조.
12) 권보드래, 『한국 근대소설의 기원』, 소명출판, 2000, 159면 참조.

기의 경우 논설, 기사, 창작 서사 등이 내용과 형식에서 뚜렷한 경계가 없었으며, '논설'란 자체가 이러한 장르 혼종적 상황의 대표적인 예로 거론될 수 있다.[13] 그런데 계몽기 신문의 '논설'란은 무엇보다도 그것의 정치적 열정에 의해 1930년대 신문의 학예면과는 구별된다. 신문에서 '학예'면의 신설은 말 그대로 정치적 논설이나 경제·사회 기사로부터 학문과 예술의 분리를 표명하고 있는 것이기 때문이다.

1930년대 수필의 성장에 물질적 토대를 제공한 것은 저널리즘이었고, 일간 신문에서 학예면 혹은 문예면을 신설한 일은 수필 장르의 형성과 발전에 특히 중요한 계기가 되었다. 『조선일보』가 1920년 5월에 전체 4면으로 출발했을 때, 그 안에 실린 대표적인 문학작품은 소설이었다. 가끔 시가 실렸고, 사설과 기사 이외에 "기서(寄書)" 혹은 "기(寄)"라는 표제를 단 기고문이 있었으나 이것들은 비록 편지의 양식을 띠고 나타났다고 하더라도 정치·사회 문제에 대한 시사적 비평으로서의 성격이 강했다. 이런 글들은 소설, 시들과 같은 면에 실리기도 했지만 사회면 같은 곳에 실리기도 했던 것으로 보아 일관되게 문학작품으로 취급되었다고도 보기 어렵다.[14] 『조선일보』는 1932년 12월 초에 드디어 학예면을 신설하는 것으로 보인다.[15] 처음으로 학예가 전체 8면 중 한 면으로 설정되었을 때, 그 안에는 함대훈의 「노동문단의 기린아 막심 고리키 연구」, 양재하의 「동경견문(東京見聞) 23」, "연구실을 차저서"라는 표제로 연재된 학술 연구자 탐방물의 한 편인 신석호의 「자아를 알자」, 한일대의 「연전문우회(延專文友會) 연극부 제2회 공연을 압두고」가 있었고, 이외에 "신간소개" 등이 있었다.[16] 이후에 몇 번 '학예'라는 표시 없이 위와 비슷한 내

---

13) 김영민, 『한국근대소설사』, 솔, 1996 참조

14) 『조선일보』, 1920.6.10~1920.12.26일자 참조 초기에는 번역소설이 1면에 실리기도 했을 정도로 각 면의 정체성이 확립되지 않았기 때문에, 이 점이 곧 '기'나 '기서'가 비문학으로 취급되었다는 증거가 될 수는 없다.

15) 경제('산업')면은 일찍 분리되었으나, 건강·육아·가사·유행 등에 대한 정보를 전하는 면이 '가정'이라는 이름으로 분리된 것은 대략 이 시기였던 것으로 보인다.

용들을 한 면에 모아놓은 것을 볼 수는 있지만, 『조선일보』에서는 대략
이 시기를 통과하면서 학예면이 자리를 잡았다.

　『조선일보』를 볼 때, 일간신문의 학예면에서 수필의 게재율과 위상이
점점 높아지고 있음을 확인할 수 있다. 1930년대 초 『조선일보』 학예면의
특징은 과학 관련 글이 드물게 눈에 띄는 외에 문학 관련 글이 압도적으
로 많았다는 점이다. 김태준의 「조선의 여류문학」과 같은 문학사 연구,
유치진의 「노동자 출신 극작가 숀·오케이시」와 같은 외국 작가 소개나
연극에 대한 평론이 꽤 여러 날 동안 연재되었다. 문학작품으로는, 소설
이 항상 이 면에 실린 것이 아니라는 것을 고려한다면, 수필이 가장 고정
적인 게재물이었다. 홍난파의 「시아고 광상곡(市俄古 狂想曲)」과 같이 외
국에 체류하면서 겪는 일을 엽서 형식으로 적어 보내는 글이나, 김광주의
「신춘편감(新春片感)」 등 기행이나 수상(隨想)이 매일 한 편 정도 실렸다.[17]
『조선일보』는 1930년대 말에는 총 열두 면 가운데 한 면을 학예에 할당
했다. 미술사 연구물이나 미술작품의 사진과 평이 게재되는 등 다른 예술
장르가 등장하고는 있지만, 학예면의 문학 중심 체제는 계속 유지되었다.
그 가운데 특히 수필의 게재율과 위상이 높아졌다. 작가나 지식인들의 기
행문, 신변 스케치나 짧은 성찰적 산문들이 일정한 난에 일정한 크기로
연재되고 있는 것을 확인할 수 있는데, 이를테면 김기림의 「낙엽일기(落
葉日記)」가 4회에 걸쳐 연재되고 나면 곧 박태원의 「어린 것들」이 연재되
는 식이었다.[18] 1940년에 들어서면 학예와 가정(家庭)이 한 면에 합쳐지는
것도 볼 수 있는데, 이때에는 이전에 있었던 문학에 대한 학술적인 글들
이 사라지는 대신 수필이 두 편 정도 실려 신문의 1/4면 정도를 차지하
기도 했다.[19] 신문에서 학예면이 분리 독립하고, 또 그 안에서 수필의 지

---

16) 『조선일보』, 1932.12.7일자 참조.

17) 『조선일보』, 1932.12.8~1933.1.8일자 참조.

18) 『조선일보』, 1939.11.22~1939.12.1일자 참조.

19) 『조선일보』, 1940.7.17~1940.8.2일자 참조.

면이 확대되어 나간 것은 1930년대에 들어서면서 신문이 점차 대중적·일상적·문화적인 영역에 관심을 두게 되었음을 반영하는 현상이었다.

1930년대에 학예면을 통해 수필이 양적·질적으로 성장해온 과정을 간단히 살펴보았는데, 이는 한국에서 '기사체 문예잡문(記事體 文藝雜文, Feuilleton)'의 형성이라는 점과 관련하여 논의할 수 있다. 서구에서 '홰이통'은 보통 에세이와의 유사점과 차이점이라는 측면에서 검토되곤 하는데, 저널리즘과 관련될 때 에세이는 주로 잡지에, 홰이통은 주로 신문에 게재된다는 점에서 구별된다. 19세기 유럽의 일간지들에서 처음 선보인 홰이통은 원래 '인쇄물 조각'을 뜻하는 말로서, 주로 신문의 1/4~1/2면 정도의 크기에 인텔리들이 도시의 일상생활에서 제기되는 자극적인 현실 문제들에 대한 주관적인 인상을 가볍고 생동감 넘치는 문장으로 회화적으로 묘사한다는 특성을 갖고 있다. 즉 그것은 예술(연극이나 문학) 체험, 여행 체험, 도시생활 체험 그리고 일상생활에서 오는 작은 소식들을 주관주의적·인상주의적 입장에서 간결한 문장, 시각적·회화적 표현, 단편들의 모자이크적 종합, 은어나 경구의 사용, 재치 있는 알레고리 등 화려하고 자극적인 문체를 구사함으로써 대중적인 독자를 흡인했다.[20] 도시성·일상성·대중성으로 요약할 수 있는 홰이통 양식의 특성은 1930년대 한국에서 일간신문과 수필의 관계를 파악하는 데 도움을 주는데, 특히 김기림의 수필은 이러한 점에 착목하여 읽을 필요가 있다.

김기림이 가장 활발하게 수필을 발표했던 시기는 1933년에서 1936년까지, 1939년에서 1940년까지인데, 이 시기에 발표된 수필의 수를 평균하면 1년에 약 열 편 정도가 된다. 물론 1933년의 스무 편에 비해 1936년에는 여섯 편만을 발표한 것으로 보아 같은 기간 내에도 빈도의 차이는

---

20) 홰이통은 회화적 인상주의와, 언어의 감정이나 리듬의 감수성을 섬세화함으로써 산문의 발전에 공헌했다는 평가를 받고 있다. 서구에서 오늘날 짧은 에세이의 유행은 저널리즘적 홰이통의 영향이라고 한다. 홰이통에 대해서는 오한진, 『독일 에세이론』, 한울림, 1998, 109~120면 참조.

비교적 확연하다. 그러나 김기림이 1936년 4월에 유학차 도일(渡日)하여 1939년에 다시 귀국하기까지 여러 면에서 국내 활동이 저조할 수밖에 없었던 점을 고려한다면 김기림의 수필에 대한 열정과 관심은 "수필을 위하여"를 발표한 1933년 이후 변함 없이 유지되었다고 할 수 있다. 그런데 수필집 『바다와 육체』에 실렸던 서른 아홉 편을 포함하여 1930년에서 1948년 12월 사이에 발표된 약 백 편의 수필 가운데 40% 가량은 『조선일보』 등 일간신문에 게재되었던 것이다. 특히 두 번째 시기인 1939년에서 1940년까지 2년 사이에는 수필을 신문에 발표한 빈도가 훨씬 증가하여 60%를 상회하였다.

위와 같은 경향은 예를 들어 이태준이 거의 모든 수필을 잡지를 통해 발표했던 것과 좋은 대조를 이룬다.[21] 김기림도 지적한 바 있듯이, 이태준의 '특이한 문장의 향기'는 소수의 교양 있는 독자들만이 느끼고 즐길 수 있으며, '노숙한 인상'은 청년 독자를 포함한 많은 사람들을 작품에서 멀어지게 하는 원인이 되기도 했다.[22] 이태준 수필의 고답적이라고 할 만한 이러한 성격이 잡지라는 상대적으로 소수의 교양 있는 독자를 상대하는 매체에 부합하는 면이라면, 김기림의 수필은 신문이라는 매체에 적합한 특성을 가지고 있다. 김기림이 수필에서 다루고 있는 소재의 대부분, 즉 결혼(식) 세태, 성 모랄의 문제, 현대 여성과 부부 관계의 특징, 유행의 변화, 여행이나 스포츠 같은 취미와 여가 활동, 새로운 풍속과 풍경, 예를 들면 백화점 쇼핑이나 야시(夜市) 구경, 애완견을 동반한 산보, 창경원의 벚꽃 놀이 등은 1930년대의 경성(혹은 도시)을 떠나서는 존재할 수 없는 것들이다. 신문의 학예면은 대개 당대의 도시생활에서 제기되는 일상적인 동시에 자극적인 문제에 관심을 두었던바, 이러한 동시대적인 것에 대한 관심이야말로 김기림의 수필이 신문의 학예면에 가

---

21) 이태준은 「여잔잡기(旅棧雜記)」라는 동경 여행기를 『조선중앙일보』에 9회에 걸쳐 연재한 이외에 거의 모든 수필을 잡지에 발표했다.
22) 김기림, 「'스타일리스트' 이태준씨를 논함」, 『전집』 3, 173면.

장 잘 어울리는 측면이었다. 김기림의 수필은, 1933년에서 1936년까지를 중심으로 한 전기(前期) 수필과 1939년에서 1940년까지를 중심으로 한 후기(後期) 수필이 몇 가지 점에서 차이를 보이고 있으므로 아래에서는 두 시기를 나누어 논의할 것이다.

3. 도시의 공허와 풍자적 비평

한 연구자가 적절하게 지적했듯이, 김기림의 초기 수필은 가장 본격적으로 '거리'에 의해 씌어진 글쓰기의 한 형태이다.23) 이는 이태준의 수필이 대부분 '방' 혹은 '집'에 의해 씌어졌던 것과는 대조되는 경향이다. 이태준이 '성북정(城北亭)'24) 혹은 '경독정사(耕讀精舍)'25)로 표상되곤 하는, 번잡한 거리로부터 멀리 떨어진 고적한 공간에서 벽이나 화단·화분·서화(書畵) 등을 소재로 하여 관조적인 수필을 썼다면, 이에 반해 김기림의 수필은 무엇보다도 대도시의 면모를 갖추어 가는 경성의 변화한 거리 풍경에 대한 관심이 특징적이었다.

밤하늘을 채색하는 찬란한 '일류미네이션'의 人目을 현혹케 하는 변화—수백의 눈을 거리로 버리고 있는 들창—.

거대한 5, 6층 '빌딩' 체구 속을 血管과 같이 오르락내리락하는 '엘레베이터'(昇降機), 옥상을 장식한 인공 정원의 針葉樹가 발산하는 희박한 산소—.

그리고 둥그런 얼굴을 가진 다람쥐와 같이 민첩한 식당의 '웨이트레스'와 자극적인 飮料와 강한 '케이크'의 냄새—.

---

23) 조영복, 「김기림 수필에 나타난 일상성」, 『외국문학』, 1995년 여름, 207면.
24) 이태준, 『무서록』, 박문서관(3판), 1944(깊은샘, 1994, 21면).
25) 김기림, 「봄은 사기사(詐欺師)」, 『전집』 5, 205면.

　　최저가로 아니 때때로는 무료로 얼마든지 제공하는 여점원들의 복숭아빛의
感觸一.

　　이것들은 '센시블'한 도시인의 마음에로 향하여 버려진 '데파트멘트'의 말초
신경이다. 일찍이 '에밀 베르아랭'은 불란서의 심장 '파리'를 觸手를 가진 도회
라고 노래하였다. 그런데 '데파트'야말로 무형의 촉수를 도시의 가정에 버리고
있는 魔物이다. 오후 다섯 시─거리의 피곤한 황혼이 되면 그리고 더욱이 쾌청
한 일요일에는 '데파트멘트'의 넓은 층층대에는 시민의 지친 얼굴들이 瀑布같
이 퍼부어 내려온다. (…중략…)

　　이곳을 발상지로 하고 '에로'와 '그로'와, 이것을 중심으로 '소매치기'와 '키
스'와 유인 등 뭇 근대적 범죄가 대도시로 향하여 범람한다.[26]

위 글에서 김기림은 백화점을 원경에서 근경으로, 외부에서 내부로
초점을 이동하며 인상주의적으로 스케치하고 있다. 도시의 밤하늘을 화
려하게 밝히고 있는 조명된 광고판과 수백 개의 창문, 빌딩 안을 오르내
리는 엘리베이터, 옥상을 장식하고 있는 인공적인 정원, 발랄한 웨이트
레스, 미각과 후각을 자극하는 음식물들, 에로틱한 분위기를 자아내는
매장의 젊은 여점원 등으로 포착된 백화점이야말로 점차 근대도시의 면
모를 띠어가고 있는 경성을 대표하는 이미지임에 틀림없다.

근대적 백화점이 '도시풍경(1)'이라면, '도시풍경(2)'는 "본정(本町) 1정
목"에서부터 펼쳐지는 혼잡 시간대의 변화가 모습이다.[27] 「찡그린 도시
풍경(都市風景)」,[28] 「바다의 유혹(誘惑)」,[29] 「봄의 전령(傳令)」[30] 등 김기림
의 초기 수필은 대개 근대적 대도시로 변모하는 경성의 거리를 메우고
있는 온갖 근대적인 기구와 시설과 볼거리들을 외국어와 은어들을 그대
로 노출하며 강조하는 표현, 의인법을 비롯한 화려한 비유들, 인과적 연

---

26) 김기림, 「도시풍경 1·2」, 『전집』 5, 386~387면.
27) 김기림, 「도시풍경 1·2」, 『전집』 5, 387~389면.
28) 김기림, 「찡그린 도시풍경」, 『전집』 5, 383~385면.
29) 김기림, 「바다의 유혹」, 『전집』 5, 322~326면.
30) 김기림, 「봄의 전령」, 『전집』 5, 305~306면.

계성이 생략된 자유로운 연상과 그것들의 병렬적 구성, 다채로운 공감각적 이미지의 사용 등으로 주관주의적으로 포착하고 있다는 점이 특징적이다.

그런데 김기림은 백화점을 단순히 인상주의적으로 스케치하는 데 머물지 않고 그것의 이면을 드러내기도 한다. 이를테면 그는 백화점의 '마물성(魔物性)'을 포착하고 있다. '메피스트의 늙은이'라는 비유에 나타나는바, 백화점은 온갖 근대적인 시설과 기구와 감각으로 '메이크업'하고 그 '무형의 촉수'로 도시인들의 감각을 자극함으로써 그들로 하여금 '쾌락'을 누리는 대가로 기꺼이 '정신'을 헌납하도록 하는 '악마'이다. 번화한 거리도 마물이기는 마찬가지이다. 마물이라는 알레고리로 포착된 백화점과 거리에는 창백한 '샐러리맨', 육감적인 중년 '마담', 강렬한 자극을 찾는 '모던걸'과 모던걸에게 눈을 빼앗긴 '중등교원', 가슴에 회색빛 성벽(城壁)을 높이 쌓은 '룸펜'과 '인텔리', 취직성공법을 찾아다니는 '대학생'과, 레닌이즘을 분비하는 '노동자' 등 가히 "시민의 모든 계급과 종류"가 나와 돌아다니고 있다. 이들에게는 "아무 도덕 관념도 우리들 공통의 어떠한 문제도 생각되고 있지 않다. 다만 흥분이, 신경의 전율이 그들의 인식과 육체의 모든 부분을 액체와 같이 적시고 있다."31) 거리의 사람들은 감각적 흥분에 몸을 맡긴 채 그저 흘러가는 '군중'으로 표상되고 있는데, 이는 결국 백화점과 거리의 공허야말로 도시의 공허이며 곧 도시인의 공허라는 것을 말해준다. 그는, 거리를 몰려다니는 사람들의 얼굴에 흐르는 활기가 우거진 풀숲 속에서 식물의 종족들과 벗하여 사는 사람들의 혈관 속을 흐르는 활기와는 다른, 문명에게 시달리는 자의 긴장과 주의의 연속이 꾸며내는 "假面",32) 곧 가짜 활기라는 것을 알아채고 있는 것이다.

이런 점에서 김기림이 단지 거리 풍경을 인상적으로 묘사하는 자가

---

31) 김기림, 「바다의 유혹」, 『전집』 5, 324면.
32) 김기림, 「길을 가는 마음」, 『전집』 5, 427면.

아니라 산책을 사유로 연결시키는 '산책자'라는 파악은 매우 정당한 것이다.[33] 여기에 덧붙여져야 할 사항은 그 산책자의 태도가 '풍자가'의 그것에 가깝다는 점이다. 김기림은 백화점과 거리, 도시, 도시인의 공허를 풍자적인 시선으로 포착하고 있는데, 이러한 태도가 그의 글을 도시와 도시인의 문화에 대한 '풍자적 비평'으로 만든다.

> 한동안 서울의 시민들은 권투에 대하여 거의 탈선적인 熱狂을 보인 일이 있다. 그래서 권투구경이라고만 하면 삽시간에 회장은 초만원이 되는 것이 으레였다. 黑人 '보비'의 이름은 실로 '나폴레옹'의 이름에 필적했다. 얼마동안 나는 이 현상의 원인을 몰라서 興味를 가지고 생각해 본 일이 있는데 역시 기차 속에서 그것을 갑자기 깨달았다.
> 즉 권투가 가지고 있는 아름다움은 다른 경기보다도 가장 직접적이고 가장 치열한 육체와 육체의 충돌에서 발산되는 생명의 불꽃의 이상한 매력에 틀림없다.
> 다시 말하면 피로한 도시인의 생명적인 것에 대한 향수가 그들의 권투열에도 숨어 있나 보다.[34]

위 글에서 김기림은 '권투'에 대한 도시인들의 이상(異常) 열광 심리를 분석하고 있다. 도시에서의 직업 활동은 고도의 '주의'와 '긴장'을 요구한다. "달리는 전차나 자동차는 물론 신문배달도 교통 순사도 '아이스크림' 장사도 '타이피스트'의 손가락도 모두 긴장해야만 산다." "엔진"으로 상징되는 근대 문명의 동력은 도시인들을 쉴 새 없이 재촉하고, 따라서 그것에 쫓겨다니는 도시인들의 생활은 "피로"의 연속일 수밖에 없다.[35] 결국 권투에 대한 탈선에 가까운 열광이란 피로한 도시인들이 자신들의 억압된 본능적 자연을 대리적으로 충족하고자 하는 열망으로부터 오는 것이라는 얘기다. 이와 같은 심리분석이 궁극적으로 겨냥하고 있는 것은

---

33) 이런 관점에서 김기림과 거리의 사람들은 소위 '산책자'와 '군중'의 관계로 개념화할 수 있다. 조영복, 『한국 모더니즘 문학의 근대성과 일상성』, 다운샘, 1997, 33~53면 참조
34) 김기림, 「길을 가는 마음」, 『전집』 5, 427면.
35) 김기림, 「길을 가는 마음」, 『전집』 5, 427면.

근대 문명의 모랄과 조직에 대한 공격일 텐데, 이러한 비평적 태도는 그가 근대 문명의 모랄과 조직 그리고 그것의 복합적 재현자인 '서울의 시민들'에 대하여 거리를 둠으로써 가능했다고 할 수 있다. 풍자적 비평이란 거리를 두고 행한 성찰의 산물인 것이다.[36]

그런데 도시라는 공간에서 김기림과 '시민들'은 비동일성과 동일성의 측면을 함께 가지고 있는 것으로 보인다. 이 시기 그의 수필들은 도시와 도시적 문화에 대하여 풍자적 태도를 취하는 문명비평가로서의 김기림을 보여주기도 하지만 도시가 제공하는 다양한 위락들을 탐닉하고 향유하는 전형적인 도시인으로서의 김기림을 보여주기도 한다. 권투경기의 관람과 같은 이벤트성 행사보다 더 일상적인 차원에서 도시인들이 긴장된 직무로 인해 누적된 피로를 푸는 방식으로는, 백화점에서의 쇼핑과 아이 쇼핑, 야시(夜市) 구경, 영화 구경, 다방이나 카페에서의 휴식 등이 있다. 예를 들어 김기림은, 하루의 고달픈 노역으로부터 풀려 나와 '페이브멘트'의 몸부림치는 반사열과 노란 먼지를 헤엄쳐 가는 노란 월급장이들[37]을 거리를 두고 바라보는 자인 동시에 그 자신이 일과 중에 잠깐 백화점 식당의 '테이블'에 앉아 한 잔의 냉차에서 순간의 '오아시스'를 구하며,[38] "가벼운 '트렁크' 속에 地圖 한 장과 기차시간표만을 집어넣고 내가 만약에 바다로든지 산으로든지 갈 수가 있다면 그때에는―"[39]이라는 상상을 하곤 하는 도시 월급생활자의 전형으로 나타난다. 그는 금년 여름에는 기필코 춘원의 『금강산유기』를 '포케트'에 넣고 금강산을 찾겠다는 5개년 계획을 실행에 옮기련다고 결심하곤 하는, 도시에서 얼마든지 만날 수 있는 사람들 중의 하나인 것이다.[40] 즉 김기림의

---

36) 풍자적 시선의 특성에 대해서는 한용환, 『소설학 사전』, 고려원, 1992, 452~454면 참조
37) 김기림, 「바다의 유혹」, 『전집』 5, 322면.
38) 김기림, 「바다의 환상(幻想)」, 『전집』 5, 330면.
39) 김기림, 「'아이스크림' 이야기」, 『전집』 5, 200면.
40) 김기림, 「바다의 환상」, 『전집』 5, 330~331면; 「웃지 않는 '아폴로', 그리운 '폰'의 오후(午後)」, 『전집』 5, 364면.

수필에 지속적으로 나타나는 '바다'나 '여행' 혹은 '길 떠나기'에 대한 동경은 '잠시동안이나마 회합과 방문과 약속과 출근부의 감시에서 풀려' 나고 싶은 도시의 모든 봉급생활자의 꿈인 셈이다.[41] 그의 이러한 꿈은, 역설적이게도, 제한된 궤도 위를 달리는 전차처럼 저녁이면 결국 하숙이 나 가정으로 돌아가기 위해 전차의 후끈후끈한 '쿠숀'에 주저앉을 수밖 에 없는 도회인의 생활[42]을 환기하는 것이다.

'여행'은, 1930년대에 유행하다 못해 범람한 수필에 대한 하나의 은유 라고 할 수 있다. '여행'은 지극히 근대적인 기표이다. 원시적 밀림으로 의 여행을 말할지라도 그것은 기실 근대에 와서 실현 가능하게 된 새로 운 풍속이며 생활이다. 도시인들에게 '여행'이란 대도시 파리의 폭발적 인 러시아워에 장 콕토가 카페의 대리석 테이블에 기대어 정가표의 뒷 등에 쓰는 '시'와 같은 것,[43] 다시 말해 산문적인 도시생활을 떠나 잠시 동안 '시를 읽는 마음'이 되는 것이다.'[44] 바다나 여행에 대한 동경이 곧 '시'에 대한 동경이라면, 이를 표현하는 글쓰기, 즉 시에 대한 동경을 표 현하는 수필이란 곧 그 자체로 시적이라고 할 수 있다. 수필이 산문적인 도시생활에 잠시 동안이나마 '위안을 주는 문학'으로 기능하는 것은 이 러한 메커니즘을 통해서 인데, 1930년대 '수필의 범람'이란 보통 이러한 수필의 양산을 의미하는 것으로서 도시와 대중문화의 형성을 반영한 한 현상이었다.

김기림의 전기 수필은 도시문학의 성격을 지닌다. 그는 1930년대 초 반 서울의 '풍속'과 서울 시민들의 '성격'을 유머·위트·알레고리 등의 다양한 기교와, 아이러니·조롱·냉소 등의 다양한 어조를 사용하여 풍 자함으로써 자본주의적 모랄과 조직, 그리고 그것에 수동적으로 휩쓸려

---

41) 김기림, 「길을 가는 마음」, 『전집』 5, 426면.
42) 김기림, 「바다의 환상」, 『전집』 5, 330~331면.
43) 김기림, 「도시풍경 1·2」, 『전집』 5 388면.
44) 김기림, 「길을 가는 마음」, 『전집』 5, 426면.

가는 군중을 우회적으로 비판하였다. 즉 그는 수필을 통해 '현실의 싸움터에서 한 걸음 물러서서 현실의 모순·추악·허위·가면에 대하여 조소를 퍼붓는 세타이어의 문학'을 실천한 것이다. 한편, 풍속과 현실에 대한 거리두기와 비판력이 배후로 물러났을 때 김기림의 수필은 도시생활의 체험과 꿈을 재현하는 면모를 띠게 된다. '매혹'과 '공포'라는, 근대에 대한 양가적 태도는 모더니스트의 일반적인 내면 풍경이라고 할 수 있겠지만, 이 시기의 김기림에게서는 자기 속에 이러한 두 가지 태도가 분열적으로 공존한다는 점에 대한 성찰이 좀처럼 보이지 않는다. 그의 풍자가 종종 가벼운 위트나 재기에 머물러 깊은 울림을 주지 못하는 것도 이러한 성찰성의 부재에 기인한 것이다.

4. 가공(架空)의 행복과 사색적 단장[45]

김기림은 일본 동북제대를 졸업하기 바로 전에 일곱 개의 자기 성찰적 단장(斷章)들을 모아 「산(山)」이라는 제목으로 발표했는데, 여기서 그는 귀국을 앞둔 착잡한 심경을 드러내고 있다. 차분하게 가라앉은 음성을 느끼게 하는 톤으로 비약과 생략, 모순과 충돌을 허용하며 자유롭게 생각을 풀어놓는 가운데 부각되고 있는 것은 김기림의 고독한 자아이다. 그는 자신을 "바람에게조차 의지하려 하는 갈대" 혹은 "그림자와 함께 황혼 속에 서있는" 고독한 존재로 의식하고 있다.

그 우스꽝스러워 보이던 '로맨티스트'들의 高原이 ― 구름과 갈대와 바람소리

---

45) 여기서 '단장(斷章, Fragment)'이란 주제의 무한성을 반영하는 미완성 작품으로서 열려 있는 형식을 의미한다(오한진, 『독일 에세이론』, 한울림, 1998, 51면).

뿐인 고원이 오늘은 어쩌면 친해질 성도 싶다. 믿음은 다만 믿음이라는 까닭에 매력이 있어도 보인다.

갈대는 바람에게조차 의지하려고 한다. 갑자기 '파스칼'의 '팡새'가 읽고 싶다. 만약에 책을 쓴다고 하면 백 권의 전집을 가지느니보다는 오직 한 권이라도 좋으니 괴로워하는 마음의 벗이 될 수 있는 것을 쓰고 싶다. 이제 신앙을 찾으려 하니 어느 종교고 사람의 때가 너무 묻었다. 십자가를 끌어안을 수도 없다. '메테르링크'를 다시 찾아갈 수도 없다. 大年寺 북소리도 요동하는 마음의 한 반주에 지나지 못한다. ― 그림자와 같이 황혼 속에 서 있다.

환경의 힘이 도저히 인력으로는 제어할 수 없이 압도적으로 커 보일 때에 사람들은 그것을 운명이라고 부르고 소름친다. 허무, 절망, 단념, 그것들은 모두 움직일 수 없는 상태에 있을 때의 분위기인 것 같기도 하다. 움직이면 흩어진다.

산을 쳐다본다. 말이 없다. 일찍이 이 山이 火山일 적에 불꽃을 뽑는 것을 본 일이 없는 사람들은 山을 가리켜 벙어리라고 부른다. 흐린 날에는 산은 보이지 않는다. 구름은 흘러가고 안개는 날아가도 날이 개면 산은 산대로 있었다.

산이 아니다. 구름인가보다. 바람인가보다. 緯度의 어느 점에도 뿌리를 박지 못하는 갈대인가 보다. 티끌인가 보다. 그림자인가 보다. 부끄러워서 달려 산을 내려온다.[46)

여섯 번째와 일곱 번째 단장인 위 글을 앞 시기의 글과 비교한다면, 우선 김기림이 이제 더 이상 '거리'로부터 글을 쓰고 있지 않다는 점이 눈에 띈다. 앞 시기를 지배했던, 도시의 거리 풍경이나 도시인의 일상생활에 대한 관심은 거의 사라지고 없으며 시선은 완전히 내부를 향해 있다. 두 번째 단장에 있는 "서투른 자서전"이라는 말이 의미하는 것처럼, 이 시기 김기림은 자신이 회고와 반성의 시점에 있다고 느끼고 있다. 1930년대 전반기 김기림의 모더니즘 이론과 시적 실험이 낭만주의 비판과 더불어 나아간 것이었다면, 이제 그는 "오늘은 어쩌면" 낭만주의적 동경과 "친해질 성도 싶다"고 고백하고 있다. 이러한 태도 변화는 '구름

<hr>

46) 김기림, 「산」, 『전집』 5, 177~178면.

과 갈대와 바람소리뿐인 낭만주의적 고원'과 '산'이라는 두 개의 이미지가 허상 / 실체, 유동성 / 고정성이라는 대립적 의미를 형성하고 있다가 어느 순간 그 대립을 해체하고 마는 데에도 암시되어 있다. 구름처럼 흘러가지도 안개처럼 날아가지도 않는 확고 불변한 실체인 줄 알았던 산이, 기실은 산이 아니고 구름, 바람, 갈대, 티끌, 그림자였다는 것을 깨달은 순간 김기림은 '부끄러워서 달려 산을 내려온다.' 김기림의 이 서둘러 하는 '하산'은, 이 시기 그의 비평들을 참조한다면, 모더니즘으로부터의 선회, 넓게는 근대와 서구 문명 추구로부터의 선회를 예고하는 것으로 읽힐 수 있다. 「산」의 단장들은 전체적으로 사상적·문학적 신념을 잃고만 자의 실존적인 고뇌로 짙게 채색되어 있다. 이러한 상태는, 그가 언급한 『팡세』의 한 구절을 참조한다면, 가히 '신(神) 없는 인간의 비참'이라고 할 만하다.[47]

「산」의 단장들은 귀국을 앞둔 김기림의 내면을 잘 드러내고 있다는 점뿐만 아니라 이후에 김기림이 발표하는 수필들의 '씨앗'이라는 점에서 특히 관심을 끈다. 「동양(東洋)의 미덕(美德)」·「단념(斷念)」·「공분(公憤)」·「건강(健康)」·「건망증(健忘症)」 등 잡지에 발표한 수필들과, 「사상(思想)의 가을」·「현대와 종교(宗教)」·「가정론(家庭論)」·「정신(情神)의 상처」나 「퍼머넨트」·「행복(幸福)」·「기적(奇蹟)의 심리(心理)」·「웅변(雄辯)」·「목의 문제(問題)」·「도망(逃亡)」 등 "낙엽일기(落葉日記)"나 "어휘록(語彙錄)"이라는 표제 아래 신문 학예면에 정기적으로 연재된 수필들의 대개는 이 씨앗이 발아하여 생장한 것이라고 볼 수 있다.

주제적인 측면에서 대표적인 것은 '동양'에 대한 사유인데, 이는 서양과 근대문명에 대한 사유와 결합하면서 '근대에 대한 성찰'이라는 주제를 구체화하고 있다. 한편 형태적인 측면에서 본다면 글들이 대체로 원

---

47) 파스칼이 『팡세』 속에서 펼친 호교론(護敎論)은 크게 2부로 구분되는데, 1부는 '신(神) 없는 인간의 비참'에 대한 것이고 2부는 '신(神) 있는 인간의 행복'에 대한 것이다(이환, 『파스칼』, 서울대 출판부, 1997, 142~164면 참조).

고지 5~7, 8매 분량의 짧은 산문이라는 점에 주목할 수 있다. 이 단장(短章)들은 「산」의 일곱 개의 단장(斷章)의 주제를 심화시키면서 매우 정제된 형식을 이룩하고 있지만, 더 큰 차원에서는 원래의 단장(斷章)이 가지고 있던 비체제적, 단편적 성격이 유지되고 있다. 단장(短章)들이 '낙엽일기' 혹은 '어휘록'이라는 하나의 표제 아래 모여 있을 뿐 각각 생각의 자유와 형식의 자유를 확보하고 있으며 그것들 사이에 어떤 순서나 연관도 없다는 점에서 그러하다. 이 산문들은 그 자체로서는 형식의 완결성을 확보하고 있을지라도 하나의 전체를 이루지는 않는 단편적인 토막에 불과한 것이다.

이러한 서양적 행복의 내용에 하나 더 동양적인 조건을 가할 때, 나는 비로소 그 행복에 견딜 수 있으리라. 그것은 명상이다. 호화스러운 궁전이나 휘황한 야회를 차라리 피해서 한 떨기 水仙花를 가꾸거나 어린 사슴의 등을 어루만지는 시간에 오히려 더 행복을 느끼는 경우가 있다. 역시 그것은 동양의 미덕의 하나인가 보다. (…중략…) 나는 물론 '老僧이 忘歲月하고 石上에 看江雲'하는 그러한 허무에의 도망을 권하는 것은 아니다. 동양에는 확실히 그러한 유의 명상이 횡행했다. 굴욕과 무위에 찬 낡은 동양의 풍속이다. 젊은 동양이 가지고 싶어 하는 것은 그러한 미풍은 아니다. 흘러가는 구름 위에도 오히려 역사의 물구비를 그려보고, 바람 소리 속에서도 세기의 잡답 밑에서 꿈틀거리는 새로운 동향을 만져보는 일이다. 고독과 靜謐 속에 있는 때 비로소 우리는 일상적인 잡념을 거두어 버리고 본질적인 것과 가장 잘 마주설 수 있는 때문이다.[48]

「산」의 세 번째 단장에서 김기림은 "갑자기 '東洋'이라는 말이 사람들의 입 끝에 오른다"며 "눈을 감고 숨을 죽이고 그윽이 지나오고 지나가는 바람 속에서 '東洋의 소리'를 들으려고 귀를 기울여 본다"고 한 바 있다.[49] 위에서 인용한 「동양의 미덕」에서 김기림이 행복의 '동양적' 조

---

48) 김기림, 「동양의 미덕」, 『전집』 5, 232~233면.
49) 김기림, 「산」, 『전집』 5, 176~177면.

건으로 추가하고 있는 '고독과 정밀 속에서의 명상'이란 바로 이러한 주의를 집중한 귀 기울임의 다른 표현이자 그로부터 얻어낸 결론이라고 할 수 있다.

그런데 명상을 통한 인식이란 이전의 그에게라면 좀처럼 어울리지 않았을 일이다. 수선화를 기르거나 어린 사슴의 등을 어루만지는 일도 그의 이전 생활과는 거리가 먼 것이다. 1930년대 전반기에 김기림은 대도회 경성의 혼잡한 번화가를 걸어다니며 도회의 세태와 풍속을 기록하고 도시인의 일상과 여가를 탐색했으며 그에 대해 풍자적 비평의 시선을 던졌다. 뿐만 아니라 그 자신이, 기다란 흰 날로 태양 광선을 선뜻 끊는 그 표연(飄然)한 '롱·스케트'를 신고 속도의 쾌감을 향락한 '도회의 아들'이었다.50) 이러한 그가 이제 동양적 명상의 세계로 선회하고 있는 것이다. 명상을 통한 인식이 위의 글과 같은 형식으로 나타나는 것은 어쩌면 당연한 일인 듯싶다. '백 권의 전집을 가지느니 한 권이라도 마음의 위안이 될 것을 쓰고 싶다'는 희망을 표한 바도 있거니와, 그는 이제 일상적인 것과 자극적인 것을 쫓아다니는 글쓰기에서 벗어나 "본질적인 것과 가장 잘 마주설 수 있는" 글쓰기를 추구하는 것이다. 파스칼의 『팡세』에 대한 언급은 그의 글쓰기의 지향성을 좀더 분명하게 해주는데, 그것은 사색적인 단장이다.51)

유종호는 「동양의 미덕」이나 「단념」에 대하여 부적절한 비유나 말놀음이 가셔져 있으며 기품 있는 서정이 깃들어 있다는 점을 주목한 바 있다.52) 문장의 간결성과 명료성은, 위의 인용문을 "'시크라멘'은 봄이 던지는 첫 '키스'를 뺏기 위하여 花商의 '쇼윈도우' 속에서 붉은 입술을 방긋이 벌이고 있고 彼女들의 푸른 치마폭은 아침의 '아스팔트' 위에서, 백

---

50) 김기림, 「'스케트' 철학」, 『전집』 5, 210면.
51) 파스칼의 『팡세』는 구성의 체계성이나 형식의 통일성이 부재한 813개의 단장으로 이루어져있다(파스칼, 김형길 역, 『팡세』(수정판), 서울대 출판부, 1999 참조).
52) 유종호, 『문학이란 무엇인가』(증보판), 민음사, 1997, 77~79면 참조.

화점의 층층계 위에서 깃발과 같이 발랄하게 팔락거리지 않는가"53)와 같은 식의 초기 문장과 비교해 본다면, 너무나 분명하다. 그리고 이러한 평가는 비단 위의 두 작품만이 아니라 이 시기 그의 수필 전체에 대해 유효하다. 서정성은 모더니스트 김기림의 변모를 가장 뚜렷하게 표현하는 것으로서 1930년대 후반 시에 대한 논의에서도 자주 언급되는 특성이다.54)

그런데 시의 경향과는 다른, 이 시기 수필 전반의 특성은 '사색적' 성격이다. 「현대의 종교」, 「사상의 가을」, 「공분」, 「퍼머넨트」, 「행복」, 「건망증」 등은 서정적이라기보다 사색적이다.

> 나는 일전 처음으로 金剛山을 구경하고는 俗世를 피하여 이 산중에 여생을 파묻은 모든 高僧仙客의 採算이 결코 밑진 것이 아니라는 것을 깨달았다. 경개도 그만하면 족히 세상과 바꿀 만 하다. 현대인의 불행은 현실의 악착 속에 있다는 것보다는 차라리 현실과 바꿀만한 정열과 狂信의 대상을 찾지 못한 데 유래하는 것이라고 생각한다. 前世紀에는 사람들은 自然科學의 장래에 절대한 희망을 가지고 역사학조차가 글자 그대로 자연과학을 복사하려고 했다. 현대의 구라파인은 科學文明에게 결국은 속았다고 생각한다. 전후의 不安時代란 그런 데서 온 것일 게다.
>
> 여하간에 현대인의 불행은 그들이 아무 신념도 가지지 못했다는 데 있다. 그러므로 우리는 각각 제 자신의 종교를 찾아냄으로써 얼마간은 구원을 받을 수 있다고 생각한다. 즉 全情熱을 기울여 열중할 수 있는 대상을 찾는 일이다. 그것이 학문이라도 좋다. 예술이라도 좋다. 企業이라도 좋다. 때때로는 연애라도 괜찮다. 이리해서 우리는 제 스스로 꽤 행복을 결의할 수 있다.55)

앞 시기의 풍자적 비평이 현실과 세계에 "지성의 태양"을 비춤으로써 그 모순과 맨 얼굴을 백주에 노출시키자는 전략이었다면, 이제 김기림은 현실 세계와 바꿀 만한 어떤 것을 골몰하게 찾고 있는 듯하다. 그에 따

---

53) 김기림, 「봄의 전령(傳令)」, 『전집』 5, 305면.
54) 김학동, 『김기림 연구』, 새문사, 1988, 54~66면 참조.
55) 김기림, 「현대의 종교」, 『전집』 5, 432면.

르면, 세상을 버리고 '산천경개'를 얻은 고승선객의 계산법이 결코 밑진 것이 아니듯이, 현대인은 '현실' 대신 학문, 예술, 기업, 때때로는 연애에 열중할 때 "제 스스로 꽤 행복을 결의할 수 있다." 이 시기 김기림의 수 필에 가장 빈번하게 등장하는 말은 '행복'인데, "한 포기의 토마토를 정 신없이 가꾸는 농부나 밤을 새가며 실험관을 들여다보는 과학자에게서 차라리 최대의 행복을 바라보는 적이 있다. 나는 비로소 '플로베르'가 독신으로도 지낼 수 있는 이유를 안 듯도 싶다"는 말도 위와 같은 의미 로 읽을 수 있다.[56]

그러나 현실과 세계에 대한 관심과 희망을 거두어들임으로써만 얻을 수 있는 행복이란 행복의 기만적 환상, 즉 가공의 행복에 불과하다. 김 기림은, 자신의 상태와 운명을 바라보면 바라볼수록 절망과 불행이 더해 가며 위로 받을 길이 없어지기 때문에 소란·법석·심심풀이 속에 몸을 던짐으로써 그것을 기분 좋게 망각하는 길을 택하는 신(神) 없는 인간처 럼, 자신과 현실을 똑바로 보는 대신 '차라리' 그 사이 어딘가 중립의 지 대에 안착하고자 하는 것 같다. "끊임없이 삼단논법의 精緻를 깨뜨리고 체계를 무너트리고 더 큰 것으로 더 높은 것으로 자라나고 싶은 까닭에 나는 차라리 왕성한 여름을 奬勵한다"고 소리치고 있음에도 불구하 고,[57] 피로와 체념의 심정에 의해 인식의 생장은 저지되고 있으며 지성 은 무기력과 마비의 상태에 빠져들고 있다. 이런 점에서 1930년대 후반 김기림의 사색적 수필은 피로와 체념의 산물에 다름 아니다.

---

56) 김기림, 「행복」, 『전집』 5, 243면.
57) 김기림, 「사상의 가을」, 『전집』 5, 429면.

5. 수필의 투쟁—바다와 육체의 모순을 살아가기

1948년에 수필집을 펴내면서 김기림은 그 제목을 왜 "바다와 肉體"로 정했을까? 시에서와 마찬가지로 수필에서 '바다'는 고향과 유년시절을 의미하기도 하고 청춘의 정열을 표상하기도 하고 근대 문명이 제공하는 새로운 생활을 상징하기도 한다. 그것은 이미 지나온 과거와 아직 오지 않은 미래를 암시하는, 이중의 시간성 위에 성립하는 복잡한 기표이다. 「바다와 나비」라는 시에 의해 김기림의 '바다'에 한 가지 의미가 더 추가되었다고 할 수 있는데, 여기에서 '바다'는 앞에서와 같이 과거나 미래라는 시간으로 정향되는 것이 아니라 '이미 없고 아직 없는' 현재의 시간성 자체를 초점화한다. '수심을 알 수 없는, 꽃 피지 않은 바다'는 공포와 불모의 현재를 환기하며, '흰나비'는 이 공포와 불모성에 그만 '지쳐서' 돌아오고 마는, 김기림의 절망한 자아에 다름 아니다.

"바다와 육체"라는 제목은 앞에 언급한 여러 가지 의미의 바다들과 그 가운데 특히 「바다와 나비」라는 시(넓게는 그 시를 포함하고 있는 시집 『바다와 나비』)와의 상호텍스트성을 통해 그 의미를 추측해볼 수 있다. 김기림은 '나비'를 '육체'로 대체함으로써 이제 모든 바다에 대하여 섬약한 나비가 아니라 강건한 '육체'로서 응전하겠다는 태도를 표명하는 듯하다. 이 시기에 육체로서의 김기림은 「육체찬가(肉體讚歌)」라는 시에서는 애국적 투사로 나타나며,[58] 「육체(肉體)에 타이르노니」라는 수필에서는 붓(정신) 대신에 생활의 짐을 너끈히 지고 갈 수 있는 '보다 더 굳건하고 구체적인' 힘으로 나타난다.[59] 이를 각각 정치의 주체와 생활의 주체라고 요약할 수 있다면, '육체'란 해방 이후 김기림의 자기 이상을 표현하는 중요한 이미지라고 할 수 있을 것이다. 다시 말해 '육체'는 과거와 미

---

58) 김기림, 『새노래』, 아문각, 1948(『전집』 1, 245면).
59) 김기림, 「육체에 타이르노니」, 『전집』 5, 255~256면.

래의 시간성이 동서(同棲)하고 있는, 불확정적이고 무정형적인 현재 혹은 현실이라는 '바다'를 헤쳐나갈 것으로 기대되는 새로운 주체성의 이미지인 것이다.

그러나 '육체' 이미지에 의해 구축된 위의 시와 수필을 통해서는 김기림이 정치 / 생활 / 정신(문학) 각각의 내용과 그것들 사이의 관계를 어떻게 설정하고 있는지를 알기 어렵다. 특히 육체가 정신적 혹은 문학적 주체성의 차원을 결여한 이미지라는 데 문제가 있다. 물론 '육체'라는 이미지는 문학적 주체성을 배제하기 위해서가 아니라 그것을 보존하기 위해 성립하고 있는 것임에 틀림없다. 육체가 생활적 주체의 이미지로서 등장한 것은 "적어도 생활의 부담으로부터 붓대를 해방해야 하겠다"는 결심에서 비롯한 것이기 때문이다. 그러나 육체 / 정신, 생활 / 문학의 이분법적 구조란 그 자체로 해방공간의 흥분과 조급성이 배어 있는 인식틀이라는 점을 간과해서도 안 될 것이다.

'육체' 이미지의 이러한 미흡함에도 불구하고, 우리는 김기림이 그 서문에서 수필을 '불평'의 문학으로 정의했던 것을 다시 떠올려야만 한다. 서문을 통해 김기림은 '생각하는 사람'으로서 자신의 정체성은 비판적 이성에 의해서만 확고해질 수 있다고 생각했던 것이 아닐까. 그리고 그는 그 투쟁이야말로 자신의 투쟁이자 곧 수필의 투쟁이어야 한다고 보았던 것이 아닐까. 수필이 문학 / 비문학, 시 / 소설 / 극이라는 완고한 체계를 넘나들고 교란하면서 비판이라는 문학의 사명을 완수해야 하듯이, 수필적 주체란 생활 / 정치 / 문학, 육체 / 정신의 경계를 흐트러뜨리고 그것들 사이의 모순과 투쟁을 살아가야 할 것이다. 식민지시대 후반에 풍자와 사색의 길을 걸어온 김기림이 해방과 더불어 다시 등장한 신(神) 혹은 다시 찾은 신(信)에 대한 환희와 감격 속에서도 굳이 '불평'을 말한 데에는 이러한 의미가 있을 터이다.

심미적 산문론

이태준론

1. 1930년대 수필 연구의 전제들

문학계가 수필과 수필적인 글쓰기에 대해 주목하기 시작한 것은 1930
년대 초에 이르러서였다. 1930년대 초반 이후 문학계는 긍정적인 의미에
서건 부정적인 의미에서건 수필이라는 주제를 끊임없이 언급했다. 특히
'문학의 수필화'[1]라는 진단은 수필적 글쓰기 양식의 부상과 그에 대한
당대적 이해의 일단을 보여준 것으로, 1930년대 후반 문학(특히, 소설)의
경향이라는 큰 맥락뿐만 아니라 수필 장르의 정립과 연관하여 생각할

---

1) 최재서, 「문학의 수필화」, 『동아일보』, 1939.2.3 참조. '문학이 수필화하고 있다'는 진
단은 당시 광범한 공감대를 형성하고 있었던 듯 하다. 안회남도 1938년간의 '수필기행
계'(『수필문학연감』, 인문사, 1939)를 검토한 글에서 이를 심각한 문제로 지적한 바 있
다(김윤식, 「한국 근대수필고」, 『문학사와 비평』, 일지사, 1975 참조).

때 새로운 의미가 부각될 수 있는 지점이다. 그리고 당시 수필을 둘러싼 논의에서 또 하나 특기할 만한 사항으로, 저널리즘의 상업성에 영합하는 현상에 대한 우려를 지적할 수 있다. 저널리즘과 근대적 산문과의 관련성은 비단 한국에서뿐만 아니라 어느 정도 보편적으로 확인되는 현상이지만, 이 시기에 이르러 두드러졌던 저널리즘의 상업화와 수필의 유착은 수필사 연구에서 하나의 주제를 형성할 만한 것이다.[2] 이러한 여러 징후들은 1930년대에 수필 혹은 수필적인 글쓰기가 양과 질에서 큰 발전을 이룩했으며, 이런 사실을 당시의 문학계가 민감하게 의식하고 있었다는 것을 가리킨다.

그런데 무엇보다도 중요한 것은 이 시기에 비로소 수필에 대한 이론적 검토가 시도되었다는 점이다. 일반적으로 문학의 실제와 이론은 상호 영향을 주면서 발전하는바, 어떤 형식이 문학의 장르로 성립하는 데에는 무엇보다 작품이 전제되어야 하지만 그 형식의 독자성을 이론적으로 정초하는 작업 역시 필수적이다. 수필에 대한 이론적 검토가 시작되었다는 것은 수필적인 글쓰기가 독자적인 문학 형식으로 자리를 잡기 시작했음을 의미한다. 이 시기에 수필이라는 장르와 그 장르의 개념을 형성하는 데 가장 큰 기여를 한 것은, 그것의 문학적 독자성을 탐색하고 실천하고자 했으며 수필 창작을 자신의 가장 중요한 문학 활동으로 의식했던 김진섭·김광섭·이양하 등 소위 〈해외문학파〉라고 보는 것이 통설이다. 그렇지만 김기림·이태준·임화·이병기 등의 견해도 수필 장르의 형성에 중요한 의미를 지니고 있다. 따라서 이들의 수필론이 김진섭 등의 수필론과 어떤 점에서 동일하고 어떤 점에서 차이를 낳고 있는지, 또 수필

---

2) 상업적 저널리즘과 수필의 유착이라는 문제는 사실 1920년대 중반 이후 일반 잡지나 문예지들이 수필란을 신설한 이후 지속적으로 강화되었다. 1924년 창간한 『조선문단』에서 이미 편집진의 요청에 따라, 특집 형식으로, 문인이나 지식인들이 비슷한 주제로 가벼운 글을 쓰는 관행이 형성되고 있음을 볼 수 있다. 1930년대에 들어 수필을 논하는 거의 모든 논자들이 이 문제를 제기했다는 사실은 저널리즘의 상업화가 가속화되면서 이러한 현상이 더욱 심각해졌음을 가리킨다.

에 대한 일반적인 관념을 성립시키는 데 어떤 영향을 주었는지를 살피는 일은 매우 중요하다.

이 글은 위와 같은 문제의식에 입각하여 이태준의 수필론을 검토하고자 한다. 이태준은 근대적인 단편소설의 완성자[3]라는 평가를 받을 정도로 소설에서 일가를 이룬 작가이지만, 수필이라는 장르와 그 개념을 형성하는 데 있어서의 역할 또한 만만찮은 것이었다. 이는 당시 수필을 논한 많은 사람이 이태준을 거론하고 있는 데서 단적으로 드러난다.[4] 또 『문장강화(文章講話)』는 수필을 비롯한 다양한 한글 산문의 작법을 교양하려는 목적에서 씌어진 것으로서,[5] 당대는 물론이고 그 이후 오랫동안 작문 교과서의 역할을 해왔다. 이렇게 볼 때, 이태준은 우리 문학사에서 근대적인 산문과 산문예술에 대해 가장 전방위적인 지식과 실천을 보여준 작가라고 할 수 있다. 이런 대략적인 검토를 통해서도 수필사 연구에서 이태준을 통해 해명할 수 있는 것이 적지 않다는 점이 드러나는데, 이 글에서는 특히 근대적인 산문과 산문 예술에 대한 그의 이해가 수필에 대한 이해와 어떤 관련이 있는지를 밝히는 데 중점을 두었다. 이태준이 근대적인 산문의 특질을 무엇으로 생각했는지, 산문예술의 두 형식인 소설과 수필을 어떻게 구별했는지, 일기나 서간 같은 산문 양식과 수필의 관계를 어떻게 인식했는지를 살펴봄으로써 1930년대에 수필 개념이 형성된 한 경로를 추적할 수 있을 것으로 기대한다. 이 글이 검토의 대

---

3) 이재선, 『한국현대소설사』, 홍성사, 1979, 364면.
4) 대표적으로 김광섭, 임화의 평가를 들 수 있다.
5) 1930년대 후반에 이런 시도는 상당히 많았던 것으로 생각된다. 예를 들어, 이태준의 『서간문강화』, 이광수의 『춘원서간문범』(1939), 노자영의 『문예미문서간집』(1939)은 편지 작법의 대중적 교양을 목적으로 하는 것이었다. 편지·일기·기행 등 다양한 산문의 창작법은 이미 1920년대부터 동인지 및 문예잡지들을 통해 간접적으로 대중에게 소개·확산되기 시작했지만 1930년대에는 실제적인 작법을 가르칠 목적으로 비슷한 책이 여러 권 씌어졌다. 이 책들의 '미문주의'에 대한 비판이 적지 않은데, 예를 들어 김수업은 1920년대 이후 문예잡지들에 게재된 편지의 감상적 성격과, 편지 작법을 가르친 이광수·노자영의 책이 감상적 미문을 문체의 모범으로 확산시킨 점을 비판했다. 김수업, 『배달문학의 갈래와 흐름』, 현암사, 1992, 430~431면 참조

상으로 삼은 주요 텍스트는 『무서록(無序錄)』[6]과 『문장강화(文章講話)』[7]이며, 이 가운데 산문문학·소설·수필에 대한 견해를 드러내는 글들을 중점적으로 살폈다.[8]

2. 근대 산문의 정신과 방법―실증과 묘사

근대적인 산문예술의 특성과 의의가 어느 정도 일목요연하게 이론화된 때는 1930년대 중반 이후였다. 이 시기 활발하게 이루어졌던 소설론 탐구가 크게는 이러한 맥락 안에 있었고, 이태준의 단편소설론도 여기에 속한다. 이태준의 단편소설론은 전대(前代) 소설에 대한 강한 양식적 대타의식과 소설의 근대성에 대한 의식에 토대를 두고 있었는데,[9] 그가 전대의 서사 양식, 즉 활자본 고소설과 신소설의 양식적 특징으로 지적한 것은 이야기성과 낭독조 문체였다.

(고소설에는―인용자) 인물 하나를 진실성이 있게 묘사해 놓은 것을 찾기가 어렵다. 장화의 계모 허부인, 흥부 형 놀부, 춘향이나 이도령이나 하나 제대로

---

6) 이태준, 『무서록』, 박문서관, 1941.
7) 이태준, 『문장강화』, 문장사, 1940. 『무서록』과 『문장강화』에서 인용한 경우, 현대어 표기로 바꾸었으며 의미전달에 필요한 때만 한자를 그대로 표기하였음을 밝혀둔다.
8) 이 글의 목표가 이태준의 '수필론'에 대한 검토로 한정됨으로써 1930년대 수필문학에서 이태준의 위치와 역할을 전체적으로 평가하는 데는 다다르지 못했다. 수필작품에 대한 검토와 더불어 전체적인 평가는 이후의 작업으로 남긴다.
9) 박헌호, 「이태준 문학의 소설사적 위상」, 성균관대 박사논문, 1997, 37~42면 참조. 박헌호는 이 논문에서 이태준의 단편소설 양식 선택의 기저가 되는 정신적 형질로서 '반봉건적 사회와 근대적 개인 간의 불협화음'을 든다. 그에 따르면, 김동인에서 이태준에 이르기까지, 우리 소설에서 단편 양식의 주도성은 반봉건적 사회와 근대적 개인 간의 불협화음에 의해 나타난 특성이다.

그려나간 것이 없다. 문장이란 처음부터 끝까지 낭독조만을 위해 쓸데없는 과장과 對句와 유식한 체 해서 愚衆을 무조건하고 압도해 나가려는 典故法에만 몰두하고 말았다.[10]

이태준에 의하면, 고소설에서 힘을 발휘하는 것은 바로 낭독 지향적 문체이다. 고소설이 이야기성에 치중하고 있다고는 하지만, 그것의 흡인력은 무엇보다도 낭독조 문체에서 나온다는 얘기다. 고소설은 "이야기책, 즉 귀로 듣는 책일 뿐으로, 뉘집에서 애기책을 본다 하면, 누구의 작품이라거나, 무슨 책이란 것은 문제가 아니다. 누가 읽느냐가 문제요, 또 처음부터 꼭 들어야 하는 것도 아니다. 춘향전, 하면 대강은 내용을 알면서도 들으러 가는 것은, 소설 그것보다 목청을 돋우고 군소리를 넣어가며 듣기 좋게 읽는, 그 소리를 들으러 가는 것이다."[11]

문제는, 낭독조 문체가 과장·대구·전고법에 몰두한 문장을 낳게 함으로써 '표현의 진실성'을 훼손한다는 점에 있다.[12] 이때 진실한 표현이란 작가의 개성적인 '눈'(인식)과 '손'(표현)에 의해 형성된 스타일, 곧 문체를 말한다.[13] 문체를 개성적인 스타일로 정의할 경우, 산문과 시 사이에 본질적인 차이는 없다. 작가의 개성적인 인식과 표현은 낭독조 문체로부터 탈피한 자유로운 시와 산문 둘 다에서 가능하다는 말이다.

그렇지만 이태준이 '난조투어(爛調套語)와 고담준론(高談俊論)은 필요 없

---

10) 이태준, 『무서록』, 박문서관, 1941, 106면.
11) 이태준, 위의 책, 107~108면.
12) 이태준, 위의 책, 106면. 이태준이 고소설의 리얼리티 부재를 표현의 문제, 즉 낭독조 문체에서 찾고 있다는 점은 이미 지적된 바 있다(박헌호, 「이태준 문학의 소설사적 위상」, 성균관대 박사논문, 1997, 41면 참조).
13) 과거 중국이나 한국에서 '문체'는 '장르'나 '패턴'에 해당하는 말이었다. 그러나 근대문학 연구에서 '문체'는 일반적으로 영어 'style'의 역어로서, 작가의 개성(personality)에 의하여 나타나는 문장상의 특징을 가리킨다. 그런데 이태준이 '낭독조 문체'라고 했을 때 '문체'는 주제, 장르, 혹은 기타 형식에 의한 문체를 말한다. 비문체(碑文體), 내간체(內簡體) 등이 그 예이다. '문체' 개념에 대해서는 김상태, 『언어와 문학세계』, 이우출판사, 1989, 59~64면 참조

고 철두철미 묘사라야 한다'고 주장했을 때,[14] 그의 경우 표현의 진실성을 성취할 수 있는 문체가 묘사적 산문에서 찾아졌다는 것을 짐작할 수 있다. 현대소설은 '묘사로 들어가 묘사를 졸업한 이야기', '들려주는 이야기가 아니라 보여주는 이야기'[15]이어야 한다는 말을 통해 거듭 강조하고 있는 '묘사'와 '보여주기'는 일반적으로 '정열적인 지각'이 아니라 '냉정한 지각'을 바탕으로 한다는 점에서 본래 산문적인 성질을 갖고 있다. 묘사는 냉정한 마음을 바탕으로 한 지각의 내용과 그것이 지시하는 개요를 정확히 전달하는 것을 이상으로 하기 때문에, 운율(리듬과 각운 등)에 의한 제약이나 과장된 설명을 견딜 수 없는 것이다.[16]

> 춘향이집 당도하니 月色은 方濃하고 松竹은 은은한데 翠屛 튼 欄干 下에 백두루미 당거워요, 거울 같은 연못 속에 대접 같은 금붕어와 들쭉, 측백, 잣나무요, 포도, 다래, 으름 덩굴 휘휘친친 얼크러져 청풍淸風이 불 때마다 흔들흔들 춤을 춘다. (…후략…) (춘향전 「獄中花」의 일절)[17]

이태준은, 위와 같은 문장은 "산문이라기보다, 또 운문이라기보다, 낭독문체라고 할까, 낭독하기 위해 다듬어진, 의식적인 일종 율문(律文)"이라고 말하고 있다.[18] 그가 운문과 율문을 구별하고 있는 점은 주의를 요한다. 둘 다 운율이 있다는 공통성이 있지만 운문은 정서를 음악적으로 드러내는 독자적인 문학 형식인 반면,[19] 율문은 낭독을 위해 운율에 맹종하는 것이며, 이점이 낭독조 문체가 패턴화될 수밖에 없는 이유이다. 이태준이 이러한 낭독조 문체의 결정적인 한계로 지적한 것은 "음조를

---

14) 이태준, 앞의 책, 119면.
15) 이태준, 위의 책, 119면.
16) 냉정한 지각과 산문의 관계에 대해서는 J. M. 머리, 최창록 역, 『문체론강의』, 현대문학, 1990, 71~78면 참조.
17) 이태준, 『문장강화』, 문장사, 1940, 98면.
18) 이태준, 위의 책, 99면.
19) 이태준, 위의 책, 96면.

다듬다가는 그만 '뜻에만 충실'을 지키지 못하기가 쉽다"는 점인데,[20] 여기서 '뜻'이란 앞서 말했던 것처럼 냉정한 지각과 그것이 지시하는 내용이라고 할 수 있다.

이태준은 『춘향전』과 달리, '뜻을 가리며 나설 다른 것(음조)을 용허(容許)하지 않는', '뜻에만 충실한 글'[21]로 이광수의 단편 「무명」의 일부를 인용하여 보여준다.

> 나는 윤 때문에 도무지 맘이 편안하기가 어려웠다. 윤의 말은 마디마디 이상하게 사람의 신경을 자극하였다. 민에게 하는 악담이라든지, 밥을 대할 때에 나오는 형무소에 대한 악담, 의사, 간병부, 간수, 자기 공범, 무릇 그의 입에 오르는 사람은 모조리 악담은 받는데 말들이 칼끝 같이 바늘 끝 같이 나의 약한 신경을 찔렀다. (…중략…) 그가 재재거리는 말이 끝이 나서 '인제 살아났다' 하고 눈을 좀 감으면 윤은 코를 골기 시작하였다. 그는 두 다리를 벌리고 배를 내어놓고 베개를 목에다 걸고 눈을 반쯤 뜨고 그리고는 코를 골고, 입으로 불고, 이따금 꺽꺽 숨이 막히는 소리를 하고 그렇지 아니하면 백일해 기침과 같은 기침을 하고 차라리 그 잔소리를 듣는 것이 나은 것 같았다. (…중략…) (春園의 「無明」의 일절)[22]

지각의 내용을 '실상답게' 전달하기 위해서는 운율에 종속되지 않는 산문이 요구된다고 했을 때, 이러한 산문문장의 이상형은 현대 소설의 '묘사문'에서 찾아졌다. 위 인용문에서 관찰자로서 작가의 시선은 냉정하고 엄밀하다. 언어는 오로지 대상의 정확한 재현만을 위해 사용될 뿐

---

20) 이태준, 『문장강화』, 문장사, 1940, 98면.

21) 이태준, 위의 책, 100면.

22) 이태준, 위의 책, 99~100면. 이 논문을 쓸 때 1988년에 창작과비평사에서 간행한 『문장강화』를 텍스트로 했는데, 이 책은 박문출판사의 『문장강화』(1947)를 저본으로 한 것이었다. 최근 초판본인 1940년 문장사 본을 확인한 결과 박문출판사 본과 인용문에서 차이가 있음을 알게 되었다. 따라서 텍스트를 문장사 본으로 바꾸어 면수를 바로잡았으며, 인용문도 바꾸었다. 박문출판사 본에는 이 자리에 안회남의 노인이 있었다. 『문장강화』의 초판본과 개정본 사이의 차이는 이혜령이 『문장강화』의 해방 전 / 후(『이태준과 현대소설사』, 상허학회 편, 깊은샘, 2004)에서 자세히 분석했다.

허투루 낭비되는 일이 없기 때문에 문장은 매우 간결하다. 결론적으로 말해, 이태준에게 '묘사'는 본래 산문적인 성질을 갖는 표현 기법이라는 일반적인 의미를 넘어서 "산문의 육체요 정신"이라고 강조한 "실증(實證)"23)과 뗄 수 없는 연관을 맺고 있다.

앞에 인용한 『춘향전』은, 대상의 명암과 그림자를 처리하지 않으며 이른 봄에 피는 수선화를 가을꽃인 국화와 함께 한 화면에 등장시키는 전통 미술의 화의(畵意)를 공유하고 있다. 전통 회화는, 화가가 자신이 보고 있는 대상을 그대로 그리는 것이 아니라 자신이 알고 있고 또 생각하고 있는 것을 그린다. 그래서 풍경 속의 자연은 묘사에 의해서라기보다 상징에 의해 표현된다. 전통회화 속에 보이는 모든 자연물은 이미 본래의 자연이 아니라 인간적으로 해석되고 탈바꿈된 자연인 동시에 화가의 사상과 정서를 매개하는 상징물인 것이다.24) 이와 마찬가지로 『춘향전』에 나타난 정원의 풍경은 사실적이라기보다 관념적이다. '거울 같은 연못 속에 대접 같은 금붕어'라는 표현에 나타나 있듯이, 연못을 거울과 일치시키고 금붕어를 대접과 일치시키는 비유적 발상에는 '유사한 것은 같은 것이다'라는 비분석적인 인식이 전제되어 있다. 이런 점에서 그것은 일종의 '주술'이며 '시'이다.

반면, 산문은 소재의 사실성을 전제로 하여 자신이 실제로 경험했던 사실을 그대로 전달하려는 태도의 산물이다. 이런 점에서 '산문은 비교적 근대의 산물이다.'25) 따라서 근대 산문문학의 제1조건은 소재의 사실성(factuality)이며, 산문문학은 인식론상으로는 경험론을 바탕으로 하면서 과학적 방법에 의해 실제로 확증하는 것을 지향하는 실증주의(positivism) 정신에 입각해 있다.26) 이광수의 「무명」은, 대상을 하나의 존재태로 보

---

23) 이태준, 위의 책, 100면.
24) 한국 전통회화와 서양회화의 인식론 차이에 대해서는 허균, 『전통미술의 소재와 상징』, 교보문고, 1991, 5~6면 참조
25) 김윤식, 「산문과 신화의 골짜기-현대일본문학고」, 『한일문학의 관계양상』, 일지사, 1974, 222면.

고 그것을 사실적·객관적으로 묘사하여 대상을 재창조하려는 서양 풍
경화의 화의를 공유하고 있다. 이태준은 이광수의 소설을 통해, '산문'이
란 대상의 실태를 정확하게 파악하는 것을 목표로 하는 실증정신에 기
반해 있으며, 이러한 정신이 묘사에 의해 실현되는 것임을 보이고 있다.
　대상에 대한 실증주의적 태도의 대표적 표현은 예컨대 기록문학의 발
생에서 찾아질 수 있다. 기록문학은 일회적이고 특수했던 경험 가운데
가시적·검증적 대상만을 소재로 하며, 그 내용을 신빙성 있게 전달하
려는 의도에 의해서 창작된다.[27)

　　나는 여길 거슬러 올라가기 시작하였다. 바위 모습은 넓어지면서, 어지럽게
흐르는 물은 발을 내딛기 어렵다. 여러 사람들은 아래서 내가 떨어질까 걱정하
였으나, 말리지 못한 그들은 나를 바라볼 뿐 오지는 못하였다. 나는 한 걸음 더
올라가 머리를 돌려보니 손짓하며 부르는 손과 입들은 역력히 헤아릴 수 있었
고, 다섯 걸음 뒤에 머리를 돌려내려다 볼 때엔 아직도 나를 향해 쳐든 얼굴의
눈썹 언저리까지만 보였고 열 걸음 뒤에 돌아볼 땐 다만 갓의 평면만 가물거릴
뿐이다. 나는 백 보쯤 더 올라가서 다시 돌아보았더니 멀리 떨어진 洞口의 사
람들이 폭포 밑에 와 앉은 듯이 보이고 나를 보낸 폭포 밑의 사람은 이미 보이
지 않았다.[28)

　박제가의 「만폭동 답사기」의 일부이다. 박제가가 폭포의 근원을 찾기
위하여 산을 올라가면서 아래에 두고 온 사람들을 바라보는 장면인데,
그는 자신의 위치가 변함에 따라 보이는 모습이 달라지는 것을 소상히
적고 있다. 처음에는 밑에 있는 사람들의 손짓하는 손과 입이 분명히 포
착되었으나, 더 높이 올라 뒤돌아보았을 때에는 얼굴의 눈썹 언저리만

---

26) 유기룡, 「기록문학의 영역과 형성」, 『수필문학연구』(국어국문학회 편), 1979, 267~269
　　면 참조. 유기룡은 이 글에서 근대적인 산문문학을 '기록문학'으로 범주화하고 17~18
　　세기 기록문학의 발생 조건과 의의를 논하였다.
27) 유기룡, 위의 논문, 156면.
28) 장덕순, 「실학자의 국토기행」, 『한국수필문학사』, 새문사, 1984, 260면에서 재인용.

보였고, 좀더 높이 올라갔을 때에는 갓의 평면만이, 그 다음에는 결국 아무 것도 보이지 않게 되더라는 것이다. 이 글은 주체의 감각에 포착되는 실제를 객관적으로 파악하려는 실증주의적 태도의 산물인 동시에 그것이 말 그대로 완벽한 객관주의를 성취할 수 있는 것이 아니라 관점주의를 내포하게 된다는 것을 보여준다. 다시 말해 보편적이고 익명적인 지식 혹은 진리가 개인적인 경험 혹은 진실에 의해 대체되고 있음을 보여주는 기록문학의 등장은, 진리는 '지금'과 '여기'에 있어서만 타당할 뿐이라는 것을, 더 극단적으로는 어떤 한 개인의 경험 안에서조차 한 순간과 다른 순간이 같지 않다는 점에 대한 예민한 의식을 동반하게 된다.

그러므로 감각과 사유의 주체로서 개인을 정립하는 일은, 개인의 감각과 사유를 통한 실재의 파악이 제한적이라는 인식을 내포할 수밖에 없다. 즉 사유와 감각의 주체로서 개인은 역설적이게도 개인의 사유와 감각의 제한성, 즉 모든 생각은 상황적이라는 점, 실재의 모습은 그것을 포착하는 위치에 의해 제한되지 않을 수 없다는 점을 받아들이지 않을 수 없게 된다. 이러한 태도는 실증주의의 인식 패러다임이 일정하게 수정될 수밖에 없다는 것을 의미하는데, 이것이 아이자이어 벌린이 말한, '계몽 자체의 균열 지점으로서의 일반적 상대주의'29)의 징후이다. 물론 이러한 상대주의는 좀더 진정한 객관에 도달하고자 하는 시도의 산물이지 객관을 포기함으로써 얻어진 것이 아니다. 즉 이는 산문의 정신인 실증 혹은 그것을 구현하는 묘사를 포기함으로써가 아니라 그 실증과 묘사의 추구를 관점주의적으로 전환함으로써 얻어지는 것이다.

---

29) 아이자이어 벌린은, 계몽 그 자체에 의해 생겨난 균열로서 계몽의 전형적인 표상인 몽테스키외의 의식에 나타난 '일반적인 상대주의'를 들었다. 몽테스키외는 모든 사람들이 사실상 똑같은 것들, 즉 행복·만족·조화·정의·평화를 원한다 할지라도 서로 다른 환경이 서로 다른 방식을 필요로 한다고 생각했다. 이는, 벌린에 의하면, 원칙적으로는 계몽의 기초들과 모순되지 않지만 어떤 객관적이고 통일되고 영원하며 고정된 실재가 존재한다는 명제의 변형을 요구하는 것이라는 점에서 계몽사상 내부로부터 발생한 균열을 보여준다는 것이다(Isaiah Berlin, *The Roots of Romanticism*, New Jersey : Princeton University Press, 1999, pp.30~31 참조).

실증주의 정신이 자체 내에 내포하고 있는 균열 지점으로서 상대주의는, 낭만주의적 주정주의와 더불어, 하나의 역사적 장르로서 소설의 발생을 추동한 중요한 정신적 토대이자 경향이었다. 상대주의는 보편적 진리의 권위에 대해 회의와 의심의 태도를 보이며, 개인의 경험과 감정의 참신성과 성실성을 무엇보다 중시하는 동시에 작가로 하여금 자신이 선 자리, 즉 자신의 담론의 맥락이나 상황을 계속 성찰하도록 한다. 새로운 리얼리티의 발견을 목표로 하는 상대주의는 '상대성과 애매성의 영역'[30]으로서 '소설'을 그 발생기에서부터 추동한 중요한 정신적 태도이다. 이런 점에서 근대적 산문과 실증의 정신, 그리고 묘사라는 세 개의 꼭지점을 연결한 곳에 '현대소설'을 두는 이태준의 소설론은 소설의 근대성을 예민하게 통찰한 결과이다. 이태준이 "소설에서 문자성이 지닌 의미를 본격적으로 제기하고 그것을 자신의 문학관의 근본으로 삼은 첫 작가"[31]라고 했을 때, 여기에서 '문자성'이란 다른 말로 하면 '산문성'이라 볼 수 있다. 그래서 그가 정초한 단편소설의 '근대성'은 근대적인 실증 정신과 그것의 육화로서의 산문, 그리고 묘사라는 방법을 빼놓고는 얘기할 수 없는 것이다.

3. 결여태로서의 수필과 보충물로서의 미

이태준은 『문장강화』에서 일기·서간문·감상문·서정문·기사문·기행문·추도문·식사문(式辭文)·논설문·수필문을 '각종 문장'으로 포괄하고 있다. 중국에 기원을 둔 동양의 고전 시학에서 '문장'이란 말이

---

30) 밀란 쿤데라, 권오룡 역, 『소설의 기술』, 책세상, 1994, 20~21면 참조.
31) 박헌호, 「이태준 문학의 소설사적 위상」, 성균관대 박사논문, 1997, 42면.

실용적인 목적의 다양한 기록까지 포함하는 넓은 뜻으로 사용되었다는 점을 감안할 때, 이태준은 '문장'이라는 말을 고전 시학에서와 비슷한 의미로 사용하고 있다고 할 수 있다. 그 '문장' 안에 시·소설 등 소위 '문학'이 포함되어 있지 않다는 것도 이런 추론을 뒷받침해준다.

그렇지만 고전 시학에서는 문학적 표현이 실용적 의도와 목적을 더 잘 달성하기 위한 수단으로만 의식되었던 것에 반해, 이태준은 일기와 더불어 서간문·감상문·서정문 등을 실용문인 동시에 그 자체 풍부한 예술적 가치를 실현할 수 있는 산문 양식으로 이해하고 있다는 점에서 차이가 난다. 이태준은 『문장강화』에서 위에 말한 다양한 산문 양식의 특성을 설명하고 각각의 양식에 알맞은 작법을 가르치고 있다. 예컨대, 일기를 "그날 하루의 견문, 처리사항, 감상, 사색 등의 사생활기(私生活記)"라고 정의하고, 일기 쓰기의 가치를 수양, 문장공부, 관찰력과 사고력의 배양으로 요약하며, 일기의 내용 요소로 기상(氣象)·사건·감상·서정·관찰·사교(社交)를 들고 있는 것이 그것이다.[32] 그렇지만 다른 한편 그는 일기문 그 자체의 문학적 가능성에도 관심을 기울이고 있다. 이 점은 "내면생활의 기록은 훌륭히 문학에 접근할 뿐 아니라 내면생활이 풍부한 사상가나 예술가들은 일기가 그들의 작품만 못하지 않게 예술가치를 발휘"[33]한다고 보는 데 나타난다.

'문장'들이 실용적인 목적을 초과하여 예술적인 성격을 가질 때, 이런 것들은 보통 제4의 문학으로 분류된다.[34] 그런데 어떤 특정한 문장이 문학이 되고 못되고는 쓴 사람의 의도와 능력에 의해서만 결정되는 것이 아니다. 실용적 의도에 의해 씌어졌고 당대에는 실용적 가치를 가지는

---

32) 이태준, 『문장강화』, 문장사, 1940, 102~114면.

33) 이태준, 위의 책, 106면.

34) 삼분법적 체계를 벗어나 제4장르를 설정하는 이론은 허구적 상상물만을 문학으로 인정하려는 기존의 협소한 문학관으로부터 벗어나 '논픽션'을 문학으로 수용한다. 김준오는, 수필의 장르적 특성은 제4장르 개념에 의해 규명될 수 있다고 보았다. 김준오, 「수필의 장르적 특성」, 『현대수필』, 1997년 겨울, 30면.

데 그쳤더라도 다른 시각과 관점에 의해 재정의됨으로써 문학으로 향수되기도 한다. 1930년대 당시에는 이미 서구의 삼분법 체계가 일반적인 것으로 받아들여지고 있었고, 소위 문학성이 있는 것만이 문학으로 대접받을 수 있었다. 따라서 당대에 어떤 문학 형식이 또 하나의 장르로 성립하기 위해서는 다른 형식과 구분되는 독자성을 확보해야만 했다. 일기가 문학으로 읽히기 위해서는 그것의 문학성이 확증되어야 하며, 문학으로서의 일기는 시·소설·희곡이 가지는 것과는 다른 독자적인 성격을 보여야만 한다는 말이다. 따라서 이 시기에 수필의 '이론'이 탐구되기 시작한 것은 시·소설·희곡으로 분류할 수 없는 다양한 주변적 산문들의 성격을 해명하고 그것들의 문학성을 정초해야 할 필요성 때문이었다. 이는 이태준이 「한중록(恨中錄)」, 「인현왕후전(仁顯王后傳)」, 인목왕후(仁穆王后)의 전교(傳敎), 필자 미상의 제문(祭文)과 「제침문(祭針文)」 등을 인용하고,35) 그것들을 '조선의 산문 고전'36)으로 평가한 데에 잘 나타나 있다. 현재 우리가 문학작품으로 읽고 있는 기행·일기·서간 등 고전 산문은 대개 이런 과정을 거쳐 그 목록이 작성된 것이다.

『문장강화』에서 '수필'은 다양한 산문 양식들 중의 하나로 등재되어 있지만 그 자체 하나의 '문예문장', '작품'으로도 파악되고 있다.

> (수필은─인용자) 자연, 人事, 만반에 단편적인 감상, 所懷, 의견을 경미, 소박하게 서술하는 글이다.37)

> 이렇게 수필은 엄숙한 계획이 없이, 가볍게 손쉽게 무슨 감상이나, 의견이나, 무슨 비평이나 써낼 수가 있다. 인생을 말하고 문명을 비평하는 데서는 적은 논문일 수 있고, 偶感이나 서경, 서정에 있어서는 모두 小作品들일 수 있다.38)

---

35) 이태준, 『문장강화』, 문장사, 1940, 316~324면.
36) 이태준, 위의 책, 317면.
37) 이태준, 위의 책, 185면.
38) 이태준, 위의 책, 208면.

위의 두 인용문에서 수필은 다양한 산문 양식들의 예술화로 인식되고 있다. 이러한 논리에 따르면, 앞에 열거한 다양한 양식들은 실용적 의도를 초과하여 '예술적'인 의도에 의해 가공됨으로써 문예문장인 수필이 된다.39)

수필이 다양한 산문 양식의 예술화라고 했을 때, 이 말이 곧 어떤 양식이 본래 가지고 있던 문예적 가능성을 실제화함으로써 수필이 될 수 있다는 뜻은 아니다. 수필은 그 양식의 가능성이 특정한 방향으로 예술화됨으로써 그 자체와는 구분되는 새로운 형식으로 산출된 것이다. 그것은 '계획 없이', '가볍고 손쉽게', '단편적으로', '경미, 소박한' 방향으로의 예술화이다. 다시 말해 이태준에게 수필이 하나의 독자적인 성격을 가진 문학 형식으로 의식되고 있었다면, 그것의 독자성은 '수록(隨錄)'·'수상(隨想)'·'수기(隨記)'·'수평(隨評)' 등의 혼합물이라는 데 있었다. 이태준은 '수필'을 제4의 문학 등으로 불리는, 소설을 제외한 예술적 산문 전체를 일컫는 이름으로 사용하는 것이 아니라 그 안에 포함될 수 있는 하나의 작은 갈래의 이름으로 사용하고 있다. 그리고 그 작은 갈래의 특징은 여러 산문 양식들이 가볍고 소박한 방면으로 예술화된 것이라는 점에 있다고 의식하고 있다.

이제까지의 논의를 정리해본다면, 이태준은 수필을 아직은 문학이 아닌 것, 다시 말해 문학적 가능성을 가졌지만 본래는 실용적인 성격을 가진 산문들과 나란히 위치시키는 동시에 그것들과는 달리 독특한 형식을 가진, 본래적으로 예술적인 성격을 가진 문예문장으로 인식하는 혼란을 보이고 있다. 그리고 문예문장, 즉 문학으로서의 수필의 특징은 '네가티브한(negative)', 즉 '어떤 것이 결여된' 형식이라는 데 있다. 수필은 계획이 없고, 일관성이 없고, 무게가 적고, 크기가 작은 문학이라는 것이다. 간단히 말해 수필은 결여태의 문학이다.

---

39) 이태준, 위의 책, 209면.

이태준의 이러한 수필관은 그가 수필의 특성을 소설에 대비하여 포착
하려고 할 때 더욱 구체화된다.

> 인물이나 사건을 묘사하는 문장에서는 구체적으로 인물과 사건을 보여주니
> 까 독자가 시각적으로 만족하지만, 인물도, 아무 사건도 보이지 않는 문장에서
> 는 어구나 문장 그 자체까지 아무 맛볼 것이 없다면 읽는 데 너무나 흥미 없는
> 노력만이 부담될 것이다.
> 그러기에 文藝 문장에서도 아무 시각적 흥미가 없는 수필류의 문장은 한자
> 가 섞인 편이 훨씬 읽기 좋고 風致가 난다.[40]

위 인용문이 수필과 소설의 차이를 드러내고 있다면, 그것은 이야기
의 유무에 있는 것이 아니다. 다시 말해 위 글의 핵심이, 수필에는 인물
과 사건이 얽히면서 빚어내는 이야기가 없다는 점을 지적하는 데 있는
것[41]은 아니라는 말이다. 소설과 수필의 차이는 '보여주기' 혹은 '묘사'
의 유무와 관련된다. 위 인용문이 강조한 것은, 소설은 대상을 '묘사'하
여 '보여주는' 문학 형식이지만 수필은 그렇지 않다는 점이다.

이태준이 수필의 '묘사의 결여'를 보충하기 위해 선택한 것은 '미'였
는데, 이곳이 이태준의 수필론에서 가장 문제적인 지점이다. 앞서 살펴
보았듯이 이태준에게 묘사는 근대적인 실증의 정신과 연관된 '방법'이
었다. 따라서 묘사의 결여는, 다른 여러 가지 결여 — 계획이나 일관성,

---

40) 이태준, 『문장강화』, 문장사, 1940, 73면.
41) 이런 해석은 일반적인 견지에서나 이태준 자신의 실제 창작을 고려할 때나 타당하지
　　않다. 수필이란 본시 존재했던 사실을 소재로 하는 글이다. 예를 들어 이태준의 「기생
　　(妓生)과 시문(詩文)」이라는 글 역시 십수 년 전 명월관에서 기생을 만난 실제 경험을
　　외화(外話)로 하고 고죽(孤竹) 최경창(崔慶昌)과 기생 홍랑(洪娘) 사이의 실제 이야기를
　　내화(內話)로 삼고 있다는 점에서 그러하다(이태준, 「기생과 시문」, 『무서록』, 박문서관,
　　1941, 135~142면). 수필의 경우, 서사가 중심이 되는 것은 아니지만 인물과 사건이 등
　　장하지 않는다거나 서사가 없는 것은 아니다. 더 나아가 수필은 허구적인 서사를 도입
　　하는 경우도 적지 않은데, 말하고자 하는 바를 구체화하기 위해서 상상적 예화를 수용
　　하는 것이 대표적인 예이다.

진지함 따위의 결여—와는 비교할 수 없는 좀더 근본적인 결여라고 할 수 있다. 그런데 이태준은 묘사의 결여를 소설과 구분되는 수필의 특성으로 정초하고자 했으며, 그 과정에서 수필의 문자, 어구, 문장의 스타일 다듬기와 풍치(風致)에의 경도를 정당화하게 된다. 인용문에 나타난 것처럼, 그는 '수필류의 문장'에서 묘사의 부재를 상쇄할 것으로 '한자가 섞인 풍치 있는 문장'을 선택했다. 그는 수필을, 소설처럼 근대적인 산문 정신을 체현하는 장르라기보다 고대나 중세에서도 그 예를 찾을 수 있는 정제된 형식의 아름다운 산문으로 여겼다.

이태준은 수필의 매력을 문장에서 찾고, 문장을 작가의 개성적인 스타일의 표현으로 보았다. 따라서 그에게 '스타일'의 문제는 보통 '어떻게 말하는가', 즉 문자·어구·문장 같은 표현의 문제로 환원되곤 했다. 이러한 의미의 '자기 문장의 개척'은 단순한 작법의 문제로 떨어지거나 피상적이고 공허한 장식에의 열망에 의해 추동될 가능성이 농후하다. 더욱 문제적인 것은, 그것이 결국 그가 그렇게도 비판했던 음조에의 맹종과 똑같은 결과를 초래하기 쉽다는 점이다. 고소설이 음조를 다듬다가 대구, 과장, 전고에 의한 화려한 수사라는 패턴화된 형식을 낳음으로써 '뜻에의 충실'이라는 산문정신에 배리되는 결과를 낳았다면, 문자·어구·문장의 스타일 다듬기에 치중하는 태도 역시 산문정신을 저버릴 가능성이 있다. 규범적·관습적·익명적인 것에 대한 비판에서 효과적인 역할을 했던 '개성적인 스타일' 혹은 '문체'가 이번에는 스스로를 또 하나의 규범 혹은 관습으로 정립하게 되기 때문이다. 수필은 산문의 세련화를 추구하지만, 문체를 향한 과도한 경사는 수필에 있어서 가장 명백한 함정이라는 것을 인정한다면,42) '수필은 무엇보다도 아름다운 산문이어야 한다'고 강조하는 것, 그것의 순문학적인 열망을 강조하는 태도는 기껏해야 피상적인, 보잘것없는 문학성을 조장할 수 있다. 이태준의 수

---

42) Claire De Obaldia, *The Essayistic Spirit*, New York : Oxford University Press, 1995, pp.8~9.

필론에는 이런 타락을 대비하기 위한 안전장치가 부족한 것으로 판단되는데, 이는 그의 수필론이 '정신'의 결여 위에 수립된 것이기 때문이다.

4. 산문 정신의 결여라는 문제

지금까지 이태준의 수필론을 근대적인 산문예술과, 소설 및 다른 산문 양식들에 대한 이해에 대비하여 살펴보았다. 이태준은 수필을 다른 산문 양식들과는 달리 본래적으로 예술적인 성격을 갖는 '문학'으로 파악하는 한편, 대상을 실상답게 전달하는 데 중점을 두는 소설과는 달리 주체의 생각과 감정을 드러내는 주정적인 성격을 갖는 문학으로 파악하였다. 수필작품이 실제로 취하는 표현 형식은 대상에 대한 묘사일 수도 있고 설명일 수도 있지만,[43] 그러한 형식을 통해 드러내고자 하는 것이 대상 자체가 아니라 대상에 대한 주체의 감정과 사유라고 한다면, 수필은 주관의 표현 형식으로 정의되고 있다고 할 수 있다. 이는 1930년대에 이르러 수필이 주정적인 산문예술로 정립되고 있는 사실과 밀접한 관련을 가진다.

수필의 발생을 대상에 대한 주정주의적 태도의 문학적 표현과 연관하여 생각한 대표적인 수필 이론가로 윤오영을 들 수 있다. 윤오영은 '독서성령(獨抒性靈)에 불구격투(不拘格套)'라는 표어를 내걸었던 만명(晚明)의 소품문(小品文) 운동을 중국 현대 수필문학의 기초[44]로 본다. 명조 말기나 조선 후기에 '영(靈)'이나 '정(情)'이라는 용어가 인간의 자유로운 감정

---

43) 이태준도 '수필의 표현 방법은 설명일 수도 있고 묘사일 수도 있다'고 말하고 있다. 이태준, 『문장강화』, 문장사, 1940, 185면.
44) 윤오영, 『수필문학입문』, 관동출판사, 1975, 161~168면 참조.

을 일컫는 말로 쓰였던 것을 생각할 때, 위 슬로건은 '오로지 자신의 자유로운 감정을 서술할 뿐 규격과 상투에 얽매이지 않아야 한다'는 뜻으로 해석될 수 있다. 윤오영은 수필의 토대를 소위 주정주의(emotionalism)로의 전환에서 찾고 있는 것인데, 이는 현대수필이 '주정주의'와 깊이 연관된 문학 형식임을 암시하고 있다. 이때 주정주의는 감정을 가진 인간이면 누구나 그리고 언제나 표명할 수 있는 본래적인 성격으로서의 주정주의가 아니라, 특정한 역사적·사회적 상황에서 발생하고 발전한 특수한 태도인 역사적 낭만주의가 갖는 중요한 특성으로서의 주정주의이다.45) 윤오영이 현대 수필문학의 기초로서 강조하고 있는 주정주의가 낭만주의적 주정주의라는 것은 그가 수필을 하나의 역사적 장르로 의식하고 있음을 의미한다. 수필은 생각과 느낌의 주체로서 개인의 정립을 기반으로 해서만 존재할 수 있는 것이며, 동시에 그러한 주체를 생산하는 문학적 매체이다. 윤오영은 낭만주의적 주정주의를 산문의 정신으로 위치 지움으로써 근대문학에서 수필의 의의를 찾았다.

윤오영이 "수필의 정신은 어디까지나 산문정신"46)이라고 했을 때, 여기서 '산문'이란 운문에 대척되는 것으로서의 산문이 아니라 대구와 반복, 전고에의 몰두라는 패턴화된 형식과 익명적·공식적·보편적 가치에 대한 비판을 담지한 형식이다. 윤오영에 따르면 동양에서 "산문이란 말은 낭송체(朗誦體)에서 오는 대구여사(對句麗辭)와 같은 수사법(修辭法)

---

45) Isaiah Berlin, *The Roots of Romanticism*, New Jersey : Princeton University Press, 1999. pp.1~20. 인간이 대상에 대하여 취하는 두 가지 태도, 즉 객관적 태도와 주관적 태도는 어떤 특별한 역사 단계의 산물이라기보다 정신 활동의 두 가지 근본 형식이며, 이 두 가지 형식은 역사적·사회적 상황의 규정을 통과하면서 특수하게 발현된다고 할 수 있다. 실증주의와 낭만주의는 바로 이러한 두 가지 정신 형식이 근대라는 역사의 규정을 통과하면서 발전된 특수한 태도이며, 이는 각기 상이한 인식 패러다임을 구성한다. 벌린에 의하면, 1760~1830년 사이에 서구인의 의식에 광범위하고 큰 변화가 일어났는데 이러한 변화의 내용을 '낭만주의'라고 정리할 수 있다. 벌린은 '주정주의로의 변환'을 이러한 역사적 낭만주의의 한 특징으로 들고 있다.

46) 윤오영, 앞의 책, 183면.

을 파기(破棄)한다는 뜻이니 원래 산문은 시(詩)에 대칭되는 말이기보다 변문(騈文)에 대칭되는 말"47)이었다. 여기서 '변문'이란 '변려체(騈儷體)'의 다른 표현인데, 그것은 사자구(四字句)와 육자구(六字句)에 대구를 써서 지은 화려한 문장으로 육조시대에 많이 행해졌던 문장이다.48) 산문이 시에 대칭되는 말이라기보다 변문에 대칭되는 말이었다는 언급은, 이태준이 운문과 율문을 구분한 논리와 정확히 상통한다. '시' 또는 '운문'은 하나의 문학 형식을 칭하는 용어이지만, '변문' 또는 '율문'이란 패턴화된 낭송체를 칭하는 용어이다. 대구가 반복을 낳고, 반복은 운율을 낳으며, 전고에의 몰두는 화려한 수사로 귀착되는데, 이는 낭송체의 필연적 결과이다. 윤오영은 수필의 본질이 이러한 낭송체로부터 해방된 자유로운 산문예술이라는 점에 있다고 보았다. 그가 "수필이란 자유로운 산문"49)이라고 말할 때, 여기에서 '자유롭다'는 말은 고전 문장의 일체의 규격과 제한된 사상에서 탈피한다는 뜻이고, '산문'이란 앞에서 말한 것처럼 낭송체에서 해방된 문체를 의미한다. 요약한다면, 그는 수필의 가장 큰 특징을 전대(前代)의 형식적·내용적 규범으로부터의 해방에 두고 있는 것이다. 이로써 수필은 기존의 형식과 전통에 얽매이지 않는 새로운 개성적 형식과 새로운 가치를 창조하고 발견하려는 정신의 산물이 될 수 있었다.50)

그런데 이태준은 수필을 소설과는 다른 산문문학으로 정립하는 과정에서 수필의 '근대문학적 의의'를 지워 버렸다. 이태준은 근대적인 산문 정신을 '실증'의 정신으로 보았고, '묘사'를 산문의 정신인 실증과 필연적인 관련을 가진 방법으로 의식하였다. 근대 산문의 정신과 방법으로서 실증과 묘사를 구현한 장르는 소설이었다. 수필은 실증과 묘사로부터 분

---

47) 윤오영, 『수필문학입문』, 관동출판사, 1975, 152면.
48) 민중서림 편집부 편, 『한한대자전(漢韓大字典)』, 민중서림, 1977, 1377면.
49) 윤오영, 앞의 책, 152면.
50) 김수업, 『배달문학의 갈래와 흐름』, 현암사, 1992 참조.

리된 한편 주정적인 산문으로 설명되었는데, 이때 주정주의는 정신의 차원이 아니라 스타일의 차원으로 이해된 혐의가 짙다. 이런 점에서, 이태준이 한자나 고전적인 뉘앙스를 가진 어구와 문장을 통해 고아한 풍치를 표현하는 수필을 지향한 것은 딜레탕트의 고전 취향만으로는 설명되지 않는다. 이는 근대적인 산문과 산문예술의 특성을 누구보다 분명히 포착하고 있었음에도 불구하고, 그가 수필을 그 연장선상에서 사고하지 않았다는 점과 관련된다. 이태준의 수필 이론이 결여한 것은 산문정신이었다.[51]

---

51) 범박하게 말한다면, 산문은 운문으로 표현할 수 없는 경험과 요구가 있었기 때문에 나타난 것이며, 그런 점에서 산문 예술의 아름다움은 운문 예술의 그것과 같지 않다. 그러나 앞에서 살펴본 것처럼, 주정적 산문 역시 근대 산문 예술의 중요한 한 가지 가능성이라는 점을 고려할 때, 주정적 성격 그 자체를 산문문학의 결함으로 평가하는 것은 또 하나의 극단적인 편견임에 틀림없다. 이러한 주정적인 태도가 말 그대로 미문의 추구로 떨어질 경우, 그것에 미문주의라는 이름을 붙일 수 있다. 일찍이 김윤식은 '미문주의는 1930년대의 한 특징이며 동시에 계승해야 될 한국 수필문학의 중요한 유산'이라고 말한 바 있지만, 같은 글에서 '1930년대 말 문인들의 수필이 형상화와 미문주의를 동일시함으로써 언어의 병적 미학을 낳았다'고 비판하기도 하였다. 김윤식, 「한국 근대 수필 문학의 한 성격」, 『우리 문학의 넓이와 깊이』, 서래헌, 1979, 285~286면 참조

1920년대 초 동인지문학과 수필적 글쓰기

1. 동인지문학과 경험의 양의성(兩義性)[1]

1920년대 초반 동인지 문학인들의 정신적 구조는 '폐허의식과 창조의지의 동서상태(同棲狀態)'라는 말로 표현될 수 있다. '조선은 폐허'라는 의식은 국가 상실로부터 3·1운동에 이르기까지의 경험으로부터 산출된 것이다. 특히 3·1운동 이후에는 현실의 모습과 수준이 적나라하게 드

---

1) 후지따 쇼오조오가 「戰後 논의의 전제」에서 쓴 용어이다. 그는 일본에서 전후 경험의 핵심 중 하나가 '모든 것이 양의성(兩義性)의 부피를 지니고 있다는 점에 대한 자각'이라고 말했다. 그는, 오늘날 제도화의 전사회적인 관철이 가져온 일의성(一義性)의 지배와는 달리, 전후에는 사실로서의 비참과 결핍과 불안이 유토피아적인 밝음을 싸 감추고 있었던 점에서 양의적이었다고 말하고 있다. 후지따 쇼오조오, 『전체주의의 시대경험』, 창작과비평사, 1998, 171~172면 참조 여기서는 1920년대 동인지 문학인들의 정신구조를 설명하기 위해 '양의성'이라는 용어를 빌렸다.

러났으며, 계몽이성의 진보에 의한 근대 추구라는 단선적이고 낙관적인
비전의 허위성도 폭로되었다. 동인지 문학인들이 이광수와 최남선의 계
몽문학의 파산을 선언한 것은 이러한 인식에 기반한다. 그렇지만 이 비
참과 결핍과 혼돈의 소용돌이는 '창조의 의욕'을 불러일으키는 것이기
도 하였다. 폐허 위에 서 있는 염상섭의 새로운 건축에의 의지는 이를
잘 보여준다.

> 한 무리 倍達의 子孫들은, 지난 밤 雲霧에 쌔여 險한 뫼에 놉히올나, 서로
> 끼고 울며 날 새이던 괴롬과 슬픔, 다―이저 버리고, 오즉 가슴을 壓搾하는듯
> 한, 初戀에 마음 조리는 少女가, 歡喜와 希望과 追憶 에타나, 그러나 孤獨과
> 不滿을 呼訴하는 듯한, 애처로운 한숨을 고요히 쉬이며, 默々히 東으로
> 々々々, 가벼우나 느린 步調로 거러 나감니다.
> 少焉에 한 큰 「荒野」가, 그 무리의 眼域을 占領할때, 그들의 心琴은 쏘 한
> 번 追憶과 憧憬에 울었습니다.
> 거긔에는 오즉, 닙업는 喬木과, 기둥업는 주츄돌과, 玲瓏한 彩色의 쌔운 녯
> 木材가 知己의 벗을 기대리며, 孤寂히 이곳 저곳 훗터져 누어 잇슬 짜름이외다.
> 그러나 거긔에는 誕生의 金波가, 雲雀의 凱歌에 발맛처, 全幅에 無踏하고,
> 누른 닙에 쌔인 연綠色의 잔디의 새 이삭은, 흙으로부터 소래 업시 울녀 나오
> 는, 生의 芳醇한 香氣와, 嘵嘲한 「멜로듸―」에 醉하야, 숨이 맥혀서 쌕은 거림
> 니다.
> 이 悽慘하나 거룩한 「聖殿」에 드러온 靑年의 무리는, 自己들이, 이 靜謐한
> 沈默과 燦爛한 「리씀」을, 파괴하는 侵入者가 안일가 두려워하는 동시에, 自己
> 에게는, 이 木材의 知己之友가 되고, 주츄돌들의 主人이 되야, 이 荒廢한 墟
> 址에 (藝術의) ○○○○○○ 責任이 잇다고 自負함니다. (…중략…)
> (道德의) 말쑥과 채쪽에 呻吟하던 者의 묵은 憂愁는 스러지고, 只今의 사랑
> 과 未來의 榮華를 꿈쑤는 者의 단(甘) 微笑가, 口邊에 흘너 감니다.[2]

염상섭은 조선을 '처참하나 거룩한 성전'으로 포착하고 있다. '지금

---

2) 霽月, 「廢墟에 서서」, 『폐허』 1, 폐허사, 1920.7, 1~2면.

여기'는 '황야', 즉 기존의 건축물은 처참하게 무너져 버렸고, 기둥들은 쓰러져 여기 저기 흩어져 있고, 주춧돌만 남아 옛 건물의 자취를 알려줄 뿐인 '황폐한 허지'이다. 중요한 것은, 염상섭이 이 폐허에서 새로운 탄생의 기운, 생의 향기와 리듬에 숨이 찬 어린 싹의 존재를 감지하고 있다는 점이다. 바로 자신들이 예술이라는 새로운 건축물을 세워야 한다는 불안과 책임감이 그의 벅찬 감동의 원천임에 틀림없다. 이제껏 거처하던 건축물이 무너져 버린 참상 앞에서 무엇인지 종잡을 수 없는 텅 빈 자유가 느껴지는 것처럼, 처참함은 어떤 전향적인 확산을 암시하고 있었으며, 결핍은 도리어 공상의 리얼리티를 촉진하였고, 불안정한 혼돈이 거꾸로 질서의 상상력을 내포하고 있었던 것이다.[3]

폐허의식과 창조의지는 동전의 양면이다.[4] 현실의 양의적 성격에 대한 지각은 『폐허』에 실린 다른 글에도 분명히 드러난다.[5] 그리고 『창조』가, '사회 운동은 저들에게 맡기고 예술 운동에 매진하자'고 했을 때, 그들에게 조선 혹은 조선 예술의 상황은 이러한 양의성을 내포한 것으로 의식되었다. '소용없는 비애'는 그만두고 '문화의 향상, 사상 생활 수준의 향상, 쇠잔한 예술의 부흥을 위하여' 나아가자는 주요한의 열정과

---

3) 이경훈은 「폐허에 서서」에 나타난 새로운 건축에의 의지를 「표본실의 청게고리」에 나타난 김창억의 삼층집 짓기와 연결하고 있다. 이경훈, 「미친 삼층집―염상섭의 「표본실의 청게고리」」, 『어떤 백년, 즐거운 신생』, 하늘연못, 1999, 207~216면 참조.

4) 황호덕은 오상순의 「時代苦와 그 犧牲」을 분석하면서, 오상순을 비롯한 폐허 동인들의 시대에 대한 진단과 과제가 '폐허와 창조의 역설' 속에 존재한다고 하였다. 황호덕, 「1920년대 초 동인지 문학의 성격과 미적 주체 담론」, 성균관대 석사논문, 1997.10, 110면 참조

5) 오상순은 "우리 朝鮮은 荒涼한 廢墟의 朝鮮이요, 우리 時代는 悲痛한 煩悶의 時代일다. 이 말은 우리 靑年의 心臟을 짝이는 듯한 소래다. (…중략…) 이 廢墟 속에는, 우리들의 內的, 外的, 心的, 物的의 모든 不足, 缺乏, 缺陷, 空虛, 不平, 不滿 鬱忿, 한숨, 걱정, 근심, 슬픔, 압흠, 눈물, 滅亡과 死의 諸惡이 쌔여잇다. (…중략…) 一切를 破壞하고, 一切를 建設하고, 一切를 革新 革命하고, 一切를 改造 再建하고, 一切를 開放解放하야 眞正 意味잇고 光輝잇는 生活을 始作코자하는 熱烈한 要求! 이것이(폐허를 딛고 선 우리 발 밑에 솟아나는 어린 싹―인용자) 곳 그것일다"라고 말하고 있다. 오상순, 「시대고와 그 희생」, 『폐허』 1, 폐허사, 1920.7, 52~53면.

희망도 이러한 의식에 의해 뒷받침되고 있었던 것이다.6)

1920년대 동인지 문학인들이 경험한 현실의 양의성이 어떤 것이었는지는, 그들이 새로운 건축물의 청사진을 만들기 위해 참조한 르네상스 혹은 종교개혁의 성격을 살필 때 좀더 뚜렷이 드러난다. 최승만에 의하면, 르네상스는 현대문명의 근저를 이루는 것으로서 현대까지 계속되는 운동이며 사회 전체에 걸친 것이다. 이 운동의 특색은 ① 개인의 해방－인간 자신의 이성에 입각한 사유의 중요성을 강조하는 '개인주의'와 '개성' 존중, ② 증전(證典) 존중에 반항하는 비평적 정신의 발달, ③ 탐미적 경향－생의 희열과 육(肉)에 대한 인정, ④ 휴매니스트의 기운이 팽창한 것이었다. 그는 이 르네상스의 '파동'이 불란서 혁명과 종교개혁을 추동하였다고 보면서, "우리의게도 르네쌴스가 잇서야 하겟스며 우리의게도 르네쌴스의 운동이 왕성해야 하겟"다고 주장하고 있다.7) 한편 오상순은 종교혁명의 의의를 강조했다. 종교개혁이 사상적·정치적 자유를 가져오고 예술에 있어서 고전주의 형식의 타파와 종교로부터 예술의 독립을 가능하게 한 점을 강조하고 있는바,8) 오상순이 종교개혁을 통해 말하고자 한 것과 최승만이 르네상스를 통해 말하고자 한 것은 거의 일치한다. 동인지 문학인들에게 르네상스와 종교개혁은 말 그대로 서구 문명의 광대한 진원지로 의식되었다. 그 중 '개인주의'와 '개성 존중'의 사상은 이 시기 동인지 문학인들의 공통된 화두였던 '개성적 자아'의 실제적인 토대였다. 동인지 문학운동은, 앞서 염상섭이 '도덕'이라는 말로 표현했던 유교적인 이념과 문화의 속박으로부터의 해방, 개인주의의 확립, 감각과 감정의 자유로운 구가, 예술의 부흥에 의해 '참 자기(自己)'를 실현해야

---

6) 별꽃, 「長江어구에서」, 『창조』 4, 창조사, 1919.2, 59~60면.

7) 최승만, 「르네쌴스(문예부흥)」, 『창조』 2, 창조사, 1919.3, 33~36면.

8) 오상순, 「종교와 예술」, 『폐허』 2, 폐허사, 1921.1, 1~21면. 『폐허』가 폐간된 뒤 그 동인들이 주축이 되어 '조선문인회'를 조직하고 낸 잡지의 이름이 『뢰내쌍쓰』였던 사실에서도 르네상스에 대한 이해의 일단을 볼 수 있다. 염상섭, 「經過의 大略」, 『폐허이후』, 1924.1, 131~132면.

한다는 열망에 의해 추동되었다.

1920년대 초반은 유교적 이념과 문화의 해체기인 동시에 서양 근대 문명을 지향한 계몽 기획의 회의기이기도 했다. 그리고 이러한 경향은 민족주의와 사회주의라는, 문화의 통일과 총체화를 지향하는 새로운 프로그램의 발생으로 나아가고 있었다. 동인지 문학인들이 현실을 양의적 부피로 지각했다는 것은 개인 / 민족 / 계급, 예술 / 도덕 / 경제·정치, 감각(감정) / 정신 / 이념, 개별성(개성) / 보편성(집단성·전체성), 독창성 / 전통성 원심성 / 구심성 등이 형성하는 두터운 자장을 느꼈다는 의미이다. 동인지 문학인들이 개인, 예술, 감각과 감정, 개별성(개성), 독창성, 원심성을 전면에 내걸었음에도 불구하고 '자기 이상의 것' 또는 '보편성'을 발견하려 하고, '민족'에의 열정을 보이고, 합리적 이성을 배제하지 않으며, 이지와 감성의 통일을 희구하고, 주관주의적 경향과 자연주의적 경향의 혼류를 보인 것은 이에 말미암은 것이었다고 판단된다.

'폐허'라는 표제의 출처인, "녯것은 滅하고, 時代는 변하였다. / 내 生命은 廢墟로부터 온다"는 쉴러의 시구에 담긴 것이 새로운 시대에 새로운 진실을 가지고 싸워야 할 필요성에 대한 의식이라고 했을 때, 동인지 문학은 그 '새로운 진실'을 찾기 위한 무수한 망설임과 시도와 시험의 산물이었다. 그런 점에서 1910년대 말에서 1920년대 초반은 동인지 문학인들이 그토록 다가가고자 했던 완성된 르네상스, 즉 근대 서구 문명의 완성태와는 거리가 멀었지만 위기와 비판의 시대로서의 르네상스 당대와는 닮았다.9) 특히 동인지에 실린 다양한 형식의 산문들은 '전세대의

---

9) 사실 르네상스 당대는 개방성과 폐쇄성, 해체와 재통합, 단편화와 체계화의 긴장이 팽팽했던 시기였다. 이 시기는 중세의 독단적인 확실성(집단적이고 보편적인 개인)으로부터 고전주의시대의 자기 확증적인 인식론(後에 데카르트의 자아와 동일하게 되는 개인 주체의 영역)으로 가는 과정을 중개하는 시기였던 것이다. Obaldia는, 르네상스 시기에 인쇄술의 혁명에 의해 문학적 체계에 광범한 개혁과 변환이 일어났으며, 이러한 일반적인 경계의 개혁과 환치가 체계적인 텍스트 이외의 것을 융성케 했다고 밝히고 있다. 그것은 한편으로는 새롭게 총체화하려는 인식론적 체계 또는 백과사전으로 재통합될 것이었지만, 다른 한편으로 그것들의 단편성과 미발달의 상태는 영원히 완성될 수

꿈은 거짓이고 그래서 새로운 진실을 가지고 싸워야만 한다'고 생각한 동인지 문학인들의 바로 그 새로운 진실을 찾기 위한 방황과 고투의 숨김없는 기록인 동시에 그들이 찾아낸 새로운 진실이 단편적이나마 표현을 얻은 소중한 산물이다. 이런 점에서 수필적인 글들은 동인지문학의 전형적 표현태라고 할 수 있다.10)

이 글이 염두에 둔 문제는 수필의 '근대적' 가치와 특성이다. 1920년대 초의 동인지문학을 살피는 이유가 여기에 있다. 수필이 문학의 한 장르로 인식되고 그에 대한 논의가 활발히 이루어진 때는 1930년대라고 할 수 있겠지만, 1920년대에 이미 실제적인 차원에서는 수필의 개념이 어느 정도 형성되고 있었다고 판단된다. 수필이라는 이름은 1924~25년을 전후로 하여 일정한 양식의 글들을 통칭하는 명칭으로 나타나기 시작하여, 1927~28년경에는 하나의 장르명으로 정착하는 것으로 보인다.11) 그러나 '수필'이라는, 일반적으로 '명사'로 지칭되는 장르가 확정적으로 등장하기 전에, 1890년대 후반부터 신문과 잡지라는 근대적 매체를 통해 '수필

없지만 추가와 개정의 과정을 계속 연장할 수 있는 '어떤 특정한 텍스트'의 특징을 보여준다는 것이다. Obaldia는 르네상스기에 지식이 더 이상 전체화하는 체계를 표현하지 않고 단편으로 원심적으로 돌아가려는, 책 또는 백과사전으로부터의 일탈의 운명을 표현하는 대표적인 작품으로 몽테뉴의 『에세(Essais)』를 들고 있다. 광범한 체계의 재조직화가 야기하는 인식론적 불안의 상황에서 『에세』는 근본적으로 회의적인 동기화의 패러다임이고, 이것이 『에세』의 미종결성, 완성에 대한 거부, 반체계화의 경향성을 규정한다는 것이다. 몽테뉴의 『에세』를 르네상스 시기 원심화와 단편화를 지향하는 텍스트의 전형으로 부각시키는 논의에 대해서는 Claire De Obaldia, *The Essayistic Spirit*, New York : Oxford University Press, 1995, pp.28~38 참조.

10) '수필적인 글쓰기'라는 모호한 표현을 사용하는 이유는 ① 현재 '수필'은 흔히 서정적 에세이와 동일시되거나 제4의 장르 혹은 논픽션을 가리키는 이름으로 쓰이고 있는데, 이러한 선입견이 동인지의 글들을 근대적인 산문정신의 산물로 보는 이 글의 논지를 흐릴 염려가 있다고 판단되었기 때문이다. ② 이 시기는 '수필'이 아직 하나의 장르로 의식화되기 전이며, 이 글의 목적이 형식에 대한 자의식의 성립 과정을 살피는 데에도 있기 때문에 가능하면 의미를 열어두는 명칭을 택하고자 했다. 단, 위의 문제로부터 자유롭다고 판단되는 맥락에서는 수필이라는 명칭을 사용하기도 했음을 밝혀둔다.

11) '수필'이 장르명으로 정착하는 과정에 대해서는 정주환, 「수필문학 장르적 명칭과 정착 과정」, 『비평문학』 9, 한국비평문학회, 1995, 370~375면 참조.

적'이라는, 대개 '형용사'로 지칭되는 양식이 형성되고 있었던 것을 확인할 수 있다. 특히 1920년대 초 동인지에 실린 수필적인 글들, 그리고 산발적이며 정밀한 이론화의 수준에 도달하지는 못하고 있지만 수필에 대한 관념이 형성되고 있음을 보여주는 의견들은 근대 수필의 발생을 추적하는 데 중요한 의미를 가진다.

2. 개인주의와 친숙한 글쓰기 양식

동인지에 수록된 산문 중에는 일기12) · 편지13) · 대화14) · 잠언15)의 양식을 수용한 것이 많다. 이런 양식들이 선택된 것은 그것들이 일상의 글이거나 작품의 초고라는 점에서 작가들에게 친숙한 것이었기 때문이다. 더 중요한 것은 이렇게 일상적이고 친숙한 글이 공적으로 발표될 수 있다는, 인식의 전환이다. 이러한 인식은 기실 전 시기에 이미 나타났는데,

---

12) 일기 양식을 수용한 글로는 백악의 「고향의 길」(『창조』 2, 1919.3)과 「나의 묵은 일기에서」(『창조』 9, 1921.5), 회월의 「감상의 폐허」(『백조』 2, 1922.5)가 있다.
13) 편지 양식을 수용한 글로는 벌꽂의 「장강어구에서」(『창조』 4~7, 1920.2~7), 춘원의 「H군의게」(『창조』 7, 1920.7), 새별의 「C형에게」(『창조』 8, 1921.1), 극태의 「칠일 석양에」(『창조』 9, 1921.5), 김찬영의 「K형에게」(『폐허』 1, 1920.7), 춘성의 「牛涎 愛兄에게」(『백조』 2, 1922.5), 춘원의 「감샤와 사죄」(『백조』 2, 1922.5)가 있다.
14) 대화 양식을 수용한 글로는 公民(나경석)의 「洋鞋와 詩歌」(『폐허』 1, 1920.7)가 있다.
15) 잠언 양식을 수용한 글로는 변영로의 「芥子 멋 알」(『폐허이후』, 1924.1)이 있다. 이전에 이미 『창조』 9에 金笛이 르미 드 구르몽의 「砂上의 足跡」을 초역하여, 30여 개의 길고 짧은 경구와 잠언들로 구성된 「妙藥」을 실었다.
　또 뚜르게네프의 산문이 '산문시'라는 표제를 달고 여러 번에 걸쳐 번역되고 있는 점이 특기할 만하다. 김억이 중역한 「쓰르께네쁘의 산문시 (1), (2)」(『창조』 8~9, 1921. 1~5)와 나도향이 번역한 「투게네쁘散文詩 (1), (2)」(『백조』 1~2, 1922. 1~5)는 대화, 알레고리 형식의 짧은 글들로 구성되어 있다. 동인지 산문의 성격을 규명하는 데 있어, 번역문이 창작에 끼친 영향을 고려해야 할 것이나, 이 글에서는 다루지 못하였다.

『청춘(青春)』의 원고 모집 광고를 보면 어렴풋하게나마 전환의 지점이 발견된다. 1917년에 『청춘』은 "특별대현상(特別大懸賞)" 광고를 통해 "고향의 사정(事情)을 록송(錄送)하는 문(文)"과 "자기의 근황을 보지(報知)하는 문(文)"을 모집했다.16) 자기의 근황을 알리는 글에 대해서 "자기가 최근에 경력(經歷)한 바 감상한 바 관오(觀悟)한 바 견문한 바 중 무엇이든지" 좋다고 말하고 있는 것을 보면 개인의 생활 경험과 거기서 얻은 느낌과 깨달음을 중요하게 생각하고 있음을 알 수 있다. 두 종류의 글 모두에 '정취(情趣)'가 있을 것을 요구하면서도, 전자에는 문장의 통일성과 조직성을 강조한 반면 후자에는 '진솔(眞率)'을 수(守)하고 과허(跨虛)를 피(避)'할 것을 강조한 것을 보면, 자기의 근황을 알리는 글이 무엇인지가 대략 드러난다. 요약하면, 그것은 생활 경험에서 얻은 감상과 의견을 솔직하게 적은 글이다.

『청춘』이 말한 '생활'이란, '학생이면 공부생활, 농인이면 경작생활'이라고 말하는 데서 드러나듯이 집단적 개인으로서의 생활이다. 공부나 농작 같은 일반적이고 평범한 생활에서 얻는 느낌이나 견해를 주제로 한 글이 요구되고 있다는 점은 주의를 요한다. 이는 이런 글이 갖추어야 할 요소로서 '솔직성'을 지적하고 있는 점과 관련할 때 그 의미가 좀더 분명해 진다. 민족과 사회를 위한 공적인 임무나 활동이 아닌 평범인의 일상생활이라 하더라도, 그것에 대해 부여하는 개개인의 의미가 중요하다는 의식이 성립되고 있는 것이며, 그것을 솔직하게 적으면 '문(文)'이 된다는 의식 또한 싹트고 있는 것이다.17)

---

16) 최남선, 「특별대현상」, 『청춘』 7, 신문관, 1917.5.

17) 물론 17~18세기 실학파들의 문장에서 이미 경험적인 사실과 실제적인 지식의 중요성에 대한 의식이 싹트고 있었던 것을 볼 수 있다. 예를 들어 정약용이 유배지에서 아들에게 보낸 편지를 보면, 그가 아들에게 공부하는 방법에서 비롯하여 양계(養鷄)에 대한 일까지 아주 소상한 지시를 하고 있음을 알 수 있다. 그러나 이는 아버지가 아들에게 보낸 사적인 편지로서 대중에의 공개를 염두에 둔 것이 아니고, '문'이라는 의식이 없이 오롯이 훈계라는 실용적인 의도에 종속된 것이며, 양계에 대한 일종의 '도'를 강조하는 글인바 보편적이고 규범적인 진리의 범주에서 벗어나지 않는다는 점에서 『청

한편 동인지의 의식은, 그것이 말하는 '생활'에 '우정'이나 '연애' 같
은 개인의 감정생활이 포함된다는 점에서 『청춘』과는 구분된다. 『창조』
에는 '오산인(五山人)'이 쓴 「K선생(先生)을 생각함」18)이라는 글이 '감(感)'
이라는 표제를 달고 실려 있다. 이 글은 오산인이 5년 전 오산학교 소학
부 3학년에 진급하던 때부터 중학과 2년 초까지 약 2년에 걸친 K선생과
의 추억을 적은 글이다. 그런데 오산인은 여기서 '학생으로서의 공부생
활'을 적는 것이 아니라 한 개인으로서의 '감정생활', 그의 표현을 따르
자면 14세에서 15세 건너가던 때의 '시적(詩的) 생활'을 적는다.

오산인의 이야기는 "나라는 이몸은 쐐일즉이 世上의 艱難辛苦를 맛
보앗다. 父母兄弟가 잇고 祖父母親族이 다 잇엇스면서 運命의 고약한
손은 벌셔 내가 八九歲적부터 우리의 집을 뒤석거노앗다"라는 자서전
적 언술로 시작한다. 그는 이어서 도락군이던 아버지의 부채 때문에 집
을 차압당하고 어머니와 3형제가 백부의 집에 더부살이를 하게 된 처지
의 소년이 오산학교에서 K선생에게 어머니, 아버지, 친구로서의 정을 동
시에 느끼게 되었고, '가정에 대한 사랑을 K선생에게 받기도 하고 바치
기도 하였다'고 말하고 있다. 특히 어느 늦가을 저녁 학교 뒷산에서 K선
생과 같이 얘기를 주고받던 날의 감상은 매우 세밀하게 묘사되고 있는
데, 여기에는 몰락한 집안과 고독한 자기에 대한 소년의 불행의식이 드
러나 있다.

이 글에서 'K'는 단순히 선생이 아니고, '오산'이라는 공간 역시 그간
학교에 부여되었던 공적, 계몽적 이미지가 많이 사라지고 '그 기숙사(寄
宿舍)생활!'이라고 오산인이 감격어린 어조로 회고하듯이 한 개인의 학창
시절의 배경으로 등장한다. 그는 이 글을 쓰는 목적을 아래와 같이 말하
고 있다.

춘』에 나타난 의식과는 구분된다. 정약용, 박석무 편역, 『유배지에서 보낸 편지』, 창작
과비평사, 1991, 81~86면 참조.
18) 오산인, 「K선생을 생각함」, 『창조』 5, 창조사, 1920.3, 89~96면.

그런데 오늘날 내가 K先生이란 남성을 그립어하는 것은 무슨 心理作用을 밧은 까닭일가. K先生으로 말할지라도 그亦 엇더한 동기로 나라는 男性을 사랑하엿슬가. 서로 男性이면셔 서로 戀愛한담이 異常하다. (…중략…) 나는 자기의 處地를 辨明하람보다 샤랑을 要求하는 人生의 一部分에는 이러한 現象도 잇다함을 무릇 사람들에게 가라치고져 하노라. 물론 抽象的으로論理하잠이 아니요 될수잇는대로 나는 自己의 過去를 거짓업시 告白하야 그 아름다운 少年時代를 記念하는同時에 或이사람의 귀에도 소래잇기를 바란다.[19]

오산인에 따르면, 이 글의 목적은 과거의 아름다운 경험을 스스로 기념하는 동시에 그 경험의 정당성을 사람들에게 이해시키는 데 있다. 목적을 달성하기 위한 방법은 '거짓 없는 고백'이다. 그는 5년 전인 당시에도 K선생과 자신과의 관계에 대한 여러 가지 '비평'이 있었다고 말하고 있지만, 이 글이 어떤 일에 대한 적극적인 해명을 의도한 것은 아니다. 또 용서받아야 할 어떤 죄가 있었던 것도 아니다. 이 글은 '아름다운 경험을 스스로 기념하는 데' 중점을 두어져 있다.

동인지에는 소설 이외의 산문에 대한 비평문을 거의 찾아 볼 수 없는데, 유일한 예외가 바로 위 글에 대한 김동인과 주요한의 평이다. 두 사람의 평을 검토하면 당시에 이런 글을 어떻게 바라보고 있었고 거기에 어떤 의미를 부여했는지가 드러난다. 먼저, "지금 우리나라서는 별거시다—小說을 쓰랸다"라고 말할 정도로 자신만만했던 김동인이 "참말노조흔 作品"이라고 호평한 것이 눈에 띈다. 그는, "作者는 이것을 感想이라하엿지만, 참 잘된 作品이다. 다만 하나 아까운 것은, 作者가 이 作品의 價値를 모르고 無意識히 쓴 것이다. 모든 苦勞, 모든 不幸이, 이만큼 맑게 이만큼 아름답게 되면 쓴 筆者도 한 번 그 苦생을 痛切하게 맛보고십다. 쏘 K에 대한 그 執着—대—구 이 拍子로 나아가기를 빈다"[20]고 격려했다. "감상"과 "작품"을 대조시키고 있는 듯하나, 그가 이

---

19) 오산인, 위의 글, 90~91면.
20) 琴童人, 「글동산의거둠」, 『창조』 7, 창조사, 1920.7, 66면.

글을 '소설'로 보았다고 할 수는 없을 것 같다. 당시 '감상'은 예술이나 문학작품이라는 의식 없이 씌어진 글을 낮추어 부르는 말이었던 것 같으며, 김동인은 이 글이 그렇게 보기엔 아까울 만큼 잘된, 문학작품이라고 말하는 듯하다. 김동인이 이 작품에서 높이 평가한 근거는 '고통과 불행이 맑고 아름답게 표현되었다'는 점과 'K선생에 대한 감정이 실감 있게 그려졌다'는 데 있었다.

주요한도 이 글에 대해 "好個의 小品으로 近日 我 文壇의 白眉"라고 극찬을 했다. 그는 "東仁君의 倨慢한 文體와 五山人의 謙遜한 文章과는 好對照가 됩니다. 「K先生을 생각함」이란 글의 美處는 그 沈着하고도 쎌리케이트(Delicate)한 情緒(mood)와 主人公의 純一한 人格의 描寫라 합니다"[21]라고 쓰고 있다. 요약하면, 그는 '겸손한 문장', '침착하고 예민한 정서', '순수한 인격' 묘사의 아름다움을 높이 평가한 것이다. '주인공'이라는 용어를 쓰고 있긴 하지만 '소품'이라는 용어가 대개 짧은 산문작품을 일컬었던 것을 생각하면,[22] 그 역시 이 글을 소설로 보지는 않았던 것 같다.

두 사람의 평가를 종합해본다면, 고통과 불행을 맑고 아름답게 표현한 작가의 순수한 인품과 침착하고 민감한 정서가 「K선생을 생각함」의 장점이라는 것이다. 인품과 정서를 표현하는 글쓰기는 앞서 『청춘』이 요구한 개인의 생활 경험을 솔직하게 보고하는 글쓰기보다 훨씬 개인적이고 주정적인 글쓰기이고, 이런 성격의 글은 동인지 안에서 많이 발견할 수 있다. 애인의 배신에 의한 실연의 고통을 미주알고주알 적거나,[23] 사적인 일기를 발표하는 일[24]은, 자기 감정이 최고의 중요성을 갖는 것이며 그것을 솔직하게 노출하는 글쓰기가 가치 있는 것이라는 의식이

---

21) 벌꽃, 「장강어구에서」, 『창조』 7, 창조사, 1920.7, 54면.
22) 오창익, 「1920년대 한국수필문학 연구」, 중앙대 대학원, 1985.6, 66~77면 참조
23) 東園, 「墨煙一叢」, 『창조』 7, 창조사, 1920.7, 36~37면
24) 흰뫼, 「나의 묵은 일기에서」, 『창조』 9, 창조사, 1921, 547면.

없었다면 불가능한 일이었다.

동인지에서 개인적이고 주정적인 글쓰기를 위해 많이 수용한 양식은 특히 편지였다. 동인지의 주체는 대부분 20대 초반의 청년들이었으며, 이들은 서로를 형 또는 아우로 지칭하면서 '사랑하는'이라는 말로 끈끈한 정을 표시하곤 했던 사이였다. 이들은 모두 조선사회에서 진정한 문예를 창조할 사명을 자임했던 아방가르드였으며, 이런 근본적인 취지에 있어서는 상당한 정도의 동질성을 확보하고 있었던 집단이었다. 따라서 이들의 선구자로서의 의욕과 불안, 욕구와 실망, 현실의 불만과 미래의 꿈은 자기들 사이에서 가장 잘 이해될 수 있고 공감될 수 있다. 이들이 자신들의 잡지와 작품을 위시한 문학에 대한 사유에서 내적 고민(실연의 상처나 향수 또는 자기 성찰)이나 여로의 경험까지 그 모든 것을 털어놓을 대상으로서 대개 동인 중의 형이나 아우를 상정한 것은 어쩌면 당연한 것이었다.

그런데 이들의 잡지가 예술 계몽의 기능을 하도록 기획된 것이었고, 따라서 편지 형식의 글이 일본에 유학 중이거나 중국에 체류 중인 동인들이 새로운 문화나 사상을 소개하는 역할도 하였다는 점을 기억할 필요가 있다. 물론 그러한 기능을 주로 담당한 것은 '논문'이나 '평론'이었지만, 새로운 사상의 가장 직접적인 문학적 매개체 중의 하나가 편지였다는 점도 무시할 수 없다. 예를 들어 주요한의 「장강(長江) 어구에서」는 3회에 걸쳐 연재되었는데,25) 이 글은 『창조』 동인들에 대한 격려와 자기의 각오, 『창조』에 수록된 작품 비평과 번역의 필요성 등 문화·문학에 관한 것에서부터 상해 도심 뒷거리의 인상, 메이데이 풍경에 나타나는 중국 학생운동의 활기와 노동 운동의 성장, 조선의 낙후성에 대한 안타까움 등 정치·사회적 문제에 이르기까지 광범한 문제를 다루고 있다. 편지가 예술계몽 혹은 사회계몽의 매개체로서 사용될 때, 편지의 표면적

---

25) 벌꽃, 「장강어구에서 1~3」, 『창조』 4~7, 창조사, 1920.2~7.

수신자와 실제적 내포독자가 꼭 동일하지는 않을 것이다. 그러나 잡지를 구입하거나 볼 것으로 예측되는 잠재 독자 역시 작가들과 비슷한 나이대의 학생이나 문학 지망생이었기 때문에 예술 계몽이라는 목적 자체가 위에서 말한 편지의 개인적이고 주정적인 성격을 심하게 변화시키지는 않았다.

그런데 동인지에 수록된 산문들에서 편지 형식이 많이 선택되고 있다는 것은 또 다른 주의를 요한다. 서구에서 편지는 16세기까지 상업적·정치적·외교적 업무와 관련된 공적인 성격을 가지다가 18세기에 이르러 각계각층 사람들이 편지 속에서 자신들의 평범한 삶에 대한 소식과 의견을 습관적으로 교환하는 '친숙한 글쓰기'의 성격을 가지게 되었다.26) 그러나 우리의 경우, 서구처럼 보통 사람들 사이에 주고받던 친숙한 편지가 문학으로 수용되었다고 보기는 어렵다. 왜냐 하면 근대적인 우편제도는 19세기 말에 와서야 도입되었고, 1920년대 초에 이미 편지가 보통 사람들 사이의 개인적이고 생활적인 내용을 교류하는 매체로서 활발히 이용되었다고 보기는 어렵기 때문이다. 그리고 계몽기의 신문과 잡지에는 '친숙한' 편지가 등장하지 않는다. 편지 형식이 있더라도 그것은 '소년'이나 '여러분'이라는 특정, 불특정의 집단을 내포독자로 상정하는 '연설'의 성격이 강했고, 내용은 사회적·보편적·교훈적이었다.

동인지에 나타나는 편지의 유행 현상은 개인의 일상생활과 의견, 감정이 중요성을 획득하게 되었음을 뜻한다. "사람 사람은 사회를 위해서 엇지해야 ᄒ느니 ᄒ지마는 結局은 自己 問題가 무엇보다도 더 急ᄒ다"27)는 의식이 널리 퍼졌으며, 따라서 편지의 주요 재료는 '나 자신' 혹은 '나의 생활과 감정'이 되었다. 마주보고 하는 구두상의 대화보다

---

26) 이언 와트, 전철민 역, 『소설의 발생』, 열린책들, 1988, 242면. 이언 와트는 이러한 친숙한 편지가 소설로 수용된 상황의 의미를 리차드슨의 『파멜라』를 중심으로 분석하고 있다.

27) 極態, 「칠일 석양에」, 『창조』 9, 창조사, 1921.5, 72면.

훨씬 더 열정적으로 거리낌 없이 자기 자신을 털어놓을 수 있게 하기 때문에, 편지는, 전통적 한문 문장에서 계몽기의 논설에 이르기까지 이어져 온 규범적이고 완결적인, 공식적 산문 형식과는 다르다. 친숙한 편지 쓰기는 이드와 에고의 내적 드라마를 그대로 옮기는 것이기 때문에 단순하고 덜 의식적이며, 편지 쓰는 순간에 마음속을 스쳐 가는 생각을 표현하는 것이 목적이기 때문에 전통적인 산문 예법이나 격식으로부터 멀어져 심적인 과정을 구체적으로 표현하기에 적합한 문체를 사용하게 된다. 동인지에 실린 편지 양식의 글들 가운데 수사적인 장식을 많이 동원하여 감정을 과장하는 듯한 느낌을 주는 것이 많이 발견되는데, 이런 현상은 작가 내적으로는 위와 같은 요구에 의해서였다.

3. 새로운 산문 정신과 사실의 발견

앞에서 개인적이고 주정적인 글쓰기의 등장과 그것의 형식화로서 편지의 성격을 살펴보았다. 이 편지들은 보통 대화적이라기보다 독백적이고 산문적이라기보다 시적이었다. 이는 편지의 수신자 혹은 내포독자가 진정한 의미의 '타자'라기보다 '나'의 연장에 불과했기 때문에 나타난 현상이다. 즉 편지는 "누가 이것을 슬푸지 안타 하랴"[28] 식의, 자기 감정의 보편성을 전제한 글쓰기였다. 그러나 동인지의 산문이 모두 이러한 서정적인 방법에 의해 씌어진 것은 아니다.

문학과 삶의 문제에 대하여 가장 '서정적이지 않았던' 사람으로 꼽히는 염상섭의 경우, 문제를 자기 시야 속에 수렴하기보다는 분산·충돌

---

28) 동원, 「묵연일총」, 『창조』 7, 창조사, 1920.7, 38면.

케 함으로써 스스로 의미를 만들도록 하는 글쓰기를 시도하고 있다.『폐허』2호에 수록된 염상섭의 「저수하(樗樹下)에서」는 시간을 두고 씌어진 두 편의 글을 연결해 놓은 글이다. 이 두 글은 각각 상이한 주제를 담고 있으며 단상들의 나열로 구성되어 있다. 첫 번째 글은 제사(題辭)부터 매우 의미심장한 내용을 담고 있다.

> …… 虛言은 사람이 모든生物보다 超越할수잇는唯一의特權이다. 虛言속에서 眞이나온다 나도 거짓말을하기째문에 사람이다. 처음에 四十番이나 或은 一百四十番이나 虛言을 하지안코는 單한아의眞理에도 得達할수업다. 萬一 그것이 自己의생각에서우러나오는虛言일지경이면 尊敬할만한것이다. …… 自己의生覺으로서 虛言을하는것은 眞理를 다른샘(他泉)에서 기러오는것보다나 흔일이다. 前者인境遇에는 너는 아즉 사람이다. 그러나 後者인境遇에는 너는 鸚鵡에 불과하다. ……29)

위 인용문은 두 가지를 말하고 있다. 하나는 '虛言을 통해서만 眞(眞理)에 도달할 수 있다'는 것이다. '사십 번 혹은 백사십 번이나 허언을 하지 않고는 단 하나의 진리에도 도달할 수 없다'는 말에는 실재의 잠재성에 대한 날카로운 의식이 나타나 있다. '허언의 필요성'은 실제에 대한 회의에 의해 추동되며, '허언'은 궁극적으로 진리에 대한 인식을 추구하는 더욱 강렬한 방법이다. 이런 점에서 염상섭의 허언에의 요구는 데카르트의 방법적 회의와 닮았다. 허언을 수십 번, 수백 번해야 한다는 말은 실제를 끊임없이 회의하라는 요구라는 점에서 회의하는 너 자신을

---

29) 염상섭, 「저수하에서」,『폐허』2, 폐허사, 1921.1, 54면(말줄임표는 작가가 사용한 것임). 염상섭은 제사의 출처를 기록하지 않았는데, 김윤식은 이 제사를 도스토예프스키의 것으로 추정했다. 김윤식,『염상섭 연구』, 서울대 출판부, 1987, 134면. 그런데, 염상섭이 이 글 안의 다른 인용문에 대해서는 '도스토예프스키의 말'이라고 출처를 밝히고 있는 점, 그리고 그것은 이 제사와는 다르게 하나의 꺾쇠로만 표시하고 있는 점을 생각할 때, 더 세밀한 연구가 있어야 할 것 같다. 이 글에서는 제사가 인용문이라 하더라도 글의 내용과 긴밀한 연관을 가진, 염상섭이 충분히 자기의 견지에서 이해한 글이라는 점을 고려하였다.

제외한 모든 것을 회의하라는 데카르트의 회의주의 정신과 닮았다. 끝없는 회의를 종국적으로 진리에 접근하기 위한 유일한 방도로 설정하는 점에서도 두 사람의 태도에는 유사성이 있다.[30]

다른 하나는, '허언은 '나'로부터, '나의 생각'으로부터 우러나오는 것이어야 한다'는 것이다. 여기서는 다른 샘으로부터 길어온 진리, 즉 보편적·익명적·전통적인 지식의 가치는 회의의 대상이 되며 개인적이고 개별적인 경험의 가치가 주목을 받고 있다. '나의 생각으로부터 우러나온 허언'이란 개인의 '상상적 창작물'을 의미한다고 말할 수 있는데, 염상섭은 이를 다른 샘에서 길어오는 '진리'와 같은 지평에 놓고 대비하고 있다. 극단화시킨다면 허언과 진리의 비교라고도 할 수 있는바, 이는 진리 역시 하나의 허언에 불과하다는 의식을 표명하는 것일 수 있다. 지식(혹은 진리)은 상대적·관점적일 뿐이며, 그렇다면 중성적이고 맥락에서 자유로운 어떤 이상형을 가정하는 과학적 담론이나 철학적 담론—말하자면 '진언'—을 통해서는 진정한 진리에 진입할 수 없는 것이다.

염상섭이 지향한 '자기의 생각으로부터 우러나오는 허언'은 궁극적으로 소설이었다. "허언도 巧妙히 할만한 資格이 업시 中途難方으로 橫說竪說하는 것"은 '자만'인 동시에 사람들을 '능멸'하는 행위라고 혹평했을 때,[31] '사(死)도 형식이 있어야 예술이 된다'고 주장했을 때,[32] 그 '교묘한 허언'과 '형식'의 궁극적 지향점은 소설이었다. 여기에 허구적인 전략과 수단을 통해 진리에 진입한다는 아이러니컬한 목표를 가진 대표

---

30) 이는 염상섭과 데카르트의 사상적 동일성을 말하는 것이 아니다. 중요한 것은, '생각하는 주체'라는 근대적 주체가 주변의 모든 것에 회의의 시선을 보냄으로써, 또 오직 그것을 통해서 확실한 진리에 접근할 수 있다는 '방법으로서의 회의'를 염상섭이 일종의 정신적 태도로 가지고 있다는 점이다. 염상섭의 이러한 태도는 「개성과 예술」에서도 분명한 표현을 얻고 있는 것으로 생각된다. 그는 이 글에서 각성한 근대인의 모든 것에 대한 '회의', '비평적 태도'의 목적은 '현실세계를 현실 그대로 보려는 데' 있다고 말하고 있다. 염상섭, 「개성과 예술」, 『염상섭 전집』 12, 민음사, 1987, 34면.

31) 염상섭, 「저수하에서」, 『폐허』 2, 폐허사, 1921.1, 54~55면.

32) 염상섭, 위의 글, 66면.

적인 문학 형식으로서 소설의 중요성이 있다.[33]

그런데 염상섭의 '저수(樗樹)'의 '저(樗)'는 가죽나무라는 뜻이다. 가죽나무는 소태나무과에 속하는 낙엽교목으로서, 잎은 냄새가 이상하고 재목은 옹이가 많아 쓸모가 없다. 그래서 '저'는 무용(無用)의 뜻으로도 쓰이는 단어이다.[34] 그렇다면 '쓸모없는 나무 아래에서'라는 제목은 이 글의 성격과 그에 대한 염상섭의 태도를 드러내는 말로 읽힐 수 있다. 이 글은 〈폐허〉 탈퇴 선언을 번복하기에 이른 그간의 경과와 느낌, 자신의 글쓰기에 대한 자의식적 고민, 죽음의 불안과 욕망, 여성과 연애의 문제 등을 논리적 연관성 없이 그야말로 생각나는 대로 풀어놓은 것에 지나지 않는다. 따라서 이는, 가죽나무가 먹거리나 목재로서의 실용성을 가지지 못했고, 그래서 쓸모 없고 하찮은 나무에 불과한 것처럼, '진언'일 수 없는[35] 동시에 '교묘한 허언'에도 도달하지 못한 것이다. 한편 '저수하에서'라는 제목은, 마치 자질구레하고 무용한 표면에 대해 이야기하는 것처럼 보일지라도 그것을 통해서 무언가 궁극적인 문제에 닿으려한다는 것을 역설적으로 표현하고 있다. 이런 점에서 '저수하에서'는 '오만한 겸손'의 표현으로 읽힌다. 몽테뉴가 자신의 글에 'Essais(시도, 시험이라는 뜻의 불어)'라는 겸손한 제목을 붙였듯이, '저수하에서'라는 제목은 "자신이 궁극적인 문제에 가까이 와 있다는 생각을 갖도록 하는 자기 자신의 자랑스러운 희망을 거부하는 몸짓"인지도 모른다.[36]

---

33) 김윤식은, '허언'을 소설양식에서 발견한 곳에 염상섭의, 그리고 「표본실의 청개구리」의 문학사적 의미망이 놓인다고 강조하였다. 김윤식, 「염상섭의 소설구조」, 『염상섭 연구』, 문학과지성사, 1977, 31면.

34) 민중서림 편집부 편, 『한한대자전』, 민중서림, 1977, 641면.

35) 제사의 출처를 밝히지 않은 것은, 염상섭이 이 글을 '진언', 예를 들면 학문적인 엄밀성 요구하는 글이 아니라고 보았기 때문이라고 추측할 수 있다.

36) 루카치에 의하면, 에세이스트의 글에서 우리가 보게 되는 아이러니는 "비평가(에세이스트)란 언제나 인생의 궁극적인 문제를 말하지만 그럼에도 언제나 이미지나 책에 관해 또 실제적 삶의 비본질적이고도 근사한 장식에 관해 이야기하는 식의 톤으로 이야기하는 것"이다. 게오르그 루카치, 반성완·심희섭 역, 「에세이의 본질과 형식」, 『영혼과 형식』, 심설당, 1988, 19면.

실재의 잠재성과 지식의 상대성에 대한 예민한 의식은 실제의 묘사와 기술을 특징으로 하는 여행기에도 나타나 있다. 현진건의 「몽롱(朦朧)한 기억(記憶)」은 '무엇을 쓸까'라는 고민에서부터 시작한다. 편집회의에서 기행문을 맡겼는데, 그는 "기행문은 무어라고 긔적어릴 가망(可望)조차 업섯다"라고 한다. 작년 10월에 해운대에 간 일이 있기는 하지만 그 여행에서는 "기행문을 쓸 무슨 흥이 업섯"고 "조튼 낮부든 기억조차 희미(熹微)하다"는 것이다. 일반적으로 기행문의 의의는 사실과 그것에 대한 느낌의 가치에 의존한다. 물론 지식이나 정보를 전달하는 데 중심을 두느냐, 느낌을 서술하는 데 중심을 두느냐에 따라 글의 성격이 달라질 수 있지만, 사실의 정확함과 감상의 풍부함 정도야말로 기행문의 가치를 판별하는 일반적인 척도이다. 따라서 작년에 한 여행이기 때문에 기억이 잘 나지 않으며, 뚜렷한 감회도 없었다는 것은 문제적인 상황이다. 흐릿한 사실과 감상이 여행기의 소재가 될 수 있겠는가?

> 나는 적지안케 悶鬱하엿다. 하되, 쓰기는써야될事勢 ― 라 잠자는記憶을 깨워일으키게비롯하엿다. 過去의검은못에, 흐릿하게잠기엇든記憶이, 蓮꼿모양으로 봉오리봉오리피여오른다. 나는 문득情다운생각을禁할수가업다. 그때의 無味하고散文的이든事實과感想이 意味깁흔듯도십헛다. 사람이란 未來를憧憬함과 마챤가지로 過去도詩化하고美化하는것이다. 아모리 보잘것업고 하잘것업는것일망정 붓가는대로 본그것, 느낀그것을 적어두랴고한다.37)

현진건은 기억이 과거라는 검은 못으로부터 연꽃처럼 피어오르고 감회가 새로워진다고 말하고 있다. 그는 이를 사람의 일반적인 성향과 연결시키는데, 과거의 미화(美化)는 미래에 대한 동경과 마찬가지라는 것이다. 그러나 다음 구절에 의해 곧 이 구절의 의미가 확정적이지 않은 모호한 것임이 드러난다. 이어서 그는 '본 그것, 느낀 그것'을 적겠다고 말

---

37) 憑墟, 「몽롱한 기억」, 『백조』, 2, 문화사, 1922.2, 134면.

하고 있기 때문이다. 그는 과거를 미화하는 자기의 주관의 작용을 인정하는 한편 보고 느낀 그대로 적겠다는 뜻을 내비치고 있는 것이다. 이 두 가지 의지는 서로 충돌할 수밖에 없다는 점에서 역설적인 의지인데, 그것들은 무미하고 산문적이었던 사실과 감상을 의미 깊은 것으로 변화시키는 어떤 동력에 의해 의미의 파산을 피할 수 있다. 그것은 작가 자신의 '진실을 위한 투쟁'이다.

이 점에 대해서는 에세이 쓰기를 초상화 그리기에 비유한 루카치의 견해를 참고할 수 있다. 루카치에 의하면, 에세이는 항상 무엇인가 이미 형식화된 것이나 무엇인가 이미 존재했던 것에 관해 이야기하는 것이다. 과거에 생생하게 살아있던 것을 새롭게 다시 배열하고 정리하는 것이기 때문에 에세이는 그것에 대해 '진실'을 말해야 하며 또 그것의 본질에 대한 표현을 찾아내야 한다. 루카치는 이를 자신이 그리고자 하는 그림의 모델을 두고 초상화가가 벌이는 투쟁, 곧 유사성을 위한 투쟁을 예로 들어 설명한다. 에세이스트의 진실을 위한 투쟁이 대상과의 표피적 유사성이 아니라 그것에 대한 이상적인 표현을 쟁취하기 위한 싸움이라고 했을 때, 주관화를 인정하는 현진건의 견해는 대상을 새롭게 배열하고 정리함으로써 대상의 진실에 다가가겠다는 의도의 표현으로 읽힌다. 이는 그의 기행문이 단순한 모사주의로부터 벗어나 있음을 의미하는 지점이다.

'몽롱한 기억'이라는 표제는 여행을 소재로 한 근대 산문의 특징을 반어적으로 표현하고 있다. 일반적으로 기억의 가치는 분명한 데 있는 것이지 결코 흐릿하고 몽롱한 데 있는 것이 아니다. 따라서 '몽롱한 기억'은 결코 '유용한 지식'[38]으로서의 가치는 가질 수 없다. 그렇지만 근대

---

38) 러셀의 에세이 「무용한 지식과 유용한 지식」의 표제에서 빌어온 어휘이다. 여기에서 '유용한 지식'이란 실용주의적 지식관에 입각했을 때 가치있는 것으로 판명되는 지식으로서, 부연하자면 대개 '공동체의 경제적 삶에 적용할 수 있는 것'이다. 러셀, 『게으름에 대한 찬양』, 사회평론, 1997, 15~52면 참조

적인 여행기는 사실과 그것에 대한 느낌의 모사에 얽매인 것이 아니다. 근대적 여행기의 궁극적인 관심은 '여행하는 인간 자신'을 향해 있다. 현진건은 여행에 대한 사색을 통해 '여행하는 인간'으로서 자신이 목표로 하는 것이 무엇인지를 분명히 드러내고 있다.

> 녯사람이말하기를, 人生은지나가는나그네라하엿다. 그리고덧업슨꿈이라고도 하엿다. 그것은 물거품의그림자나질('진'의 오기—인용자)배업는人世의無常함을形容함이리라. 풀잇헤이슬가튼生命의虛妄함을比喩함이리라. 꿈이고 나그네인사람으로, 꿈을꾸고 나그네가되는것은 꿈가운대꿈 을꿈이오, 나그네가, 나그네됨일다. 꿈을꾸어보아야 꿈꾼내自體가 꿈인줄 느낄수잇고 旅行을하고야 旅行하는이몸이야말로 원원히나그네인줄깨달을수잇는것이다. 꿈은朦朧한幻像일세, 夢境에彷徨할사이에는 꿈이나인지 내가꿈인지 생각할意識이업지마는, 旅行은 말둥말둥한精神으로할수잇는것일세, 길을가면서도 넉넉히 自我를돌아볼수잇는것이다. 하고나서追憶하니 암만해도 어섬푸레하지안흘수업고 하면서깨달으니 明確치안흘수업다.[39]

여행하는 인간이 목표로 하는 것은 '말똥 말똥한 정신으로' '자아를 돌아보는 것'이다. 이는 근대 초기 최남선이 『소년』 창간호에서 여행의 의의를 주로 인식적 측면에서 강조한 것과는 사뭇 다른 태도이다.[40] 그리고 이것은 심리적 위안을 도모하는 여행[41]이나 여가의 즐거움[42]을 위

---

39) 빙허, 「몽롱한 기억」, 『백조』 2, 문화사, 1922.2, 135면.

40) 최남선은 「快少年世界周遊時報」에서 우리나라가 쇠약해진 이유가 "旅行誠의 감퇴"에 있다고 지적했다. 그는 "바라노니 少年이여 鬱積한 일이 잇슬 理도 업거니와 잇스면 旅行으로 풀고 歡喜한 일이 잇거든 旅行으로 느리고 더욱 工夫의 餘暇로써 旅行에 허비하기를 마음두시오 이는 여러분에게 眞正한 지식을 들 뿐아니라 온갖 보배로운 것을 다 드리리이다"라며, 소년들에게 여행을 권장하고 있다. 최남선, 「쾌소년세계주유시보」, 『소년』 1, 신문관, 1908.11, 71~77면 참조

41) 「동명일기」에 의유당은 남편에게 동해의 해돋이를 보러 가게 해줄 것을 청하면서 아래와 같이 말한다. "인싱이 긔하오 사롬이 혼번 도라가민 다시 오눈 일이 업고 심우와 디통을 짜하무양 울울흐니 혼번 노라 심울을 푸는 것이 만금에 다혀 밧고디 못흐리니 덕분의 가디라."(장덕순, 『한국수필문학사』, 새문사, 1984, 288면에서 재인용) 또 앞의 각주에서 인용한 최남선의 글에도 '울적함을 풀고 기쁨을 늘이는 여행'이라는, 여행의

한 여행과도 다르다. 현진건에게는 몽환 속의 방황인 꿈이나 명료한 정
신으로 길을 가는 여행이나, 그 관심이 모두 꿈꾸고 여행하는 '나' 자신
에로 향해 있다. 관심이 온통 자아에로 향해 있는, 눈이 바깥이 아니라
나를 돌아보는 여행인 것이다. 여기에서 '자아를 돌아본다'는 것은 '자
의식 속에서 자기 자신을 반추'[43]한다는 것을 의미하며, '반추하는 사고
는 맨 처음 머릿속에 떠올린 자기 자신에 대한 사고가 그 다음에 이어
지는 성찰의 대상이 되는 식으로 조직된다.'[44] 성찰의 이러한 조직화는
'길을 가는 것', 즉 여행하는 것과 비슷하다. 그러므로 길을 간다는 것은
자아가 인식하고 성찰하는 길을 간다는 것을 뜻하며, 이로써 여행은 자
아의 정신적 성숙 혹은 성장의 물질적 계기로서의 여행이라는 의미뿐만
아니라 정신의 여행이라는 의미를 갖게 된다. 이 '정신의 여행'이야말로
근대 산문문학의 중요한 한 상징이다. 정신의 여행이, 목적지에 도달하
고자 하는 욕망에 의해 추동되는 경우 '서사'의 형식을 가질 것이며, 완
결과 완성을 목표로 하지 않는 자유로운 산책일 경우 '에세이'의 형식을
가질 것이다. 그러나 두 종류의 여행은 모두 자아를 찾기 위한 여행이라
는 점에서 본성은 같다.

　자아를 돌아보는 여행에서 발견된 것은 '순수한 풍경'이다. 여기서 풍
경이 순수하다는 말은 '풍경으로서의 풍경'이라는 뜻인데, 그것은 바라
보는 자아로부터 소원해져 있는 자연이다.[45]

　심리적 효용성이 지적되고 있다.
42) 식민지시대에 이미 정착한 여름 피서가 대표적인 예가 될 것이다.
43) 발터 벤야민, 박설호 역, 『베를린의 유년시절』, 솔, 1992, 148면.
44) 발터 벤야민, 박설호 역, 위의 책, 153면.
45) '풍경의 발견'은 가라타니 고진이 일본근대문학의 기원을 설명하면서 사용한 용어이
　　다. 그에 의하면, 근대문학의 리얼리즘이 묘사하는 것은 풍경 또는 풍경으로서의 인간
　　이지만 그러한 풍경은 본래 외부에 존재하는 것이 아니라 인간으로부터 소원화된 '풍
　　경으로서의 풍경'으로 '발견'해야 했던 것이다. 가라타니 고진, 박유하 역, 『일본 근대
　　문학의 배경』, 민음사, 1997, 41면 참조.

自動車를나린나는 荒塞寂寞한들판에 집일흔어린애모양으로 彷徨하엿다. 山도업지안코바다도업지안타. 그러나나의꿈꾸는 海雲臺의山海는 이런것이아니엇다. 무에라고말할수업는風情잇는山과어쩌타고形容할수업는詩趣잇는바다를나는期待하엿거늘 山도그저그러한山이요 바다도그저그러한바다이엇다. '蒼浪에서이는一陣淸風'도 나는느낄수업고 '碧波우로소리업시지나가는一葉扁舟'도 나는볼수업섯다. 다만無聊한閒愁를깨달을뿐이엇다.[46]

현진건은 해운대에서 푸른 물결로부터 한바탕 맑은 바람이 불고 푸른 파도 위로 작은 돛단배 하나가 소리 없이 지나가고 있는 풍경을 보리라 기대했다. 이는 수 년 전 춘원의 해운대 기행을 읽고 나서 현진건의 머리에 그려진 그림이다. '나도 세(細)모래판에 미쳐 뛰어보리라. 청풍(淸風)에 옷소매를 날리며 눈물을 흘려 보리라. 그리고 나도 그런 시를 읊으리라. 그런 글을 지으리라'는 동경을 품고 해운대에 갔지만, 그가 기대했던 풍정과 시취는 그 곳에 없었다. 그가 보기엔, 산도 그저 그렇고 바다도 그저 그렇다. "이까짓 경치야 아모 해변에서도 볼 수 있다."

춘원이 그린 풍경화가 시적이었다면 빙허가 그려 보여준 풍경화는 산문적인 것이다. 현진건 자신의 표현에 의하면, 그는 '시'를 얻으려다 '너절한 산문'을 얻었으며 '흰 종이를 흙칠한' 셈이다. 그의 해운대 그림에는 일진청풍도 일엽편주도 없으며, 그것은 흙칠이 된 종이에 불과하다. 고진의 어휘를 빌린다면, 그것은 "맨얼굴로서의 풍경"이다. 맨얼굴은 원래 존재했던 것이다. 맨얼굴이 맨얼굴로 보이려면 개념으로서의 풍경이나 얼굴이 우위에 있는 장(場)이 전도되어야 한다. 그때 처음으로 맨얼굴이나 맨얼굴로서의 풍경이 어떤 것을 의미하는 것, 기표가 된다.[47] 빙허가 그려 보여준 흙칠된 그림, '무미하고 산문적인' 그림이야말로 빙허의 내면을 가리키는 기표가 된다. 눈이 자기 자신을 향해 있는 사람만이 맨얼굴로서의 풍경을 발견할 수 있으며, 맨얼굴로서의 풍경화만이 내면적

---

46) 빙허, 「몽롱한 기억」, 『백조』 2, 문화사, 1922.2, 138면.
47) 가라타니 고진, 박유하 역, 앞의 책, 76면 참조.

인 무엇인가를 가리킨다는 역설의 의미는 이러한 것이다. 빙허는 새로운 풍경을 탄생시킴으로써 기행문을 변화시켰는데, 그 새로운 풍경은 인간 으로부터 소원하게 된, '풍경으로서의 풍경'이며, 이는 새롭게 발견된 '사실'이다.

박영희의 「생(生)의 비애(悲哀)」에 나타난 자연 이해도 '사실' 발견의 연장선상에 있다. 박영희는 보들레르의 「사체(死體)」를 3연부터 인용하는 데, 보들레르는 여름날 길가의 시체를 비추는 해를 사물을 끓이고 태우 는 화학적 열기에 비유한다. 그런 작용에 의해 모든 물질은 '자연'으로 돌아가는 것이다. "아름다운곷이피어나오는것을보는것가티 / 하늘은, 그 두려운死體를웃으며나려다보도다."[48] 보들레르에게 하늘은 더 이상 자 비로운 아버지로 여겨지지 않는다. 태양의 열은 기계적 온도이며, 부패 라는 화학 작용을 일으키는 것이다. 부패라는, 모든 가치를 소멸시키는 작용은 인간에게도 예외 없이 적용된다. 인간도 결국은 부패되어 자연으 로 되돌려질 것에 불과하다. 박영희는, '자연은 자연의연(自然依然)히 존 재할 뿐'이라고 말한다. 이는, 아름답다거나 두렵다는 것은 인간적인 관 념일 뿐이며 자연의 것은 아니라는 의미로 읽을 수 있다. '자연은 자비 를 모른다.' 여기서 자연은 인간을 위해 인간의 배경으로 존재하는 것이 아니라 인간으로부터 낯설게 된 것으로서 무관심하게 그저 그렇게 존재 하는 것일 뿐이다. 그렇기 때문에 보들레르는 '자연이 생에 대한 무슨 위안을 가져오는가'라고 반문하는 것이다. 박영희가 보들레르의 자연 관 찰이야말로 '실제적'이라고 평가하는 것은, 앞서 고진이 말했던 것처럼, 개념이 우위에 있는 장이 전도되었음을 의미한다. 따라서 그가 보들레르 를 통해 발견한 것은 새로운 현실, 인간에게서 낯설어진 자연이다.

춘원과 노자영의 풍경화에서 자연은 '시'로서의 산하[49]였다. 노자영

---

48) 회월, 「생의 비애」, 『백조』 3, 문화사, 1923.9, 179면.
49) 김윤식은 「역사·철학·시로서의 산하—낭만적 이로니로서의 문제점」에서 1920년대 중반 이광수와 최남선의 기행수필들의 정신적 기저로서 낭만적 아이러니를 비판하였

은 「철옹성(鐵甕城)에서」라는 기행문에서 약산(藥山) 동대(東臺)에 올라 바라본 경관에 대하여 "내가 活動寫眞을 映寫할수잇다하면 이 景色의 千變萬化하는모양을 撮影하야 世界各國으로도라단이며 한바탕자랑을하고 십다하엿다. 그와 同時에 이와갓흔 江山을 背景삼고 生活하는우리사람은 참말 幸福이라하엿다"[50]라고 감회를 토로하고 있다. 노자영에게 자연은 '양풍(凉風)과 산기(山氣)'이며, 그것은 사람으로 하여금 '미적 의식과 시적 심리'를 느끼게 하는 것이다.[51] 작가는 이러한 미의식과 시심으로 채색된 자연을 읊으면서 이러한 자연에서 살아가는 만족감을 표한다. 춘원과 노자영의 자연이 미의식으로 채색된 자연이라면, 최남선의 기행문에 나타나는 자연은 민족의식에 의해 채색된 자연이다. "朝鮮의 國土는 山河그대로 朝鮮의 歷史이며 哲學이며 詩며 정신입니다"[52]라는 말은 그가 본 산하가 역사적·문화적 의미로 뒤덮인 장소라는 것을 분명히 드러내고 있다.

이광수·노자영 등의 여행기는 서정시적 정신을 바탕으로 한 '주관성의 외화'라는 성격을 공통적으로 가지고 있다. 서정시적 정신은 대상의 객관성으로부터 자신 속으로 침잠하여 자신의 의식을 들여다보며, 외적인 사실성 대신 주관적인 심정과 마음의 체험, 내적인 삶의 내용과 활동을 표상하고 반성하여 표현하려고 욕구한다.[53] 이에 대비할 때, 앞서 살핀 빙허와 회월은 외적인 사실성을 중시하는 산문적인 태도를 지니고 있다. 빙허는 노자영에게 '그만한 경치는 다른 데도 많다'고 말하고 싶을 것이며, 회월 역시 '자연이 삶에 무슨 행복을 줄 수 있느냐'고 반문할 것이다. 빙허와 회월은 이광수와 최남선에게 산과 강은 그냥 그대로 산

다. 김윤식, 「역사·철학·시로서의 산하—낭만적 이로니로서의 문제점」, 『수필문학』, 1977.8 참조

50) 春城, 「철옹성에서」, 『백조』 1, 문화사, 1922.1, 101면.

51) 춘성, 위의 글, 102면.

52) 최남선, 「순례기의 권두에」, 『심춘순례』, 신문관, 1925, 1면.

53) 서정시의 고유성에 대해서는 헤겔, 두행숙 역, 『헤겔 미학』 3, 1996, 591면 참조

과 강일 뿐이라고 말하고 있는 것이다.

빙허와 회월의 글을 통해 볼 수 있었던 낯선 자연이 시로서의 자연보다 더 진리에 가깝다고 말하는 것은 또 하나의 독단이 될 것이다. 그러나 염상섭·현진건·박영희의 글에 공통적으로 나타나는 태도는 중요하다. 실제에 대한 회의와 실재의 잠재성에 대한 예민한 의식, 선험적이고 형이상학적인 모델에 대한 날카로운 비판, 관점주의에 바탕한 진리의 상대성에 대한 인식이야말로 새로운 현실을 발견하고 창조하게 하는, 근대적인 산문 정신의 내용이기 때문이다. 근대적인 주체 또는 의식의 탄생은, 모든 생각이 상황적이라는 점, 인식은 실재가 포착될 수 있는 입지점으로부터 제한받지 않을 수 없다는 점과 뗄 수 없이 관련되어 있다. 근대적인 산문 예술에서 원근법적 대상 파악은, 대상이 주체의 입지점으로부터의 거리와 각도에 의해 제한적으로만 보인다는 점을 인정해야 한다는 것과 긴밀한 연관이 있다. 이는 어디에나 보편타당한 지식, 객관적 진리란 없다는 것을 의미한다. 몽테뉴가 말한 것처럼, 진리는 지금 여기에 있어서 타당할 뿐이다.

4. 위기와 비판, 그리고 수필(隨筆)

「몽롱한 기억」에서 현진건은 자신의 해운대 기행에서 있었던 사실과 감상을 '붓 가는 대로' 적겠다고 말한 바 있다. 그의 글은 세 부분으로 되어 있는데, 이 세 부분이 각기 다른 주제를 탐구하고 있다는 점에서 병렬 구성이다. 내용 역시 여행 기록문의 상례라 할 수 있는, 시간적·공간적 순서에 따른 묘사와 감상의 서술에서 벗어나 사색으로 일관하고 있다. 해운대의 경치에 대한 묘사는 전혀 찾아볼 수 없다고 해도 과언이

아니다. 선입관이나 지식에 지배받지 않고, 본 대로 느낀 대로, 병렬적이
고, 단편적이며, 오로지 자기의 사색의 흐름을 따라가는 글쓰기 양식을
수필(隨筆), 곧 '붓 가는 대로'라고 특성화한 것이 현진건만은 아니었음을
아래 글에서 확인할 수 있다.

<blockquote>
한울복판에서徘徊하는소리개의감장점하나와가티 지금내마음우에도 검은점
하나가매암을돌고잇다. 매암을돌면서 마음의벽을여러가지로 글거놋는모양이다.
그리하야글키어썰어저진 쏘각쏘각이 조희우에느러스는모양이다.
　아一쩌러지는쏘각쏘각, 검은점을쌀하서달려가는붓대가 과연어대까지가다가
멈추어질넌지알수업는일이다. 가는대까지쌀아가보자……54)
</blockquote>

"상화(想華)"라는 표제를 달고 나온 김기진의 글이다. '붓은 마음을 따
라'라는 부제에도 분명히 드러나지만, 위 인용문에는 이 글의 발상과 집
필의 특징이 잘 나타나 있다. '수필'이라는 어휘를 말 그대로 해석한다
면 '붓 따라 쓰는 글'이라고 하겠지만, 이 명칭의 이면에 가라앉아 있는,
더 엄밀한 뜻은 '마음 따라 쓰는 글'이라고 해야 할 것이다. 김기진의
'붓대'가 따라가는 '검은 점'이 바로 그의 마음이다. 김기진은 자신의 글
이 어떤 정해진 주제를 일관성 있게 추구하거나 확정된 결론을 향해 일
직선으로 나아가지 않는, 마음이 움직이는 대로 따라가는 글이 될 것이
라고 말하고 있다. 그는 한 마디로 자유로운 연상이 이루는 무질서한 구
조를 계획 ― '무계획이라는 계획' ― 하고 있는 것이다. 이는 '종이 위에
서 생각하는 글쓰기'이다.
　이 글의 주제와 구조의 무계획성을 작가 의식의 결함에 기인한 것이
라고 볼 수도 있다. 이 글은 김기진이 신경향파적 문학을 제창하는 초기
의 글인데, 삶의 허무와 비애를 표현하는 감상, '수음(手淫)'문학의 낭만
적 아이러니에 대한 비판, '생'의 본질에 대한 의문, 새로운 계급을 발견

---

54) 김기진, 「썰어지는 조각 조각―붓은, 마음을 쌀하」, 『백조』 3, 문화사, 1923.9, 137면.

한 감격과 그것에의 끌림, 지식계급에 대한 비판 등이 단편적이고 모호한 표현을 얻고 있다. 이 글에 수용된 시, 대화, 짧은 일화들이, 내용을 표현하는 데 그것이 아니면 안 되는 바로 그 형식으로 선택된 것이라고 보기는 어렵다. 그것들은 아직 형식에 도달하지 못했다고 하는 편이 옳을 것이다. 그러나 김기진이 자신의 글쓰기를 어느 정도 의식화하고 있는 점은 주목할 필요가 있다. 그는 계획 없이 쓰겠다는 계획을 세우고 있는 것이다. 이는 말 그대로의 무계획과는 다른 것으로서, 그가 의도적으로 이러한 형식을 택하고 있는 것이라는 추론을 가능케 한다.[55]

김기진은 자신의 인식론적·미적 혼란을 그대로 보여주는 글쓰기를 시도하고 있다. 그는 다양한 지향과 층위를 가진 내용들이 형성하는 긴장과 갈등을 하나로 수렴하려 하지 않고 그대로 방치하고 있다. 작가가 하나의 주제 혹은 하나의 형식을 선택한다는 것은 필연적으로 나머지 것을 배제하거나 진압한다는 것을 의미할 텐데, 반대로 김기진은 주제들과 형식들이 자유롭게 경쟁하도록, 다양한 무늬를 만들도록 하고 있는 것이다. 앞에서 논한 염상섭·현진건의 글들 역시 이런 구성을 취하고 있다. 어떠한 상황과 어떠한 정신이 이러한 글쓰기를 요구하는 것인가? 이러한 글쓰기가 열어 보여준 새로운 문학적 차원은 어떤 것인가? 현대 사회에서 '에세이' 혹은 '수필'의 존재 이유를 찾는 일은 아마도 이러한 질문에서부터 시작해야 할 것이다.

---

55) 「프로므나드 상티망탈(Promeneade Sentimental)」은 20여 편의 길고 짧은 조각 글의 병렬 구성이며, 내용적으로도 사회주의문학으로의 경사를 보이고 있는 점에서 「떨어지는 조각 조각」과 비슷하다. 이 시기 김기진이 자신의 새로운 문학관을 주장하는 글에 채택하고 있는 이런 형식이 일회적인 것이 아니었음을 알 수 있다. 김기진, 「프로므나드 상티망탈(Promeneade Sentimental)」, 『개벽』 37, 개벽사, 1923.7.

4부

여성의 자기 탐색과 발언

제10장 발언의 글쓰기와 작은 도덕

제11장 수필 쓰기와 자기 구성

제12장 여류 수필의 두 경우

발언의 글쓰기와 작은 도덕

박완서론

1. 사회·문화 비평의 두 가지 양식과 발언

박완서의 에세이적 글쓰기는 1970년대 중반에 시작되어 1980년대 내내 매우 활발했다. 이 시기에 씌어진 에세이들은 1977년 『꼴찌에게 보내는 갈채』에서 1990년 『나는 왜 작은 일에만 분개하는가』에 이르는 여섯 권의 책으로 묶여 출간되었다.[1] 첫 에세이집을 출간한 1977년에 곧 다

---

1) 이 글은 박완서의 에세이를 사회·문화에 대한 비평 정신이라는 점에 주목하여 논의한다. 이러한 경향의 글쓰기는 『어른 노릇 사람 노릇』(작가정신, 1998)까지 이어지고 있지만, 이에 대한 자의식이 뚜렷했고 실천이 활발했던 때는 1970~80년대라고 보아 작품을 아래와 같이 한정했다. 또 1990년대 이후 박완서의 에세이적 글쓰기는 여행기나 고백록으로 다양화한 것이 특징인데, 이러한 작품들 역시 이 논의에서는 제외했음을 밝혀둔다. 이 글의 대상으로 한 에세이집은 아래와 같다.

① 『꼴찌에게 보내는 갈채』, 평민사, 1977.
② 『혼자 부르는 합창』, 진문출판사, 1977.

시 한 권을, 1978년에 또 한 권을 추가했다는 사실을 고려한다면 그녀가 처음부터 에세이적 글쓰기를 또 하나의 본업으로 의식했던 것은 아닌가 하는 추측도 가능하다. 무엇보다 박완서 자신이 첫 번째 에세이집인『꼴찌에게 보내는 갈채』서문에서 "나에겐 소설로써 말하고 싶은 것과 이런 글로써 말하고 싶은 두 가지 욕구가 늘 같이 있었고 나는 이 두 가지를 같이 존중해왔다"고 말함으로써 자신의 글쓰기에서 '이런 글'이 차지하는(또는 차지할) 위치를 어느 정도 표시해 놓기도 하였다.2) 박완서의 글쓰기에서 에세이는 소설에 따라오는 그저 그런 부록이 아니라 그 자체 하나의 독립적 존재임을 당당하게 주장하고 있다.

그런데 박완서는 "소설을 쓸 때와 똑같은 기쁨과 고통과 열성으로" 쓴 글들에 "발언"이라는 언뜻 보기에 비문학적인 명칭을 부여했다.3) 짧은 산문문학의 대표격인 '수필'이 사적이고 서정적인 글쓰기 양식으로 자리 잡아 왔다면, '발언'은 공적이고 논쟁적인 말하기 양식이라고 할 수 있다. 수필이 편지나 일기 등 여성들의 신변적 글쓰기와 연결되고 그로부터 많은 자양분을 공급받아 온 데 비하여, 발언은 여성에게는 보통 친숙하지 않은 말하기 양식이다. 그렇다면 박완서는 첫 번째 에세이집에서부터 여성적 글쓰기 양식으로 받아들여지고 있는 수필이 아니라 통상 남성의 영역으로 규정되어 온 사회적·공적 담론의 장에서 '말하겠다'는 의지를 표명한 셈이다. 발언의 의지는 여섯 번째 에세이집인『나는 왜 작은 일에만 분개하는가』까지 일관된다.

그렇지만 박완서의 '발언'을 이광수에서 김우창에 이르는 사회·문화적 '에세이'의 계보 속에서 논하기는 좀 어렵다. 그녀는 같은 시기 김우

---

③『여자와 남자가 있는 풍경』, 한길사, 1978.
④『살아있는 날의 소망』, 주우, 1982.
⑤『서있는 여자의 갈등』, 나남, 1986.
⑥『나는 왜 작은 일에만 분개하는가』, 햇빛출판사, 1990.
2) 박완서, 「서문」,『꼴찌에게 보내는 갈채』, 평민사, 1977, 6면.
3) 박완서, 위의 글, 6면.

창처럼 사회와 문화의 전체적이고도 구조적인 문제에 대해 비평하면서
우리 사회의 문화적 · 도덕적 전망을 제시하는 발언을 한 것은 아니다.
이런 글들은 대개 사회와 문화의 '본질'을 문제삼는다. 김우창의 '에세
이'는 사회와 문화의 근본적 성격에 대한 비평을 바탕으로 이념적 전망
을 제시하는 것을 목표로 한다. 이러한 글에서 시사(時事)란 단지 본질의
표현에 불과한 것으로서 하나의 사례로 취급될 뿐이며 그것은 몇 겹의
매개를 통과해서만 주제로 수렴될 수 있다. 이에 반해 박완서가 "살아가
면서 수시로 속상해 하고 답답해 한 것들"은 당시의 정치 · 경제 · 사
회 · 문화적 "현안"과 맞물려 있으며, 따라서 그것들을 "드러내는" 글쓰
기는 시사(時事)에 대한 직접적인 반응의 성격을 띤다.4) 시평(時評)이란
사회 · 문화적 현상 그 자체에 대해 직접 말하는 것이며 이를 통해 즉각
어떤 변화를 이끌어 내려는 것이다. 따라서 저널리즘적인 시사평론은,
'에세이'의 심사숙고한 비판이 그 타당성을 비교적 오래 유지하는 것에
비해, 한시적인 의미만을 가진다. 박완서가 자신의 글에 대하여 "에세이
라고 부를 만한 것이 못되는 토막글"이라고 평한 것도 이런 의미일 것
이다.

2. 입바른 소리가 생성하는 새로운 도덕

김우창은 「산업시대의 문학」에서 소비산업사회의 한 특징이 '삶의 초
월적 차원의 소멸'에 있으며, '도덕적 지상 명령의 약화, 공동체적 유대
감의 소멸, 사물이나 사람 또는 세계의 타자적 성격의 상실, 그에 따른

---

4) 박완서, 「책머리에」, 『나는 왜 작은 일에만 분개하는가』, 햇빛출판사, 1990.

관계의 왜곡'은 가장 일반적으로 '초월의 불가능성' 및 '초월적 차원의 소멸' 속에 포함시켜 말할 수 있다고 설명한 바 있다. 이는 다른 말로 '도덕의 타락'이라고 할 수 있는데, 산업사회에서 좌절되는 것은 바로 '인간의 본질을 이루는 사회성이며, 또 개체로서의 나로 하여금 나 스스로에게 일치할 수 있게 하는 개체적 일체성의 충동'인 사람의 '도덕적 감각'이다. 김우창에 따르면 이러한 시대에 예술(문학)의 임무는 도덕과 생존, 또는 더 크게 초월적 계기와 일상적 삶을 하나로 통합하는 새로운 질서를 수립하는 일이다. 그는 위 글에서 당시 문학의 가장 증후적인 현상의 하나가 '도덕적 감성의 예민화'라고 지적하고, 그 대표적인 예로 조세희의 『난장이가 쏘아 올린 작은 공』을 들었다.5) 조세희의 『난·쏘·공』과 비교한다면 박완서의 짧은 에세이들은 대체로 '작은' 세계의 '작은' 도덕에 예민하다고 할 수 있을 것이다.

　박완서는 영웅적으로 일상을 초월하게 하는 '큰' 도덕이 아니라 생존과 일상적 생활의 자연스러운 흐름을 가능하게 하는 '작은' 도덕을 강조한다. 그는 역사의 진보나 사회의 정의와 같은 큰 질서에 대해서보다는 대부분의 사람들이 살아가는 일상의 생활이 자연스럽게 흐르도록 하기 위해 필요한 작은 질서에 관심이 있다. 그것은 무엇보다도 생활의 물리적 환경과 제도와 우리의 심리와 태도에 관련된 문제이다. 박완서가 지향하는 세상은 "가게에 가면 일용품을 살 수 있고, 시간에 맞추어 버스를 탈 수 있고, 일을 하면 밥을 먹을 수 있고, 내 이웃이 또 낯선 사람들까지도 나를 향해 미소하는 것이 자연스러운 일이 되"는 그러한 세상이다.6) 이는 무엇보다 서로간의 "믿는 마음의 교감"7)에 의해 형성되고 지탱될 수 있는 것이다. 박완서는 평범한 일상의 바탕이 '믿음'이어야 한다고 '믿는다.'

---

5) 김우창, 「산업시대의 문학」, 『지상의 척도』, 민음사, 1981 참조.
6) 김우창, 『정치와 삶의 세계』, 삼인, 2000, 23~39면 참조.
7) 박완서, 「수많은 믿음의 교감」, 『살아있는 날의 소망』, 주우, 1982, 140면.

우리가 아직은 악(惡)보다는 선(善)을 믿고, 우리를 싣고 가는 역사의 흐름이 결국은 옳은 방향으로 흐를 것을 믿을 수 있는 것도 이 세상 악을 한꺼번에 처치할 것 같은 소리높은 목청이 있기 때문이 아니라 소리없는 수많은 사람들의 무의식적인 선, 무의식적인 믿음의 교감이 있기 때문이라고 나는 믿고 있다.[8]

그러나 우리에게 그러한 믿음이 있는가? 현실은 우리에게 그러한 신뢰를 허용하는가? 박완서는 집안에서, 버스나 전철 혹은 택시에서, 시장이나 길거리에서, 그리고 TV나 라디오가 내보내는 화면과 목소리에서 우리 생활의 물리적 · 제도적 · 정신적 환경이 그런 작은 믿음을 허용하지 않는다는 것을 절절하게 느낀다. 버스회사는 예고도 없이 정거장을 마음대로 바꿔버리고, 백화점과 이름 있는 상표를 내세운 기업도 자기들이 만들고 판 물건에 전혀 책임을 지지 않는다.[9] 연탄 회사는 연탄구멍을 늘리면서 슬그머니 질을 낮추고,[10] 가을까지 연달아 꽃을 피우리라던 국화 분은 산 지 일주일도 안 되어 말라비틀어진다.[11] 거리에는 다른 사람이 오랜 세월 성실하게 장사해서 얻은 이름의 덕을 가만히 앉아서 보려는 '진짜 진짜'와 '원조'들이 손님을 우롱한다.[12] 학부모가 선생을 능멸하고,[13] 도시인이 농사일을 조소한다.

농사꾼들이 한여름의 폭양을 무릅쓰고 몇 뙈기의 밭, 몇 마지기의 논에 목숨을 매달고 농사를 짓는 옆에서 오락삼아 취미삼아 농사짓기 놀이를 벌인다는 건 농사꾼에 대한 얼마나 큰 모욕이요, 그들의 성실에 대한 얼마나 철딱서니 없는 유린일까.[14]

---

8) 박완서, 위의 글, 141면.
9) 박완서, 「약속이 못미더운 나라」, 『살아있는 날의 소망』, 주우, 1982, 189~191면.
10) 박완서, 「연탄과 그믐달」, 『혼자 부르는 합창』, 진문출판사, 1977, 206면.
11) 박완서, 「이 봄을 우울하게 만든 일들」, 『서있는 여자의 갈등』, 나남, 1986, 158~159면.
12) 박완서, 「이름에 대하여」, 『여자와 남자가 있는 풍경』, 한길사, 1978, 130~133면.
13) 박완서, 「5월을 보내면서」, 『서있는 여자의 갈등』, 나남, 1986, 164면.
14) 박완서, 「주말농장」, 『꼴찌에게 보내는 갈채』, 평민사, 1977, 46면.

이어서 박완서는 "그래서 드디어는 (농사꾼들이－인용자) 목숨 걸고 하는 행동에 회의를 품게 되고 의욕을 상실하게 된다면 어쩔 것인가"라고 되묻는다. 사람들 사이의 모든 '계약'과 '약속'의 기저에 있는 것은 무엇보다도 상호 의존성에 대한 인정이며 그에 기초한 서로에 대한 믿음이다. 이렇게 하여 이루어지는 생활 세계의 안정과 도덕성이야말로 대부분의 사람들의 만족스러운 삶에 가장 중요한 조건인 것이다. 박완서는 보통사람들이 일상의 생활 구석구석에서 서로를 불신하고 조롱하고 경멸하는 모습을 보여주며 '이래서야 어떻게 편안하게 생활하고 열심히 일할 수 있겠는가'라고 분노하고 개탄한다.

박완서의 에세이가 널리 유통시킨 새로운 이미지는 '꼴찌'와 '꼴찌들의 공동체'이다. 그녀의 초기 대표작인 「꼴찌에게 보내는 갈채」에서 '꼴찌'는 사회·정치적 의미보다는 존재론적인 의미를 더 많이 함축하고 있었다. 환호도 영광도 없지만, 아니 그렇기 때문에 오히려 더욱 위대한 꼴찌 주자의 괴롭고 고독한 주행은 그 자체로 모든 평범한 인생의 메타포일 수 있다.15) 이후 「꼴찌에게 보내는 마음」에서 '꼴찌'는 엘리트에 대비되는 사회적 다수이며 '꼴찌의식'은 서민의식보다 훨씬 광범한 다수의 어쩔 수 없는 자의식이 되고 있다. "하긴 소수의 엘리트를 제외하곤 이 사회가 곧 꼴찌들의 공동체가 아니겠는가."16)

그런데 그녀의 에세이에서 꼴찌가 엘리트에 대하여, 가진 것 없는 사람들이 많이 가진 사람들에 대하여, 시골이 도시에 대하여, 시골뜨기가 서울내기에 대하여, 지난날이 현재에 대하여, 여성이 남성에 대하여, 서민이 정치인과 관료와 언론의 연계 권력에 대하여 본원적인 우위를 점하는(혹은 점했던) 영역이 바로 앞서 말한 '도덕적 감각'이다.

엘리트 의식이 시초부터 수많은 꼴찌들을 기반으로 하고 있게 마련인 것과는 달리 꼴찌들에게는 그런 "파렴치함"이 없고,17) 정직이야말로 보

---

15) 박완서, 「꼴찌에게 보내는 갈채」, 『꼴찌에게 보내는 갈채』, 평민사, 1977, 29~35면.
16) 박완서, 「꼴찌에게 보내는 마음」, 『서있는 여자의 갈등』, 나남, 1986, 118면.

통 사람들이 가진 미덕이라는 것이다.[18] 여자들은 남자와 가족의 상처를 따숩게 어루만지는 관대함을 가지고 있으며,[19] 시골 아이는 우직함·단순함·천진함을 간직하고 있다.[20] 지난날엔 "물자는 부족했을지 모르지만 사람을 제일로 귀하게 여기는 심성만은 도처에 넉넉했었다."[21]

> 그전 서부영화는 사람 하나를 죽이기 위해 두 시간 가량이 소모되었고 죽여야 할 까닭 또한 관객이 공감할 만큼 절절했다. 그렇게 꼭 죽여야 할 원수나 악당을 죽이고도 그 승리자의 모습엔 허망감과 우수가 어렸었다. 그러나 요새 영화는 두 시간 미만의 시간에 몇 백 몇 천 명도 죽인다. (…중략…) 흘러간 명화를 재미가 없어 끄고 나서 문득 우리가 신봉해 온 발전이란 것에 대해 몸서리쳐질 적이 있다.[22]

박완서의 짧은 에세이들은 대개 우리의 생활 세계 안에 믿음과 도덕이 부재함을 신랄하게 고발하고 분개하는데, 그녀의 비판의 근저에는 '그 시절', 시골과 시골뜨기, 농민, 여성의 도덕적 감각이 놓여 있다. 그것은 사물과 사람과 세계간의 공동체적인 유대로부터 자연스럽게 우러나오는 '작은' 도덕이라고 할 만한 것이다. 박완서는, 꼴찌들이 꼴찌의식에서 벗어나 새로운 정체성을 형성하는 데 밑천이 될 것이 무엇보다도 건강한 도덕적 감성이라고 생각하고 있는 듯하다.

그렇다고 박완서가 그 시절, 시골과 시골뜨기, 농민, 여성의 도덕을 지금 여기에 그대로 적용할 수 있다고 생각하는 것은 아니다. 그녀는 도덕을 회복되어야 할 것이 아니라 새롭게 형성해야 할 것으로 본다. "사라져 가는 것들의 그 구질구질한 갈피 속에는" "다분히 전근대적인 것

---

17) 박완서, 위의 글, 118면.
18) 박완서, 「정직이라는 것」, 『혼자 부르는 합창』, 진문출판사, 1977, 253면.
19) 박완서, 「따숩고 부드러운 악손이 되어」, 위의 책, 124면.
20) 박완서, 「도시 아이들」, 『꼴찌에게 보내는 갈채』, 평민사, 1977, 171면.
21) 박완서, 「짓밟힌 얼굴」, 『나는 왜 작은 일에만 분개하는가』, 햇빛출판사, 1990, 73면.
22) 박완서, 「어떤 몸서리」, 『서있는 여자의 갈등』, 나남, 1986, 267~268면.

이 있"기 때문이다.23) "효는 어차피 사라져 가는 도덕이라는 것을 인정해야 한다"24)라든가 "근대정신에 부합하는 새로운 미풍양속을 정립해야 한다"25)는 주장은 이런 맥락에 있다. 그녀가 도시 중산층의 몰지각에 의해 모욕당하고 조소당하는 농사꾼들, '국민'에서 실질적으로 배제된 빈민굴 사람들, '부덕과 미풍양속' 이데올로기 아래 노동을 착취당하는 주부들, 식모보다 낫다는 것에 만족해야 하는 여공들, 대로상에서 머리를 깎이거나 '건전 가요'만 듣도록 강요당하는 젊은이들, 다방에서 커피 마시고 담배 피운다고 죄인 취급을 당하는 중·고등학생들, 권력과 언론에 의해 업신여김을 당하는 '여류' 작가에 대해 말할 때, 그녀는 옛 도덕의 회복이 아니라 '새로운' 도덕의 형성을 주창하고 있는 것이다.

박완서의 에세이는 기업주의 사기, 남성 중심적 사회의 위세, 정권의 신경질적인 억압, 카메라의 폭력, 권력과 언론과 같이 좀더 큰 사회 문제를 거론할 때에도, 그 비판이 우리 사회의 큰 질서에 대한 구조적이고 체계적인 이해를 기반으로 하고 있다고는 할 수 없다. 궁극적으로 그녀의 시야는 작은 세계를 벗어나지 못했으며, 그녀의 도덕은 작은 도덕을 넘어서지 못했다. 따라서 그녀의 분노는 정당하지만 수동적이라는 한계가 있다. 그래서 그녀의 비판은 '입바른' 소리의 직접성을 넘어서지 못한다고 평가할 수 있다.

그러나 "정당한 분노"를 터뜨릴 줄 아는 것이야말로 그 사람이 건강하고 예민한 도덕적 감각을 유지하고 있다는 증표일 것이다. 박완서는 조세희의 「난장이」 시리즈 중 영희가 오빠에게 "아버지를 난장이라고 부르는 악당은 죽여버려"라고 말하는 유명한 부분을 인용하면서 "현실 속의 수많은 난장이 아들딸들은 화도 낼 줄 모른다"고 개탄한다. "정말

---

23) 박완서, 「삶의 가을과 계절의 가을의 만남」, 『여자와 남자가 있는 풍경』, 한길사, 1978, 70면.
24) 박완서, 「효도관광」, 위의 책, 147면.
25) 박완서, 「자유인에 대하여」, 위의 책, 96면.

로 슬퍼하고 근심해야 할 일은 벼슬아치의 부정이 아니라 벼슬아치의 정직을 요구할 줄 모르는 백성의 마음"이며, 백성들마저 "정직이라는 것에 악랄한 모멸과 조소"를 보내고 있는 현실이다.[26] 즉 그녀로 하여금 "입바른" 말을 하지 않을 수 없게 하는 분노는 "정당한" 분노이며, 자신의 '입바른' 말을 통해 사람들 사이에 불러일으키려 하는 것 역시 '정당한' 분노이다. 불균등한 도시 발전에 대한 택시 운전사의 개탄과 분노의 목소리에 대해 그가 말했듯이, 정당한 분노에서 우러나온 거침없는 "바른 말"은 "들을수록 자연스럽고 건강해서 마치 살아있는 사람의 숨결처럼 조금도 귀에 거슬리지 않"기 때문이다.[27]

박완서의 에세이는 한마디로 "거침없이 바른 말을 하는" 마당이다.[28] 박완서는 가족과 같은 작은 사회에서 국가와 같은 큰 사회에 이르기까지 모든 대상에 대하여 거침없이 '바른 말'을 하고 있으며, 그녀의 거침없는 '바른 말'은 사람들의 거침없는 '바른 말'을 요청한다. '바른 말'은 살아있는 사람들의 '숨결'과도 같은 것이다. 그녀의 에세이의 궁극적인 목표는 건강하고 자연스러운 '발언의 문화'를 형성하는 것이다.

3. 가부장제 비판과 페미니즘적 도덕

박완서의 에세이에서 중요한 주제를 형성해 온 '여성'은 산업화시대라는 사회적 배경과 뗄 수 없는 관련을 맺고 있다. 여성에 대한 그의 문제 설정은 산업화 과정에서 형성된 도시, 노동자 가정, 핵가족의 대중화

---

26) 박완서, 「건망증의 시대에 살면서」, 위의 책, 190~196면.
27) 박완서, 「택시기사와 유언비어」, 『서있는 여자의 갈등』, 나남, 1986, 136면.
28) 박완서, 「서문」, 『꼴찌에게 보내는 갈채』, 평민사, 1977, 6면.

를 배경으로 하고 있으며, '주부'와 '기혼 여성 노동자'라는 새로운 집단의 탄생과 관련된다. 일본의 마르크스주의 페미니즘 이론가인 우에노 치즈코에 따르면, '주부'라는, "고용관계에 의거하지 않고 가사노동에 전적으로 종사하는 여성"층이 형성되는 데에는 "도시, 핵가족, 피고용인 가정"에서의 "아내의 자리"가 불가결한 전제였다. 일본에서는 고도성장기인 1960년대를 통해 주부이면서 노동자인 기혼 여성 노동시장이 형성되었으며, 1960년대 말에는 '주부'가 대중적인 규모로 성립하였다.29) 한국의 경우, 1970년대를 거치면서 핵가족화, 평균 수명의 연장, 가족계획의 실천, 가사노동의 간편화 등으로 여성의 생활 주기와 생활상에 근본적인 변화가 일어났다. 산업화와 도시화, 고등교육의 확대 등으로 세상이 달라지고 여성의 의식이 달라졌다. 여성이 "전통적으로 가정생활에만 얽매어 온 상태에서 벗어나 자신을 찾지 않을 수 없도록 사회가 변하고 생활주기와 가정과 가족제도가 변해 버렸다"는 의식이 대두한 것이다.30) 현대 여성이 직면한 이러한 근본적인 문제, 즉 '현대사회에서 여성의 자기 찾기'라는 문제에 대한 해결책은 여러 가지로 제안될 수 있다. 이 시기에 이효재는 여성의 '국민화'를 제안했다.

> 가정에서는 국가를 위해 일하는 남편을 내조하고 국가의 장래를 이끌어 갈 씩씩한 자녀들을 양육하고 교육하는 주부가 되는 동시에 대외적으로는 직장이나 단체활동에서 시민으로서의 민주적인 능력을 발휘할 수 있는 노력을 해야 한다.31)

이효재에 따르면 여성은 가정에서는 국민을 내조하고 국민을 양육하며 밖에서는 시민이 되어야 한다. 이효재는 또 "여성의 존재는 국가사회와의 관계에서 재인식되어야 하며, 여성으로서의 삶의 보람은 국가발전

---

29) 우에노 치즈코, 이승희 역, 『가부장제와 자본주의』, 녹두, 1994, 198~231면 참조.
30) 이효재, 『여성과 사회』, 정우사, 1979, 14면.
31) 이효재, 위의 책, 150면.

에 기여하고 국민복리의 증진을 위해 노력하는 데서 얻을 수 있다"32)고 주장하고 있기도 한데, 이러한 논법에서는 국가와 시민사회, 국민과 시민 사이의 차이나 갈등에 대한 의식을 찾아 볼 수 없다. "국가와 민족을 내 가족으로 생각하고 염려할 수 있는 지경에까지 모성애가 확대되어야 한다"33)고 생각하는 데 나타나듯이 이효재는 개인(여성)과 가족과 국가 사이의 갈등도 상정하고 있지 않다. 결국 현대여성은 국민을 내조하고 국민을 양육하며 스스로 국민이 됨으로써만 자기를 찾을 수 있다는 것 이다.

박완서의 초기 에세이에도 이런 논리가 등장한다. 박완서에게 '일'과 '자기 성장'의 관계는 특별하다. 생산노동이냐 재생산노동이냐는 문제가 되지 않는다. 일에 대한 노력과 긍지가 일의 가치를 결정하며 자기 성취 를 좌우한다. 따라서 박완서는 가정과 사회 안에서 "영문도 모르고 소집 되어 최전방에 세워진 일개 초라한 졸병에 불과한"34) 주부와 '여공'에게 "스스로 자기 일에 긍지와 보람을 가지고 열심히 할 것"을 권장한다.35) 주부와 여성 노동자의 노동을 신성한 것으로 구제하고자 하는 이러한 시도에 동원되는 것은 "근로야말로 모든 미덕의 원천일 뿐만 아니라 사 회의 소금"36)이라는 이데올로기이며, 특히 주부의 경우에는 '사랑'과 '모성'이라는 이데올로기이다. 주부의 긍지는 "훈장을 위해서 싸우는" 것이 아니라 사랑과 모성을 위해 싸운다는 데 있다. 힘센 바람을 이기고 아늑한 보금자리를 만드느라고 그 "날개죽지 밑에 고투(苦鬪)의 핏자국 이 선연한 어미새"37)야말로 주부의 상징인데, 이는 여성 노동자의 상징

---

32) 이효재, 위의 책, 25면.
33) 이효재, 위의 책, 33면.
34) 박완서, 「봄에의 열망」, 『꼴찌에게 보내는 갈채』, 평민사, 1977, 62면.
35) 박완서, 「여성의 적은 여자인가」, 『혼자 부르는 합창』, 진문출판사, 1977, 98면; 「쑥스
러운 고백」, 『꼴찌에게 보내는 갈채』, 평민사, 1977, 134면.
36) 박완서, 「쑥스러운 고백」, 위의 책, 133~134면.
37) 박완서, 「봄에의 열망」, 위의 책, 62면.

이기도 하다. 박완서의 초기 에세이에서는 가족과 사회 안에 존재하는 격차와 불평등이 근로와 사랑과 자발성이란 이름으로 은폐되고 무마되는 경향이 강하다. 가족과 사회(국가)라는 공동체에 대한 헌신을 통해서만 여성이 자신의 존재를 증명할 수 있다는 이러한 논리는 이효재의 주장에서 그리 멀리 떨어져 있는 것이 아닐 것이다. 여기에서 우리는 1970년대 후반 여성에 대한 여성의 담론에 내재해 있는 어떤 한계점을 볼 수도 있다.

그러나 앞 절에서 살펴본 것처럼 박완서의 주요 관심은 사람들을 '국민'으로 만드는 데 있지 않았다. 그녀는 농민들·여공들·젊은이들·여성들이 모여 '국가' 혹은 '민족'을 구성한다고 생각한 것이 아니라 '사회'를 구성한다고 생각했다. 또 그녀는 특히 우리를 둘러싼 작은 사회가 우리에게 편안하고 만족스럽도록 만들기 위해 있어야 할 것으로서 우리들 사이의 작은 믿음과 도덕을 제안했다. 그렇다면 그러한 사회에서 여성은 어디에 어떻게 존재해야 하는가? 사회가 여성에게도 똑같이 편안하고 만족스럽도록 하기 위해 우리는 어떤 새로운 도덕을 형성해야 하는가?

박완서는 '미풍양속', 특히 '부덕' 이데올로기의 비판자이다. 그녀는 "소위 부덕이니 미풍양속이니 하는 것은 거의 다 여자의 희생을 합리화시키고 미화시키기 위한 것"이라고 맹렬하게 비판한다. "여자의 인격, 능력, 업적을 경시하고 끝내는 무화(無化)시키려는 남자의 악랄한 음모는 각 가정이나 개개의 남녀관계 속에만 숨어있는 것이 아니라 사회적으로 거의 제도화되어 있다."[38]

그런데 그녀의 이러한 문제의식이 현대 가부장제사회의 문화적 구조에 대한 비판으로 확대·심화된 것은 '가사노동'이라는 개념을 도입하면서였다. 그녀는 '일을 가진 여자가 일과 가사를 다 잘하는 것처럼 보이려는 것은 장차 일을 가지려는 여자에게 뿐만 아니라 가사에만 전념

---

38) 박완서, 「어떤 무화」, 『혼자 부르는 합창』, 진문출판사, 1977, 75~76면.

하려는 여자에게도 이득보다는 해가 된다'고 주장한다. 그럴 때 여성은 자신을 '초인'으로 선전하거나 아니면 가사노동을 '덤'으로 취급하게 되기 때문이다.[39]

> 가사노동의 덤 의식은 뜻밖에 뿌리가 깊고 제도화되어 있다. 여자가 법적인 문제에 부딪쳤을 때 가사노동이 직업으로 인정받는 일은 전혀 없다. 부부가 애면글면 장만한 집에 대해서도 만일에 불행한 사태로 이혼을 하게 되었을 때에 아내에겐 아무런 권한이 없다. 가사노동이 경제적으로 남편과 동등한 공헌을 했다는 것을 전혀 인정해주지 않는다.[40]

'가사도 노동이다'라는 인식의 대전환에 의해, 가사노동이 '유용하며 불가결한 노동'인데도 아무런 법적·경제적 보상도 받지 못한 채 무권리 상태로 방치된, 부당하게 보수를 지불받지 못하고 있는 '부불노동'이라는 점이 인식된다. 우에노 치즈코는 "가사노동이라는 개념이 주부가 수행하고 있는 노동의 가치에 관한 인식을 제고시키고 나아가 여성의 권리의식을 조장하는 데 기여했다"고 평가했다. 지금까지 주부가 묵묵히 당연하게 해왔던 일이 사실은 부당하게 떠맡겨진 것이었다는 점을 인식함으로써 여성은 전에는 느끼지 못했던 '박탈감'을 느끼게 되었다는 것이다.[41] 가사를 '배려'나 '보살핌'이 아니라 '노동'이라고 다시 정의함으로써 '박탈'이란 의식이 성립한다. 박완서는 이전에는 남편의 시중을 들면서 스스로를 "어머니처럼 느꼈고, 그를 생전 어른이 될 가망이 없는 어린애처럼 느꼈고, 그런 느낌이 그렇게 편안할 수가 없었다."[42] 그러나 그녀는 이제 그렇게 쉽게 편안해 지지 못한다. 모성 이데올로기야말로 여자와 남자가 공모해서 만든 허구라는 것을 깨닫게 되었기 때문이다.

39) 박완서, 「서있는 여자의 갈등」, 『서있는 여자의 갈등』, 나남, 1986, 98면.
40) 박완서, 위의 글, 99면.
41) 우에노 치즈코, 이승희 역, 『가부장제와 자본주의』, 녹두, 1994, 39~62면 참조.
42) 박완서, 「지붕 밑의 남녀평등」, 『꼴찌에게 보내는 갈채』, 평민사, 1977, 128면.

결국 여자는 (남자의 시중들기에서 오는—인용자) 굴욕감을 보상하고 자위하기 위해 예로부터 신성시하고 불변하는 가치로 되어 있는 모성을 대입시키게된다. 시녀 노릇이 아니라 어머니 노릇이라고 생각함으로써 시중드는 일은 한결 보람을 얻게 된다. 모성의 가치를 필요로 하는 건 여성뿐 아니라 시중 받는 남성도 마찬가지다. 시중 받음으로써 누릴 수 있는 상전 노릇은 될 수 있으면마냥 누리고 싶은 좋은 자리일 뿐 아니라 남자의 조상이 유구한 세월 누려온기득권이기도 하다.[43)]

박완서의 에세이들 중 '여성'을 주제로 한 에세이는 특히 장편화하는경향이 있는데, 이는 그녀가 문제의 복합성을 인식하는 과정과 병행하는것으로 보인다. 박완서는 우리 사회의 어떤 집단보다도 여성에 관심이많았고 특히 주부 문제를 중요하게 다루었다. '가사노동'은 전통적으로사적 공간으로 여겨져 왔던 가정을 공적 공간으로 변화시키는 개념이며,박완서는 이러한 개념을 수용함으로써 주부 문제 역시 사회적이고 공적인 차원에서 논의할 수 있게 된다. 다시 말해 그녀는 여성이 현대사회의'피억압집단'의 하나이며, 여성에 대한 문화적·이데올로기적 억압은 단순히 남자의 횡포나 음모인 것이 아니라 사회의 가부장제적 구조화의필수적 전략이자 필연적 결과라는 점을 이해하게 된 것이다.

중년 여인 혼자 힘으로는 가당치도 않은 작업량을 종가 며느리란 이름으로혼자서 걸머지게 해놓고 예쁜 리포터가 연방 감탄사를 연발하게 하는 의도는도대체 무엇이었을까.[44)]

박완서는 『나는 왜 작은 일에만 분개하는가』에서 위 인용문 외에도「출가외인」, 「외손자와 방앗공이」, 「시집 장가 보내기」 등을 통해 가부장제사회의 전략이자 결과인 가부장제적 '도덕의 특색'[45)]을 분석하고

---

43) 박완서, 「시집 장가 보내기」, 『나는 왜 작은 일에만 분개하는가』, 햇빛출판사, 1990, 145~146면.
44) 박완서, 「종가 며느리」, 위의 책, 131면.

있다. 그렇다면 "여성 문제를 여성 각자의 제 할 탓으로 돌리는 건 마치 빈곤의 문제를 가난한 자의 제 못난 탓으로 돌리는 것과 맥락을 같이 하는 오류"일 것이다.[46] 그녀는 결국 "여성 문제가 못 가진 자, 힘없는 자의 문제와 연관되어 있다"라는 인식에 도달하게 되는데,[47] 이는 그녀가 여성 문제의 해결책을 여성 자신의 '계몽'과 '각성'이라는 틀에서 벗어난 지점에서 생각하게 되었다는 것을 말해 준다. 즉 박완서는 현대 가부장제사회와 그 이데올로기적 장치로서 가부장제적 도덕과 문화를 문제삼음으로써 우리가 궁극적으로 형성해야 할 도덕이 페미니즘의 차원에서도 검토되어야 한다고 주장하고 있는 것이다. 이는 사실 앞 절에서 살펴본 바와 같은 작은 세계의 범위를 넘어서는 문제의식이다.

4. 에세이와 비판의 정신

한국 근대문학에서 짧은 산문에 대한 이론으로는 수필론이 대표적인데, 근대수필의 특성을 박완서의 '발언'과 비슷한 지점에서 파악한 이론가들이 몇 있었다. 김기림은 1948년에 수필집 『바다와 육체』를 내면서 그 서문에서 "문학 범주의 테두리만 돌아다니는 불평분자인 수필이 문학이 되려면 불평이 있는 곳에 반드시 불평의 편에 서기를 명심해야 한다"는 견해를 표명한 바 있다.[48] '불평'의 정신은 '비평'의 정신으로 심화·확장될 수 있으며, 그 언어적 실천은 '비평'과 연관될 수 있다. 수필을 비

---

45) 박완서, 「외손자와 방앗공이」, 위의 책, 135면.
46) 박완서, 「나는 왜 작은 일에만 분개하는가」, 위의 책, 99면.
47) 박완서, 위의 글, 103면.
48) 김기림, 『김기림 전집』 5, 심설당, 1988, 170면.

평과 비평 정신의 맥락에서 파악하고 있는 위 견해는 그 논리적 단순성에도 불구하고 큰 의미를 지닌다. 또 그 이전에 이미 임화도 수필을 사상과 취미의 '현대성'이라는 측면에서 접근했었다. 임화의 「수필론」은 수필에 대한 최초의 본격적인 장르론적 검토라고 할 만한 글인데, 여기서 그는 당시 유행하던 소위 '순문학적' 수필이 '현대정신을 통해 현대문화로서 교양되어진 현대취미가 아니고, 전대(前代)의 소위 동양취미를 발휘하면서 예술가연하는 태도'를 취하고 있다고 비판했다.[49] 그가 지적한 것은 사상과 취미의 조화로운 통일에 기축이 되어야 할 '현대정신'의 부재였다. 김기림이나 임화에게 있어서 수필은 그저 서정, 서경, 감상의 글쓰기가 아니라 '근대적인' 글쓰기가 되어야 했다.

김기림의 '불평'의 기저에는 임화가 말한 현대 정신이 있으며, 이는 다른 말로 '비판'의 정신이라고도 할 수 있다. 우리는 이를 푸코가 말한 '근대문명에 특유한 비판적 태도'와 관련하여 생각해 볼 수 있다. 푸코에 의하면 서양에서는 대략 15세기 내지 16세기부터 생각하고 말하고 행동하는 어떤 새로운 방식, 혹은 존재, 지식, 태도에 대한 어떤 새로운 관계, 즉 사회와 문화 그리고 다른 이들에 대한 '비판적 태도'라고 할 수 있을 만한 관계가 생겨났다. 비판의 태도는 이 시기 서유럽사회에서 특징적으로 보이는 "통치화"의 동향, 즉 통치술의 증대와 통치제도의 증식에 맞서는 반대편으로서, 혹은 상대방이자 동시에 적대자로서, 통치술을 불신하고, 거부하고, 제한하며, 그 정당한 한도를 모색하고, 그를 변형시키며, 그로부터 탈피하려 하는 방식이었다. 푸코는 통치술과 동일한 발전선상에서 탄생했던 일정한 문화적 형식, 도덕적인 동시에 정치적인 태도 혹은 사고방식과 같은 그 무엇에 대해 "통치당하지 않으려는 기술, 또는 이런 식으로, 이를 대가로 해서는 통치당하지 않으려는 기술"이라는 이름을 붙였다. 푸코는 이를 '비판'의 가장 일차적인 정의로 제안했

---

49) 임화, 「수필론」, 『동아일보』, 1938.6.18~22(『문학의 논리』, 학예사, 1940, 681면 참조).

다.50) 푸코가 말한바, 서양에서 15세기 내지 16세기에 나타난 새로운 '문화적 형식, 도덕적이면서 정치적인 태도, 혹은 사고방식'이란 서양 에 세이의 기원으로 언급되는 몽테뉴의 『에세(Essais)』가 서있는 지점이기도 하다. 『에세』는 무엇보다도 르네상스시대에 전통적인 교육—기억 지향 적인 문화—의 축적물들에 대한 반대로서 탄생했으며, 그것들에 성찰 적 · 비판적 방식으로 대응한 글쓰기의 한 모델이었다.51) 에세이를 현실 에 존재하고 기능하는 사회와 문화에 대하여 성찰적이고 비판적인 방식 으로 대응하는 글쓰기와 연관시킬 수 있다면, 에세이의 이러한 성격이야 말로 곧 사회 · 문화 비평의 기반이 됨에 틀림없다.

박완서의 '발언'은 사회 · 문화적 에세이의 두 가지 양식 중에서 시론 (時論) 계열에 속하며, 그것은 보통 남성들이 독점해 온 에세이 장르에 대해 페미니즘적 접근을 이룬 새로운 글쓰기의 하나였다.

박완서의 에세이는 국가나 민족 같은 큰 사회와 그에 방점을 두는 큰 이념에 대해서 구조적이고 체계적인 방식으로 접근하여 비평하고 전망 하는 것을 목표로 하지 않는다. 그녀는 좀더 작은 사회, 즉 사람들의 생 활이 이루어지는 '일상적인 세계'와 그것이 편안하고 자연스러운 것이 되기 위해 있어야 할 '작은 믿음과 도덕'을 문제삼는다. 이러한 태도는, 대부분의 사람들에게 있어서 '세계'란 생활의 세계이며, 사람들의 충족 한 생활에 필수 불가결한 '세계에 대한 믿음'이란 바로 그 생활 세계가 상호적인 믿음과 도덕에 바탕을 두고 흘러갈 때 가능하다는 생각에 바 탕을 두고 있다. 그녀는 사람들이 그 속에서 살아가는 세계라는 것이 결 국 안면이 있는 사람, 친구, 친척, 운전사, 차장, 상인, 옆집 사람, 가족, 아내와 남편으로 구성된 작은 세계라고 생각하는 것이다. 이것이 바로

---

50) 미셸 푸코, 이상길 역, 「비판이란 무엇인가」, 『세계의 문학』 76, 1995년 여름 참조. 푸
   코에 의하면 근대 서양에서 '통치화와 비판의 게임'은 성서, 권리, 과학 / 교권, 법, 독단
   의 권위의 문제들을 통해 문헌학, 성찰, 사법적 분석, 방법론적 반성 등과 같은 서양문
   화사에서 중요한 발전을 촉진시킨 원인이 되었다.

51) Claire De Obaldia, *The Essayistic Spirit*, New York : Oxford University Press, 1995, p.14.

그녀가 유독 '작은 것'에 비판을 집중하는 이유이다.

　박완서의 비판은 그 대상과 태도에 있어 실로 거침이 없다고 할 만하다. 그녀의 거침없는 '바른 말'은 통상 공적인 글쓰기가 되기 위해서는 걸러져야 할 것으로 여기는 직접적인 감정을 다분히 함유하고 있기도 하다. 사실 그녀의 말발에 오른 사람들은 지인(知人), 친구, 친척, 남편, 심지어 작고한 시어머니에까지 이르며, 그 목소리는 신랄하다. 그녀의 비판에는 가히 인정(人情)과 사정(私情)을 돌아보지 않는다고 할 만한 면이 있다. 박완서의 '발언'은 시평을 포함하여 비평이라는 글쓰기가 보여온 권위적인 태도를 해체하고 유사 객관성을 폭로하며, 이를 통해 궁극적으로 '바른 말을 하는 문화'를 생성해 내고자 한다.

　박완서가 우리 사회의 도덕과 문화에 대항하여 가장 치열하게 싸운 지점은 '여성'이라는 주제이다. 그녀는 '가사노동' 개념을 도입함으로써 문제를 다르게 설정하게 되는데, 핵심은 가부장제사회의 전략이자 결과로서 가부장제적인 도덕과 문화를 문제삼게 됨으로써 초보적 차원의 계몽주의에서 벗어나게 되었다는 점에 있다. 그녀는 이 과정에서 우리 사회의 도덕이 회복되어야 할 것이 아니라 새롭게 형성해야 할 것이라는 점과 그것이 비단 작은 사회의 문제로 한정되지 않는다는 점을 의식하게 된 것으로 보인다. 페미니즘적 도덕이라는 문제의식은 박완서의 '발언'에 새로운 가능성을 부여했다. 여성이라는 주제를 둘러싸고 벌인 가부장제적 문화·도덕과의 싸움은 그가 하나의 삽화를 가진 단평(短評)에 머물지 않고 여러 개의 삽화를 동원하면서 좀더 분석적인 긴 글을 시도하도록 했다. '차근차근' 그리고 '조목조목' 따지는 글쓰기는, 단평이 개탄과 분노라는 직접적이고 수동적인 감정에 바탕을 두곤 했던 것과 비교할 때, 비판 정신의 성숙이라고 평가할 수 있다.

제 11 장

수필 쓰기와 자기 구성

한무숙론

1. 수필 쓰기를 통해 형성되는 나는 누구인가

한무숙(1918~1993)의 작품 활동 기간은 거의 40여 년에 달한다.[1] 그녀가 가장 활발하게 작품 활동을 했던 때는 보통 1950년대로 알려져 있지만 시기를 조금 더 넓히면 1948년 등단에서부터 1960년대 초까지라고 할 수 있다.[2] 첫 번째 수필집 『열 길 물속은 알아도』[3]에 실린 글들이

---

[1] 한무숙의 작가 생활이 1948년 『국제신문』에 장편소설(『역사는 흐른다』)이 당선되면서 본격화되었다고 했을 때 그녀는 약 40여 년에 걸쳐 작품 활동을 한 셈이다. 그러나 그보다 이전인 1942년 『신시대』사의 장편소설 공모에 『등불드는 여인』이 당선되었던 일과 조선연극연구회의 작품 모집에 단막 「마음」과 4막 5장의 「서리꽃」 등이 수석 당선한 사실을 고려한다면 한무숙의 글쓰기의 연원은 훨씬 깊고 길다(한무숙, 「불씨」, 『한무숙 문학전집』 8, 을유문화사, 1992, 34~37면 참조).

[2] 한무숙은 1964년 장편 『석류나무집 이야기』를 연재한 이후 긴 휴지기를 가진다. 그녀는 1970년대에 들어서 작품 활동을 재개하는데 1978년도에서 1980년대 초까지를 작품

씌어진 시기는 한무숙이 활발하게 작품 활동을 했던 위 기간과 대략 일
치한다. 그녀는 첫 번째 수필집을 출간하고 대략 스물여덟 해가 지난 후
두 번째 수필집『내 마음에 뜬 달』4)을 출간했다. 두 번째 책이 포괄하고
있는 기간이 앞의 것보다 훨씬 긴 셈이다. 두 권의 책에 실린 작품은 총
179편에 달한다.

한무숙은 여성의 삶과 생활에 큰 관심을 가졌던 작가로 평가되고 있
다. 그녀는 "전통적인 양반 가문에서 태어나 서구 교육을 받음으로써 봉
건문화의 몰락과 근대 문화의 생성을 생활로 체험하고 두 문화간의 긴
장을 작품으로 형상화했던 작가이며, 한 여성으로서 여성에 대한 인습적
인 시선을 비판적으로 인식하고 자기표현 형식을 갈망한 데에 그녀의
글쓰기의 출발이 있었다."5) 그녀의 수필들 중 특히 여성의 삶과 생활을
주제로 하는 텍스트에는 여성 인물의 삶을 전체적으로 조명하는 전기(傳
記)적인 글, 여성 인물에 대한 스케치적 성격을 가진 글, 여성의 삶과 생
활에 대한 사색을 담은 글, 자기 소설의 여성 주인공에 대한 글, 그리고
자화상적인 글을 포함한 자전적인 글들이 있다.

한무숙은 수필이라는 장르에 대해 어떤 일관된 문제의식을 가지고 접
근한 것이 아니었다. 40여 년 간의 작품 활동 기간 동안 200편 미만의
수필을 썼다면 이는 결코 많다고는 할 수 없는 분량이다. 그리고 내용의
다양성은 곧 무계획성의 증거이기도 하다. 각 권은 열세 개의 소제목 아
래 적게는 서너 편에서 많게는 십여 편에 이르는 글들을 묶어놓았는데,

활동의 제2기라고 할 수 있다(「작품연보」,『한무숙 문학전집』7, 을유문화사, 1992, 381
~382면 참조).

3) 한무숙,『열 길 물속은 알아도』, 신태양사, 1963. 이 글에서『열 길 물속은 알아도』에
있는 작품을 인용할 경우, 1992년에 을유문화사에서 펴낸 '『한무숙 문학전집』7'을
'『전집』7'로 표기하기로 한다.

4) 한무숙,『내 마음에 뜬 달』, 스포츠서울, 1990. 이 글에서『내 마음에 뜬 달』에 있는
작품을 인용할 경우, 1992년에 을유문화사에서 펴낸 '『한무숙 문학전집』8'을 '『전집』
8'로 표기하기로 한다.

5) 정재원,「한무숙 단편소설 연구」, 연세대 석사논문, 1995 참조.

이는 그간에 쓴 글들을 소재나 주제의 유사성을 기준으로 하여 편집한 결과로 보인다. 각 권과 그 안의 소분류들이 일정한 주제나 체제를 지향하고 있다든지 또는 그 안에서 새로운 글쓰기를 시도하고 있다든지 하는 면모를 찾을 수는 없다. 여기에는 이를테면 계절이 바뀌거나 해가 바뀔 때 잡지사 등의 청탁에 의해 씌어졌을 것 같은 상투적인 글들도 적지 않다. 그녀 스스로 "청을 받아 끼적거리듯이 써갈기는, 수필이라는 이름의 잡문을 쓰기 싫어했다"고 말하고 있기도 하거니와 두 권의 수필집은 "그렇게 싫어 싫어 쓴 것들이" 어느덧 한 권 분량이 되게 쌓였을 때 묶어서 펴낸 것에 불과하다.6) 수필이 한무숙의 작품에서 주변적 텍스트로 홀대받게 된 근원은 무엇보다도 수필 쓰기가 그녀에게 '여분의' 글쓰기였다는 데 있다.

이제까지 문학사 연구에서 수필은 대개 작가의 '작품'을 이해하기 위한 보조 텍스트로서 작가에 대한 전기적 사실들을 참조하는 정도로만 언급되어 왔다. 한무숙 연구에서도, 그녀의 삶에 드러나는 구체적인 사실들과 작품 사이에 분명하고도 인상적인 연관성이 있다고 추정되었을 때, 수필은 그녀의 삶을 구성하는 구체적인 사실들과 그것들에 대한 그녀의 태도를 드러내고 있는 보조 텍스트로 활용된 바 있다.7) 그러나 수필, 그 가운데 특히 자전적인 텍스트를 통해서 위와 같은 면 — 작가의 삶을 구성하는 구체적인 사실과 그것에 대한 작가의 태도 — 에 대해 '진실한' 정보를 얻을 수 있다고 가정하는 것은 좀 성급한 믿음일 수 있다. 자서전적 글쓰기는 필연적으로 주관성을 내포하게 되는바, 그 텍스트는 객관적 실재로서 저자의 진실을 드러낸다기보다 저자가 무엇을 자신의 진실이라고 여기는지를 드러내기 때문이다. 수필집에 실린 다른 글

---

6) 한무숙, 「작가의 말」, 『전집』 7, 379면.
7) 정재원은 한무숙의 여성 문제를 다룬 소설들에서 작가가 체험한 전통문화와 근대문화 사이의 긴장이 어떻게 드러나고 있는지를 연구했는데, 여기서 수필작품은 중요한 참조 자료가 되고 있다. 이에 대해서는 정재원, 앞의 논문 참조.

들, 예를 들면 자화상적 텍스트나 명상적 텍스트도 비슷하다. 요컨대 수필 역시 엄밀한 의미에서는 '진실하지 않다.'

이 글은 한무숙의 수필이 그녀의 자아를 진실하게 드러내고 있다고 상정하기보다는 자아가 수필 쓰기를 통해서 '구성' 또는 '형성'된다는 관점에 서 있다. 글쓰기는 자아를 표현하는 계기일 뿐만 아니라 자아를 구성하고 형성하는 계기이기도 하다. 자서전적 텍스트에 대해서는 이러한 관점이 일반적으로 받아들여지고 있다. 즉 자서전은, 그것이 "어쩔 수 없이 내포하게 되는 주관성이 바로 현실과 허구 사이의 상호작용을 드러냄으로써 저자가 자신의 참모습, 곧 진실이라고 여기는 것이 무엇인가를 살펴볼 수 있게 한다. 그래서 자서전은 한 개인의 삶의 기록에 그치지 않고 저자가 현실 속에서 자신을 인식하는 과정을 보여주는 글쓰기"인 것이다.[8] 이러한 자기 인식의 과정은 타자에 대한 글쓰기를 통해서도 이루어진다고 할 수 있다. 주변 인물에 대한 전기적 글쓰기나 스케치적 글쓰기에도 저자가 현실 속에서 자신을 의식하는 과정이 잠재적으로 관여하고 있기 때문이다. 타자를 의식하고 평가하는 과정은 곧 자아가 자기를 의식하고 규정하는 과정이다.

한무숙은 특히 자서전적 글쓰기를 통해서 자신이 진실이라고 생각하는 자기의 모습을 구성해 갔다고 할 수 있지만 어머니를 비롯한 여성 친족들, 친구나 친분을 맺고 있는 여성들, 다른 여성 작가나 스승에 대한 이야기를 쓰면서도 자신의 정체성을 구성하고 확인한다. 이 글은 글쓰기를 통해 형성되는 '자기'의 문제를 한무숙의 첫 번째 수필집과 두 번째 수필집 사이에 나타나는 일련의 연속과 변화에 초점을 맞추어 해명하고자 한다.

---

8) 자서전 글쓰기의 특징과 그에 관련된 '진실'의 문제에 대해서는 문경자, 「루소의 자서전 글쓰기와 진실의 문제」, 서울대 박사논문, 1998 참조.

2. 글 쓰는 사람으로서의 자기 의식

이 절에서는 자화상적 텍스트를 포함한, 넓은 의미의 자전적 텍스트들을 중심으로 저자의 자기 의식의 문제를 다룬다.9) 자전적 텍스트들은 첫 번째 수필집인『열 길 물속은 알아도』에 집중적으로 실려 있는바, 이는 첫 번째 수필집에 실린 글들에 의해 형성되는 한무숙의 자기 의식을 살펴보는 일이기도 하다.

　　온통 연녹색에 덮인 세계였다. 이름 모르는 나무들이 서로 정답게 가지를 섞으며 서 있고 나무 밑에도 연한 녹색의 풀들이 피어오르고 있었다. 가지마다에, 풀끝마다에 꽃들이 달려 있었다. 못 위에 떠 있는 부평초에도 연분홍 노랑보다 흰색의 꽃들이 피고 그렇게 곱게 꽃 핀 부평초로 못은 덮여 있었다.
　　순이에게 업혀 간 나는 풀 속에 앉은 채 따뜻한 햇볕과 맑은 공기에 취해 있었다. 녹색에 쌓여 앉아 있는 그것만으로 가득 차 있었고 평화롭고 행복했다.
　　산들바람이 지나갔다. 가벼운 소요가 일어나고 부평초들이 꽃을 단 채 조금씩 움직였다. 그러나 물꽃에 가리웠던 수면이 물꽃 사이로 얼굴을 내밀었다. 내리쪼이는 햇빛을 받아 반짝거리며.10)

---

9) '자서전(autobiography)'이란 한 실제 인물이 자기 자신의 존재를 소재로 하여 개인적인 삶, 특히 자신의 인성의 역사를 중심적으로 이야기한, 산문으로 쓰인 과거회상형의 이야기이다. 이에 대비해 '자화상(autoportrait)'은 이야기가 아니고 과거 회상형이 아니라는 점에서 자서전과는 다르다. 자서전과 자화상의 정의는 필립 르쥔, 윤진 역,『자서전의 규약』, 문학과지성사, 1998 참조. 그러나 자화상은, 마찬가지로 자서전의 인접 장르인 자전소설이나 사소설보다 자서전에 가깝다고 할 수 있으며, 또 실제 작품에서 두 성격은 서로 결합되어 나타나기도 한다. 그리고 무엇보다도 저자와 화자 그리고 인물이라는 서술의 세 층위가 서로 관계 맺는 양상을 볼 수 있다는 점에서 넓은 의미의 자전적 텍스트에 포함되는 것으로 함께 다룰 수 있다고 생각된다. 한무숙의 텍스트를 말 그대로 '자화상' 혹은 '자서전'이라고 명명하지 않은 이유는 그녀의 텍스트들이 자화상이나 자서전을 목적의식적으로 지향하고 있는 것은 아니기 때문이다. 이 절에서는 이를테면 한무숙의 수필집에 산재해 있는 자서전적이거나 자화상적인 텍스트들을 자(서)전적 텍스트로 포괄하여 논하기도 하였다.
10) 한무숙, 「나의 문학의 스승들」, 『전집』 8, 42면.

한무숙은 네 살 무렵 초여름의 '최초의 눈뜸'을 위와 같이 기록하며, '너무나 순수하고 청신하고 아름다웠던 이 광경은 아직도 내 안에서 선명하고 신선하다'고 말하고 있다. 모든 자서전에서 이러한 최초의 눈뜸 이전의 시기는 인물의 주변 — 부모를 비롯한 가족관계나 생활환경 — 에 대한 설명이 주가 되고 있는데, 그 내용은 사실 인물이 당시에 '의식한' 것은 아니다. 한무숙에게도 그 시절은 '아늑하고 아득한 태 속같이 짙은 혼돈에 잠기어 있을 뿐'이며, '최초의 눈뜸'에서 비로소 그녀의 기억이 성립한다. 그러나 이 경우에도 인물의 자아는 징후적으로만 나타난다. 인용문에 다루어진 것과 같은 아주 어렸을 적의 사건에 대한 기억은, 다른 글에서 그녀가 말하고 있듯이, '자란 후에 본 일이 있는' 어떤 장면이 오버랩된 것일 수 있고,[11] 현재 서술하는 화자의 시각에 의해서 재구성 또는 재해석된 것일 수도 있다. 사건 당시의 '나'는 자신의 자아를 명료하게 의식하지 못한다. 이 장면이 일종의 풍경화로 나타나는 것은 이 때문이다.

'최초의 눈뜸'으로부터 시작되는 한무숙의 자화상적 텍스트와 자전적 텍스트는 첫 번째 수필집에 집중되어 있다. 한무숙의 수필 중에 자전적 텍스트는 「불씨」 외 12편 정도에 이르며,[12] 자화상적 텍스트는 「망상과 착각의 늪에서」 외 10편 정도에 이른다.[13] 그런데 이들 텍스트들 중 거

---

11) 한무숙, 「계절의 고향」, 『전집』 7, 135면. 이 글에서는 최초로 기억하는 날이 진주 상봉리에서의 봄날이며 그곳을 떠난 것은 여섯 살 때 봄이었다고 적고 있다. 그러나 「나의 문학의 스승들」에서는 최초의 기억이 진주 상봉리의 초여름날이며, 상봉리를 떠난 것은 네 살 때 가을이라고 하는 등 다르게 말하기도 하는데, 이는 기억의 부정확성에 기인한 착각으로 보인다.

12) 자전적 텍스트에는 「영란꽃 향기가 번지는 아픔 속에서」, 「'그림 소녀'의 독백이」, 「인생 밖 시간 밖에서」, 「다시 돌아가더라도―여자 나이 스물두 살」, 「구름」, 「전보 한 장으로」, 「바다의 배를 헤아리던 소녀」, 「나를 앞질러 간 소망과 절망」, 「가혹한 삶의 현장을 산 회색빛 계절의 노역부―나의 20대」, 「풀색 노트의 기억」, 「등불 드는 여인」(이상 『전집』 7,)과 「불씨」, 「나의 문학적 스승들」(이상 『전집』 8) 등이 있다.

13) 자화상적 텍스트에는 「고약한 나의 버릇―나의 독서법」, 「이솝의 까마귀」, 「나의 특권지대」, 「나의 의장」, 「구차한 독백」, 「모방」, 「태몽 없는 연년생」(이상 『전집』 7)과 「망상

270   한국 근대 산문의 계보학

의 80% 이상이 첫 번째 수필집인 『열 길 물속은 알아도』에 실려 있다. 자전적 텍스트들 중 가장 완결적인 글은 두 번째 권의 맨 첫머리에 있는 「불씨—신사임당상 수상작」(1973)이다. 그런데 이 글은 첫 번째 권에 있었던 「다시 돌아가더라도—여자 나이 스물두 살」, 「가혹한 삶의 현장을 산 회색빛 계절의 노역부—나의 20대」, 「등불 드는 여인」 등의 통합적 재서술의 성격이 강하다. 이런 점에서 「불씨」는 첫 번째 수필집에서 중점적으로 행해진 자전적 글쓰기의 연장선상에 있다고 할 수 있다.

한무숙의 자서전적 텍스트와 관련하여 하나 더 지적할 점은 그것이 소녀시절에서 등단까지 시기를 서술하는 데 초점을 맞추고 있다는 사실이다. 일반적으로 소녀시절은 자아가 눈뜨는 시기로서 그 이전과는 획기적으로 구분된다. 따라서 인물이 자아를 의식하게 된 소녀시절에서부터 자서전 서술이 시작되는 것은 특별하지 않은 일이다. 문제는 자전적 이야기가 대개 등단 초기 시점에서 중단된다는 점이다. 물론 이 두 가지 특성이 모두 외부적 요인에 말미암은 것이라고 생각할 여지가 없는 것은 아니다. 통상 작가의 '수업시대'나 '첫 작품을 쓸 때'는 독자들의 특별한 관심사이기 때문에, 작가가 나름대로 문명(文名)을 떨치고 있을 때 이러한 내용은 청탁의 단골 메뉴였을 것이다. 그러나 작가가 어떤 시기에 자서전적인 글쓰기를 집중적으로 시도한다거나 자서전적인 글쓰기가 특정 시기의 삶에 한정되는 것은 단순히 외적인 요인이 아니라 저자 내적인 요구에 말미암은 것이다.

시댁은 누대 봉사의 대종가로 범절 높은 층층 시하였고 시어머님은 4년째 중환으로 내일을 기약할 수 없는 용태 속에 계셨다. 묵은 집안의 인습의 무거움과 낙탁한 대가의 어둡고 침울한 분위기와 상봉하솔의 생계의 어려움과 거듭되는 불운이 변질시켜 버린 잔인하다고밖에 보이지 않는 인심의 시달림 속에 고

과 착각의 늪에서」, 「어리석고 못난 인간 본성을 추구하며」, 「'나'라는 존재」, 「시간과 나」(이상 『전집』 8) 등이 있다.

달픈 신역의 나날이 시작되었다.14)

한무숙이 어린 마음에 천직으로 여겼던 그림을 포기하게 된 것이 열
여덟 살 때 폐결핵의 발병 때문이라면, 그녀가 소설을 쓰게 된 것은 아
주 묵은 집안에 출가를 하여 눌려 사는 동안에 행복하게 곱게만 자라던
소녀시절엔 상상조차 못했던 설움이 쌓여갔기 때문이다.15) 한무숙은 그
시절 자신의 처지를 "감정이 없는 한낱 노역부(勞役婦)",16) "남들이 말하
는 '며느리는 똥 친 막대기'의 그 며느리"17)였다고 말하고 있는바, 그녀
는 '서글프고, 억울하고, 하고 싶은 말이 너무 많았다.' 그녀는 낮에는
죽였던 감정을 깊은 밤에 불러일으키는 버릇이 생겼다고 말하고 있는데,
밤에 불러일으켜진 '불씨'가 바로 '인간답게 살고 싶다, 내 의지가 참가
하는 인생을 살고 싶다'는 열망이었으며, 그 불씨를 지피며 써낸 것이
바로 소설이었다.18)

자서전이 총체적인 층위에서 이야기(recit)인 것은 '나―화자'가 '나―주
인공'으로부터 거리를 유지하며 '그'의 삶을 서술하고 있기 때문이다. 이
때 담론(discourse)의 개입은 '나―주인공'을 바라보는 '나―화자'의 주관성
이 드러나는 장치가 된다. 화자는 텍스트 내적인 존재이며, 하나의 텍스
트는 결국 그 화자와 동일 혹은 긴장의 관계를 맺는 저자가 독자를 향해
던지는 메시지, 즉 하나의 담론이다. 이렇게 본다면, 자기의 삶을 과거
회상형으로 서술하는 자서전 글쓰기의 핵심은 바로 이 이야기와 담론의
관계맺음을 통해 드러나는 '자아의 글쓰기'에 있다.19) 한무숙의 자서전
적 글쓰기가 소녀 시절에서 등단하게 되기까지의 과정에 집중되어 있다

---

14) 한무숙, 「불씨」, 『전집』 8, 23면.
15) 한무숙, 「'그림 소녀'의 독백이」, 『전집』 7, 72면.
16) 한무숙, 「가혹한 삶의 현장을 산 회색빛 계절의 노역부」, 『전집』 7, 277면.
17) 한무숙, 「나를 앞질러 간 소망과 절망」, 『전집』 7, 273면.
18) 한무숙, 「불씨」, 『전집』 8, 33면.
19) 필립 르죈, 윤진 역, 『자서전의 규약』, 문학과지성사, 1998, 18면 참조.

는 것은 글을 쓰는 당시의 저자가 그 글쓰기를 통해 인식하고자 한 자아
를 드러내준다. 간단히 말하자면, 당시의 한무숙은 자서전적 글쓰기를
통해 자신이 왜, 어떻게 글쓰기에 들어섰는가를 인식하고자 한 것이다.
자신의 글쓰기의 지반을 검토하고자 하는 욕망이 저자의 글쓰기가 한창
활발한 시점에서 이루어졌다는 것은 어쩌면 당연한 일이다. 자서전의 저
자는 자서전을 쓰는 순간에도 삶을 계속하고 있으므로, 그의 구체적인
현실 상황이 화자에게 미치는 영향은 텍스트의 의미 형성에 결정적인 작
용을 한다. 자신을 글 쓰는 사람으로 의식하고자 하는 요구는 글쓰기를
할 때 가장 고조되는 법이다.

> 요즘은 신혼 때도 하지 못했던 남편과 둘만의 오붓한 생활을 하고 있다. 은혜
> 스럽게도 아이들이 모두 각 분야에서 박사학위를 받고 성실하게 살고 있어 그
> 것만으로도 나는 언제나 감사하고 있다. 해방 후의 혼란 속에서 월남해오신 어
> 른들과 여러 가족을 모시고 거느리고 겪었던 그 수많은 고초도 이제 모두 은혜
> 로만 여겨진다. 그 질병과 실의와 가난과 고통을 통하여 나는 인생의 저변을
> 알았고 가혹한 삶의 현장을 목격했고 사람의 마음의 심연에까지도 내려가 볼
> 수 있었지 않았던가. 지금 와서 생각하니 완고하고 가혹하다고 생각했던 시어
> 른들은 모두 세대와 사고와 가치관을 나와 달리할 뿐 범절 높고 점잖고 품위있
> 는 인생의 교사들이었다.[20]

「불씨」는 1973년 제5회 신사임당상 수상작이다. 이 글은, 앞서 말했던
것처럼, 1963년에 출간한 첫 번째 수필집『열 길 물속은 알아도』에 실려
있는 여러 자전적 텍스트들의 통합적 재서술에 해당한다. 단, 위 인용문
은 「불씨」의 마지막 부분으로서 저자의 '요즘' 상황에 기반 해 있다. 다
시 말해 이 부분은 자신이 어떻게, 왜 글쓰기를 시도했는가를 서술함으
로써 글 쓰는 사람으로 자신을 정립하고자 했던 저자의 욕구가 한풀 꺾
인 시점, 즉 그녀의 작품 활동의 긴 휴지기 중간에 덧붙여진 것이다. 여

---

20) 한무숙, 「불씨」, 『전집』 8, 37면.

기에서 한무숙은 남편의 아내이자, 아이들의 어머니이자, 시어른들을 모시고 시댁 가족들을 거느리는 한 집안의 며느리로서 자신을 회고함으로써 그렇게 자신을 구성하고 있다. 두 번째 수필집『내 마음에 뜬 달』에 특히 자녀와 손자녀들에 대한 글들이 많은 것이나, 그녀의 '잊지 못할 사람들'이, 첫 번째 수필집에서처럼 김말봉이나 공초 오상순나 펄 벅 같은 작가들이 아니라, 요절한 아들과, 개인적인 친분관계에 있던 여성들인 것도 이 때문이다.

3. 착각의 서술과 자기의 구성

자서전과 전기의 가장 두드러진 차이는, 자서전의 경우 화자와 주인공이 일치하는 반면, 전기의 경우 화자와 주인공이 일치하지 않는다는 점이다. 자기의 이야기를 하는 (자기 서술적) 이야기는 삼인칭으로 주어지는 (이질 서술적) 이야기로 결코 환원될 수 없다. 자기 서술적인 이야기에서 언술 행위의 주체와 언술 내용의 주체 사이에 성립되는 동일성은 다시 모종의 상태를 갖는 유사성을 끌어들인다. 즉 자기에 관해 이야기하는 경우 그것이 아무리 먼 옛날에 겪은 일에 관한 이야기라 하더라도 이야기의 주인공은 동시에 이야기의 서술을 만들어내는 '현재'의 사람인 것이다. 언술 내용의 주체는 언술 행위의 주체로부터 분리될 수 없다는 점에서 이중성을 갖는다. 따라서 화자와 주인공의 동일성이 의미하는 것은, 화자와 (과거와 현재의) 주인공 사이의 관계는 저자와 모델의 관계와 동일하다는 것이다. 유사성의 관계로 추론할 경우, 진리라는 최종의 용어는 더 이상 과거의 즉자일 수 없고 언술 행위의 현재 속에 드러나는 대자성을 내포한다.[21] 따라서 언술 행위의 현재 속에 드러나는 실수, 거짓, 망각, 왜곡은, 이야기의 다른 양태들과 마찬가지로, 언술 행위의 한 양상으로서의 가치를 갖는다. 그렇다면 우리는 한무숙의 언술 행위의 현재 속에 드러나는 상위성(相違性)을 잘 분별해 봄으로써 그것이 한무숙 자신에 대하여 언술하고 있는 바가 무엇인지를 생각해 볼 수 있을 것이다. 이 절에서는 두 번째 수필집『내 마음에 뜬 달』에 실린 글쓰기를 통해 형성되는 자아의 문제를 앞서 살핀 첫 번째 수필집『열 길 물 속은 알아도』를 통해 형성된 자아의 문제와 비교하여 그 차이를 부각시키고자 한다.

> 어려서부터 병약했던 까닭에 내 자신의 무게 이상으로 고임과 위함을 받았던 나는 결혼 후 비로소 자기가 아무 것도 아닌 사람이라는 것을 알았다. 착각에 사로잡혀 있었던 나는 비로소 눈을 뜬 것이다. 그때부터 어리석고 어딘가 빠진 듯한 못난 사람에게 애정이 쏠렸다. 그래선지 나의 작중 주인공들은 대개가 어리석고 결점과 모순투성이의 치우(痴愚)로 사는 사람들이다.22)

한무숙은「어리석고 못난 인간의 본성을 추구하며」에서 자신의 작중 인물의 성격을 해설하고 있는데, 여기서는 소설의 작중 인물의 성격이 과연 그러한지는 문제삼지 않기로 한다. 왜냐 하면 위 문장에서 관심을 가져야 할 부분은 한무숙이 자신의 삶의 과정과 그로부터 얻은 깨달음을 자기 소설의 작중 인물의 성격화와 연결시키는 바로 그 논리이기 때문이다.

위 글에서 한무숙은 자신이 처녀 시절 스스로 비범한 사람이라는 병적인 착각 속에 살다가 결혼 후 비로소 자기가 아무 것도 아니라는 것을 깨달았으며 그때부터 어리석고 못난 사람들에게 애정을 가지게 되었다고 말하고 있다. 그러나 그녀는 다른 글에서는 다르게 말한 바 있다. 우리가 앞 절에서 살펴본 자서전적인 글들에 의하면 그녀가 결혼생활로

---

21) 필립 르죈, 윤진 역,『자서전의 규약』, 문학과지성사, 1998, 58~59면 참조.
22) 한무숙,「어리석고 못난 인간 본성을 추구하며」,『전집』 8, 59면.

부터 얻은 깨달음은 그런 것이 아니었다. 말하자면, 인간답게 살고 싶다는 열망은 '감정이 없는 한낱 노역부'로서 살기 싫다는 의식이었으며, '똥 친 막대기'의 신세로서 살아서는 안 된다는 깨달음이었다. 즉 한무숙은 특히 『열 길 물속은 알아도』에서 중점적으로 행한 자서전적 글쓰기를 통해서는 결혼생활에서 자신이 아무 것도 아니라는 것을 깨달은 것이 아니라 자신이 아무 것도 아닌 존재가 아니라는 것, 그렇게 되어서는 안 된다는 것을 깨달았다고 서술하고 있는 반면, 『내 마음에 뜬 달』에 실린 위의 글에서는 결혼을 통해 정반대의 깨달음을 얻은 것으로 서술하고 있다. 이 두 가지 중 어느 편이 한무숙의 진짜 모습이고 진짜 의식인가를 분별하려 하는 것은 어리석은 일일 수 있다. 즉 글 쓰는 행위의 현재 속에서는 두 글에서의 자기 의식, 더 구체적으로 말하자면 자기의 과거—결혼생활의 경험—에 대한 이해와 평가가 모두 저자 자신에게 진실한 것으로 의식되고 있는 것이다. 따라서 과거의 자기에 대한 재평가 혹은 재인식이 저자의 현재에 대해 언술하고 있는 바를 찾아내는 것이 중요하다.

위 인용문에 나오는 '치우로 사는 사람'의 표본은 한무숙의 소설 중 『축제와 운명의 장소』의 전옥희 여사이다. 이 소설은 1962년에 쓰여졌기 때문에 그 주인공 전옥희 여사는 1963년에 출간된 『열 길 물속은 알아도』에도 「치우(痴愚)를 산 서글픈 여인」이라는 글 속에 언급되어 있다. 한무숙은 이 글을 앞의 인용문과 비슷하게 "어딘가 좀 잘못된 딱하고 우스꽝스러운 인물에게 마음이 끌리게 된 것은 오래 전부터의 일이다"라는 말로 시작하고 있다.

전옥희 여사는 그런 여인이다. 아무 재능도 갖지 못하면서 자기는 평범한 여인일 수는 없다고 생각한다. 아름다운 용모도 고운 자태도 아니면서 매력적인 여성이라고 믿는다. 이루어 놓은 것도 별 자격도 없으면서 마땅히 남의 고임을 받는 것으로 알고 있다. 곁에서 보면 우스꽝스럽고 뻔뻔스럽고 기가 막힌다. 그렇다고 악질은 아니다. 한마디로 곤란한 여인이다. 꿈이 많다기에는 현실 여건이나 사람됨이 당치도 않지만 그녀는 그렇게 산다. 이러한 여인을 나는 몇 사람 보았다. 젊었을 때는 딱하게 보이고 나이 들어서는 지겨워지고 늙어가면서 측은함을 느끼게 할 인간 실격자들이다.[23]

한무숙은 이 글의 끝부분에서 자신이 본 '그러한' 여인 몇 사람을 더 구체적으로 묘사하기도 하는데, 그녀가 이 글에서 말하고 있는 바에 의하면, 『축제와 운명의 장소』는 '어리석고 딱하게 살아온 그녀들'에게 그녀가 표하는 '조그마나 진정 어린 사랑과 동정'이다. 그런데 여기서 중요한 것은 한무숙이 이 '치우'를 자신의 삶 또는 성격과 연결시키지는 않는다는 점이다. 병적인 어리석음은 '그녀들'의 성격이자 운명인 것이지 결코 자신의 성격과 운명은 아닌 것이다.

앞서 인용한 「어리석고 못난 인간의 본성을 추구하며」에 나타나 있는 의식은 두 번째 수필집 『내 마음에 뜬 달』에 집중적으로 나타나 있다. 「망상과 착각의 늪에서」에도 비슷한 얘기가 나오는데, 한무숙은 그 '인간 실격자들의 뻔뻔스러움과 망상에 곤혹하면서 어이없어 하면서 찌푸리며 눈길을 돌린 일이 수삼 번이 아니었는데 어느 날 나는 내가 눈길을 돌린 그 자리에 서있는 내 자신을 보았다'고 적고 있다. 그녀는 "딱하고 우스꽝스럽고 덜되고 못난 망상과 착각에 사는 여인, '축제(祝祭)와 운명(運命)의 장소' 속의 전옥희 여사는 나다"라고 말하고 싶을 때가 있다고 했다.[24]

여기서 한층 문제적인 것은 한무숙 자신이 빠져있다고 의식하는 망상과 착각의 늪이 바로 글 쓰는 사람으로서의 정체성과 관련된 것이라는 데 있다.

---

23) 한무숙, 「치우를 산 서글픈 여인」, 『전집』 7, 301~302면.
24) 한무숙, 「망상과 착각의 늪에서」, 『전집』 8, 41면.

특히 글을 쓰는 데는 신경이 곤두세워진다. 글을 쓸 수 있다고 착각하고 있는
것 같아 딱해진다. 불쌍도 해진다. 어이가 없어질 때도 있다. 내가 가장 서글프
고 불쌍해지는 것은 이럴 때이다. 그러면 나는 괴로워하면서 몸부림치면서 더
욱 그 착각에 집착하는 것이다.25)

앞에서 한무숙은 처녀 시절 병약했던 까닭에 지나친 고임과 위함을
받음으로써 자신이 특별한 사람이라는 착각 속에 살았다고 말한 바 있
는데, 이제 그녀는 자신이 글을 쓸 능력이 없으면서 쓸 수 있다는 착각
속에 살고 있다고 고백하고 있다. 우리는 이러한 발언을 한무숙이 글 쓰
는 사람으로서의 정체성을 버리는 것이 아니라 오히려 확고하게 인식하
는 것이라고 이해할 수 있다. 글을 쓸 수 있다는 착각에 집착하는 것은
글을 쓰고 싶다는 욕망의 다른 표현이기 때문이다. 그러나 문제는 그러
한 욕망이 어떤 계기에 의해서 불러 일으켜졌는가에 있다. 글을 쓰고 싶
다는 욕망은 글을 쓰지 못하고 있는 현실에서 오는 것일 수 있다는 얘
기이다. 이렇게 되면 문제는 좀 복잡해진다. 「'나'라는 존재」라는 글에서
도 '문학하는 나'와 '생활하는 나'가 서로 간섭하고 힐책하고 변명하는
갈등 속에 사는 괴로움을 표하며 어느 하나만을 '나'라고 할 수는 없다
고 말하고 있기도 하거니와,26) 이러한 글들에서 자신의 과거와 현재의
'착각'을 서술하는 현재의 화자는 한무숙이라는 개인의 정체성의 혼란
을 반영하고 있는 동시에 그녀가 혼란을 통과하여 정립하고자 하는 자
아가 어떤 것인지를 짐작할 수 있게 한다. '그림 그리는 소녀' 혹은 '책
읽는 소녀'라는 처녀 시절의 자기 정체성과, 그 이후 글 쓰는 사람으로
서의 정체성을 부정함으로써, 또는 그것이 착각이었다거나 착각일 수 있
다고 의식함으로써 형성되는 자기 정체성은 서로 매우 이질적이다.
　한무숙이 수필 쓰기를 통해 형성하는 자아는 결코 단일하지 않으며,

---

25) 한무숙, 「망상과 착각의 늪에서」, 『전집』 8, 40면.
26) 한무숙, 「'나'라는 존재」, 『전집』 8, 68~70면 참조.

그 자아는 객관적인 실재라기보다 주관적인 가상에 더 가깝다. 한무숙은 한창 활발하게 작품 활동을 할 때의 자서전적 글쓰기를 통해서는 자기를 글 쓰는 사람으로서 정립하려고 했다. 반면 작품 활동의 휴지기에 들어섰을 때 그녀는 자신을 며느리·아내·어머니로 의식(하고자) 한다. 과거의 자신은 글 쓰는 현재의 상황에 의해 영향을 받아 재구성·재인식되는바, 그녀 자신이 활발하게 작품 활동을 하고 있을 때 그녀는 자신이 혹독한(?) 결혼생활을 통해 인간다운 삶에의 열망을 가지게 되었고 이것이 곧 소설쓰기를 추동했다고 의식(하려) 하지만 그렇지 않을 때 결혼은 그녀에게 자신을 처녀 시절의 착각과 미몽으로부터 깨어나게 한 계기로서 부각되는 것이다.

4. 타자에 대한 진술에 비친 자기

허구적 이야기와는 달리 전기(傳記)는 그 외부세계에 지시 대상(=model)을 갖는 텍스트이다. 과학 담론이나 역사 담론과 똑같이 전기는 텍스트 외적인 '현실'에 관한 정보를 제시하려 하며, 그 정보는 검증의 대상이 된다. 그런데 전기적 텍스트의 목표는 단순한 유사성—즉 실제처럼 보이는 효과—이 아니라 바로 진실에의 유사성이다. 이때 유사성은 두 가지 양태로 존재한다. 이야기의 요소들이라는 측면에서 '정보의 정확성'이라는 기준이 개입되며, 이야기의 총체적인 측면에서 '의미의 성실성'이라는 기준이 개입된다. 여기서 '의미'란 이야기의 기법과 이야기하는 사람의 이데올로기를 내포하는 설명 체계의 개입으로 생성되는 것이다.[27]

---

27) 필립 르죈, 윤진 역, 『자서전의 규약』, 문학과지성사, 1998, 54면 참조. 필립 르죈은 이를 '대상 지시의 규약'이라는 말로 요약한 바 있는데, 이러한 규약은 자서전에도 똑

전기 텍스트의 위와 같은 성격은, 루카치가 말한바, '진실에 다가가기 위한 에세이스트의 투쟁'을 떠올리게 한다. 루카치는 에세이스트를 초상화가에 비유했다. 그에 의하면 에세이스트는 마치 초상화가처럼 모델에 대해 진실을 말해야 하며 또 그것의 본질에 대한 표현을 찾아내야 한다. 따라서 에세이스트의 진실을 위한 투쟁은 표피적인 유사성을 위한 싸움이 아니라 이상적인 표현을 쟁취하기 위한 싸움이다.[28] 루카치가 말하는, 모델의 본질에 대한 표현이란 곧 초상화의 기법과 초상화가의 이데올로기를 내포하는 설명 체계의 개입으로 생성되는 '의미'와 다르지 않다. 하나의 모델에 대해 두 사람의 초상화가가 각기 다른 초상화를 제작해내는 이유는 바로 초상화가의 '개성'에 있듯이, 전기에서 '의미'란 다른 사람들의 삶과 성격을 이야기하고 설명하는 '방법'에 의해 형성되는 것이며, 방법에는 저자의 인식이 개입하기 마련이다. 2절과 3절에서 살펴본, 두 개의 수필집 사이의 차이는 비단 자전적 글들에서뿐만 아니라 인물들에 대한 전기 혹은 스케치적인 글들에도 나타나는 것으로 보인다. 글 쓰는 자아의 현재 상황과 의식은 다른 사람들에 대한 이야기와 설명에도 영향을 끼치는 것이다. 이 절에서는 두 수필집에 실린 인물들에 대한 전기 혹은 스케치적인 글을 대상으로 한무숙이 타인의 삶과 성격을 이야기하고 설명하는 방법이 어떻게 달라지고 있는지를 논의하며, 타인을 이야기하고 설명하는 과정에서 간접적으로 나타나는 한무숙의 자기의식의 문제를 다루고자 한다.

한무숙은 여성의 삶에 특별한 관심이 있었다. 「신부처럼 곱게만 사신 어머니」, 「아아 김말봉 선생」, 「순백의 인생」 등 첫째 권에 실린 전기적인 글들은 모두 여성들의 삶에 관한 것이며, 「유수암(流水庵)—그 작품의 실상」, 「마음의 교류를 빌며」, 「치우(痴愚)를 산 서글픈 여인」 등은 자기

<hr>

같이 해당되는 것이다.
28) 게오르그 루카치, 반성완·심희섭 역, 「에세이의 본질과 형식」, 『영혼과 형식』, 심설당, 1988 참조

소설의 여성 인물에 대한 글이다. 둘째 권의 「서울 여인」, 「서울 여인의 매력」, 「보잘것없는 일에 정성을 다해」는 어머니와 큰어머니에 관한 글이며, 「존경하고 사랑하는 어진 분」, 「불국생 보살과 그의 아들」은 친분을 나누었던 여성들에 대한 글이다. 이밖에 「아름다운 여인(1)」, 「아름다운 여인(2)」 역시 이상적인 여성상에 대한 글이다. 물론 이 여러 편의 글에 등장하는 다양한 여성들의 삶과 성격을 일원화하는 것은 가능하지 않다.

> 표준어를 고집하는 그녀(어머니—인용자)는 또 '정통'을 고집했다. 몸가짐 하나까지도 들들 볶을 정도로 딸들 단속이 심했다. 바느질을 가르치려면 우선 자세부터 단정히 가져야 한다고 타이르는 어머니였다. 아침마다 공단 결 같은 검은 머리를 한 시간 가깝게 걸려서 쪽찌는 어머니는 세트도 않고 헝클어진 머리로 있는 딸들이 마땅치 않아 눈살을 찌푸렸다. (…중략…) 머리에 흰 것이 섞이게 되어도 이 부부는 신혼 때처럼 아기자기한 정을 그대로 지니고 있었다. 아내는 남편의 말이라면 계명같이 지켜 결점까지도 남편의 고지식한 성격을 어느만치 수식하는 것이라고 생각하는 모양이었다. 온후하고 점잖은 남편은 술을 즐겼다. 밤마다 술상이 벌어졌지만 그것을 마련하는 데 아내는 기쁨을 느꼈다. 술안주를 장만하는 것은 그녀의 큰 낙 중 하나였다.[29]

> 아주머니(김말봉—인용자)는 여공이 서툴렀다. 아기들의 저고리 하나 지어 입히지 못했고, 곰살궂게 고시런을 해준 일도 없었다. 아기들은 제멋대로 놀다가 어머니가 외출을 할 양이면 울고 따라나서는 것이 일쑤였다. 그러면 어머니는 꾸짓지도 않고 옷을 갈아입히는 일도 없이 곧잘 아기손을 붙들고 거리로 나가는 것이었다.
> (아기들의—인용자) 저고리 고름이 한 쪽 떨어져 있어도 예사였고, 맨발에 헐은 고무신을 신고 있을 때도 있었다. 나들이를 할 때면 꾸며 주느라고 법석을 하던 우리 어머니만 보던 눈에 그런 일은 놀라움이 아닐 수 없었다. 그러나 꼼꼼하고 얌전한 우리 어머니는 아주머니를 사랑했다.

---

29) 한무숙, 「신부처럼 곱게만 사신 어머니」, 『전집』 7, 83~84면.

"솔직하고 명랑하고 그리고 무엇보다도 협기(俠氣)가 좋단 말야."[30]

앞의 이야기에 있는 어머니는 마음가짐과 몸가짐이 깔끔하고 단정했으며 그러한 것을 딸들에게 철저하게 교육한 그야말로 전통적인 여성으로 묘사되어 있다. 그에 비하면 뒤의 이야기에서 김말봉은 좋게 말하면 대범하고 나쁘게 말하면 무심한 어머니로 묘사되어 있다. 앞의 글에도 나타나 있다시피, '꼼꼼하고 얌전한' 어머니를 보아왔으며 그러한 여성이 되도록 교육받아온 '나―화자'의 눈에 김말봉의 그러한 행동거지는 놀라운 것일 수밖에 없다. 그렇지만 정작 어머니 자신은 김말봉의 '솔직하고 명랑하고 의협심이 강한' 성격을 좋게 보고 사랑한다.

뒤의 글은 한 마디로 다성적이다. 여기에는 인물들―김말봉, 나 그리고 나의 어머니―의 목소리가 각기 독립적으로 존재하고 있으며 목소리들은 서로를 제한하고 견제한다.[31] 앞의 이야기도, '어머니는 …… 생각하는 모양이었다'라는 표현이 드러내고 있듯이, 단성적이지만은 않다. 게다가 위의 글들이 함께 만들어내는 '의미의 공간'을 생각한다면 한무숙이 여성의 어떤 한 모습만을 인정하거나 추구했다고 말할 수는 없다. 다성성은 앞의 3절에서 말한 바와 같이, 한무숙이 자기와 '그러한 여성들'을 분리하여 의식한 것과도 관련되어 있다. 즉 치우 속에서 사는 여인들을 '그러한 여인'들로 거리를 두고 보는 것과 아주머니로 지냈던 김말봉이나 어머니를 거리를 두고 보는 것은 구조적으로는 다르지 않다는

---

30) 한무숙, 「아아 김말봉 선생」, 『전집』 7, 92~93면.
31) 「아아 김말봉 선생」에서 김말봉은 가난과 쓰라림과 고루한 세인의 눈초리와 그리고 사랑하는 사람들과의 사별 등을 겪으면서도 그 기구한 역경에 휘지 않고 숱한 일―공창 폐지에 앞장섰으며, 유네스코 대회에서 당당하게 신념을 피력하고, 쉰이 넘은 나이에 미국 유학을 해낸 일―을 해낸 강인한 여성이지만, 다른 한편 무심하고 털털한 어머니, 마흔이 넘어도 소녀 같은 감수성으로 비가 오는 날이면 빗속을 달려와 영화 구경을 청하고 영화관을 나와서는 영화의 감명을 잃지 않기 위해 빗속을 손을 쥔 채 걷자고 하던 여자, 스무 살이나 차이나는 '나―화자'를 스스럼없이 자기와 대등하게 대우하며 재혼을 의논하는 여인, 남편과 자식을 앞세우게 된 시련을 종교에 의탁하여 극복하던 종교인 등으로도 나타난다.

말이다.

한무숙의 첫 번째 수필집에 실린 주변 인물들에 대한 글은 길이도 상대적으로 길고 전기적 성격이 강하다. 위에서 인용한 「신부처럼 곱게만 사신 어머니」, 「아아 김말봉 선생」을 비롯한 「순백(純白)의 인생」 등은 모두 분량이 7~8면에 달하며 그래서 인물의 인생 전반이 부각되고 있다. 그에 비해 두 번째 수필집에 실린 「존경하고 사랑하는 어진 분」 등은 모두 분량이 3~4면에 불과하여 인물에 대한 스케치의 성격이 강하다. 이것들에 대해서도 앞에서 말한 정보의 정확성과 의미의 성실성이라는 문제를 모두 거론할 수 있겠지만, 이 중 더 중요한 것은 이야기의 기법과 이야기하는 사람의 이데올로기를 내포하는 설명 체계의 개입으로 생성되는 '의미'의 문제이다.

> 그로부터 40년, 우리(박홍득 여사와 '나―화자'―인용자)는 한 번도 언짢은 사이가 된 일이 없다. 섭섭한 말이나 야속한 행동을 한 일도 없다. 언제나 감싸주듯 아껴주는 그분의 너그럽고 따뜻한 사랑 덕분이다.
> 40년간의 우의를 통하여 나는 그분에게 배운 것이 많다. 성실, 꾸준함, 어진 마음, 매운 살림 그리고 놀라운 노력 등등이다.[32]

「존경하고 사랑하는 어진 분」은 인물에 대하여 이야기하고 설명하는 방법이 앞의 글들과는 매우 다르다. 여기에서는 '나―화자'와 인물의 관계가 중요하게 부각되며, 인물들은 자기 나름대로의 삶을 살아가는 것으로서 묘사된다기보다 '나―화자'와의 관계 속에서 묘사된다. 결국 인물의 됨됨이 역시 그와 특별한 관계를 맺고 있는 '나―화자' 개인의 위치에서 파악되므로 거리가 유지되기 어렵고 인물의 모습 역시 일의성을 면치 못하게 된다. 그렇다고 이 글에서 '나―화자'의 목소리가 유일하고 세력 있는 목소리로 군림하며 주도적인 힘을 행사하고 있다고 말할 수

---

32) 한무숙, 「존경하고 사랑하는 어진 분」, 『전집』 8, 203면.

는 없다. '그분에게 많은 것을 배우다'라는 표현에 드러나 있듯이, 실상 '나'는 다른 사람—'그분'—과 동질화되며(되기를 원하며), 자신만의 색깔을 갖지 못하고 있다. 이러한 구조 속에서는 오히려 나의 자기 의식이 더욱 희미해지며, 그럴수록 대상의 개성 역시 희미해진다. 두 번째 수필집에는 '나—화자'가 다른 인물에 대하여 매우 상투적으로 이야기하고 설명하는 경우가 훨씬 많이 눈에 띄는데, 대상에 대한 이러한 상투적 반응이 의미의 공간을 매우 협소하게 만들리라는 것은 충분히 짐작할 수 있는 일이다.

5. 수필의 진실성과 저자의 자기 의식이라는 문제

한무숙은 수필을 소설만큼 진지한 문학으로는 인식하지 않았다. 따라서 그녀의 수필 쓰기는 소설쓰기라는 본연의 작업의 잉여분에 해당한다. 작가의 의도라는 측면을 차치하고 결과로써 평가하더라도 한무숙이 수필의 영역에서 어떤 새로운 문학적 실험을 꾀했다거나 어떤 특정한 미적 경지를 개척했다고 말할 수는 없을 것 같다. 따라서 이 글에서는 한무숙의 수필을 그녀의 작가적 개성을 드러내는 글로 읽기보다 수필이라는 장르의 특성을 드러내는 하나의 모델로 읽었다. 이 글의 목표는 한무숙의 수필작품을 작가 연구의 맥락에서 연구하는 것이 아니라 장르 연구의 맥락에서 연구하는 것이었다.

위와 같은 독해에 의해 도달할 수 있는 지점은 수필 일반의 성격이다. 이 글에서 특히 주목한 것은 수필이 말 그대로 저자의 진실을 드러내는 것이라기보다 저자가 드러내고자 하는 진실을 드러내는 것이라는 점이다. 수필이 그대로 저자에 대한 객관적인 정보를 제공하는 텍스트라고 볼 수는 없으며, 그런 점에서 수필 역시 어떤 면에서는 '허구적인' 글쓰기로서의 성격을 가졌다. 자전적 텍스트들에 나타나있는 화자의 자기 의식은 그 자체로 진실이라기보다 글쓰기를 하는 자아의 현재적 상황과 욕망에 의해 제한된 것인 동시에 글쓰기를 하는 현재적 자아의 자기 의식을 확정하는 데 영향을 끼친다. 다른 사람의 삶을 이야기하고 묘사하는 글에서도 타자에 대한 이해는 글 쓰는 자아의 현재적 상황과 욕망에 의해 제한되는 동시에 그것을 규정한다. 이렇게 본다면 전기적 텍스트 역시 대상에 대한 객관적인 정보를 담고 있다고는 할 수 없다.

이 글은 한무숙의 수필작품 중 특히 자전적 텍스트와 자화상적 텍스트, 다른 인물들에 대한 전기적 텍스트와 스케치적 텍스트를 대상으로 하여 수필 쓰기를 통해 형성되는 저자의 자기 의식이라는 문제를 한무숙의 두 권의 수필집 사이의 차이를 분별함으로써 밝히고자 했다. 글을 쓰고 있는 현재적 자아의 상황·욕망과 '나—화자'의 자기 의식의 관계는 일방적인 것이 아니라 상호 규정적인 것이다. 저자의 현재적 상황과 욕망이 '나—화자'의 자기 의식에 영향을 끼치는 동시에 저자의 자기 의식은 '나—화자'의 자기 의식에 의해 영향을 받으며 형성된다. 한무숙의 경우, 수필작품 안에서 자기를 글 쓰는 사람으로 확정하는 의식과 글 쓰는 사람으로서의 자기 정체성을 회의하거나 의심하는 의식은 모두 글쓰기를 하는 현재적 자아의 상황과 욕망에 의해 규정되는 동시에 그러한 확신 또는 의심에 의해 글쓰기 하는 자아의 자기 의식은 형성된다. 다른 사람들에 대한 글쓰기에 대해서도 같은 말을 할 수 있다.

수필에 드러난 '나'의 자기에 대한 의식은 있는 그대로의 자기라기보다 되고 싶은 자기에 의해 규정되며, 따라서 수필 텍스트의 생산 과정은 곧 저자의 자기 의식의 형성 과정이 된다. 이는 수필이 제공하는 정보의 객관적 사실성에 대해 회의를 표명하는 의견이라고 볼 수 있다. 다시 말해 수필을 저자의 삶을 구성하는 구체적인 사건들과 그것들에 대한 저자의 반응을 솔직하게 담고 있는 텍스트로 설정하거나 수필에 묘사된

자아와 저자의 자아가 동일하다고 전제할 경우 실제적인 삶을 살아가는
한 인간으로서의 저자에 대한 이해가 협소하고 단순한 것이 될 위험이
있다.

제12장

여류 수필의 두 경우

조경희 · 전숙희론

1. 지성적 성찰로서의 수필─조경희론

조경희는 공적 영역에 진출하여 발자국을 남긴 여성들 가운데 최초의 세대에 속하는 인물이다. 조경희는 1939년 학예부 기자로 출발하여 1980년 정년퇴임하기까지 40여 년 동안 문화부 기자와 논설위원을 거치면서 언론인의 길을 걸었으며, 〈한국문인협회〉와 〈한국문화예술단체총연합회〉 등 문화와 예술 분야에서도 각종 공직들을 두루 망라하면서 활발하게 활동했다. 한편 그녀는 1955년 『우화(寓話)』를 시작으로 여러 권의 수필집을 상재하여 한국의 대표적인 여류 수필가로 인정받고 있으며 수필문학의 발전을 위해서도 큰 노력을 한 것으로 평가받고 있다.

조경희는 두 번째 수필집 『음치(音痴)의 자장가』(1971) 서문에서 자신의 글쓰기를 '이삭줍기'에 비유한 바 있다.[1] 그녀에게 수필 쓰기는 가을걷

이가 끝난 들판에 여기저기 흩어져 있는 이삭들을 주워 간직하는 일과 같다. 수필 쓰기는, 대개의 사람들이 이런 저런 크고 중요한 일을 수습하느라 그냥 흘려보내고 마는 사소한 일들과 연약한 상념들을 하나하나 정리하고 표현하는 작업인 것이다. 그래서 그녀는 만년필·손수건·양산·재떨이 같이 주변의 작은 물건들이나, 퇴근길에 친구들과 빈대떡집에 앉아 소주를 마시던 일, 마당에 수세미를 기르고 그 물로 화장수를 만들던 일 같은 자잘한 사건들을 자주 수필의 소재로 삼는다. 또 그녀는, 보통 사람들도 살아가면서 한 번쯤은 의미 있는 눈길을 던지고 새삼스러운 의문을 품어보았을 '고독'이나 '얼굴'과 같은 평범한 대상에 대한 친숙한 상념들을 주섬주섬 모아들인다. 『우화』,『음치의 자장가』등 수필집은 우리가 서둘러 볏섬들을 묶고 챙기느라 그만 흘려버린 작고 하찮은 인생사들을 차곡차곡 쌓아놓은 '탑'이라고 할 수 있다.

그러나 그녀가 쌓은 탑이 사소하거나 자잘한 일상사들을 그저 모아놓은 것에 불과한 것은 아니다. 조경희는 「음치의 자장가」에서 노래에 얽힌 세 가지 이야기를 들려주는데, 개개의 이야기들은 하나같이 평범하지만 그것들이 모여서 이루어내는 의미는 결코 허술하지 않다. 먼저, 그녀는 사교 모임에 참석할 때마다 노래를 청하는 성화에 곤혹스러움을 느끼다가 쉬운 곡을 배워 의외의 호평을 받고는 자신감을 얻게 되었으며, 한 번은 여류 문인들과 다방에서 조용히 노래를 부르다가 급기야 레코드 상점에 몰려가 노래를 몇 차례씩 청해 듣고 합창까지 했던 유쾌한 추억담을 적고 있다. 두 번째는 밤늦게 집으로 돌아가는 길에 홀로 노래를 부르는 일이 많은데 콧노래를 흥얼거리다가는 결국 흐느낌과 넋두리를 토해내게 된다는 이야기이다. 세 번째는 집에 도착하면 넋두리를 그치고 다시 목소리를 가다듬어 아이를 재우는 자장가를 부르고 아이는 그 자장가를 들으며 잠이 든다는 이야기이다.[2]

---

1) 조경희, 「책 머리에」,『음치의 자장가』, 중앙출판공사, 1971.
2) 조경희, 「음치의 자장가」, 위의 책, 286~290면.

서정범은 일찍이 "음치(音痴)"의 동음이의어 '음치(音治)'를 빌어 조경희의 수필을 '메마르고 상처난 현대인들의 가슴을 치료하는 노래'라고 평가한 바 있다. 그녀의 수필이 사람들의 고통과 상처를 다스리는 효과를 가졌다는 뜻일 텐데, '음치의 자장가'라는 제목이 환기하는 의도를 감안한 적절한 해석이다. 그런데 여기에서 '치(治)', 곧 다스린다는 말은 다중적인 의미를 가진 것으로 이해되어야 할 듯싶다. 이를테면 「음치의 자장가」에 묘사되어 있는 세 종류의 노래는 작가 조경희가 삶을 '다스리는' 세 가지의 문학적 방식일 수 있다. 즉 세계의 아름다움과 인생의 유의미함에 대한 유쾌한 선창(先唱), 아픔과 노여움을 "꿀꺽" 삼키고 나서 의연한 "표정"을 짓고 있는 나를 한순간에 무너뜨리고 흘러나오는 고독한 넋두리, 수면제와 같은 사랑과 위무의 자장가. 조경희의 수필집들은 이 세 가지 종류의 노래를 모두 담고 있다. 첫 번째 노래와 세 번째 노래만이 삶을 다스리는 방식은 아닐 것이다. 수필 쓰기가, 격절된 공간에서 남들의 고통과 상처를 제 3자로서 지켜보면서 이루어내는 작업이 아닌 이상, 고독한 넋두리와 흐느낌을 담은 수필 역시 삶을 다스리는 작가만의 독특한 방식을 드러내는 것일 수 있기 때문이다.

문학은 기쁨을 노래하기 위한 것이 아니라 고통을 토로하기 위한 것이라는 유명한 정의를 떠올릴 때, 우리는 특히 조경희의 넋두리와 흐느낌을 담은 수필에 관심을 가지게 된다. 그러한 수필들을 통해서만 작가가 문학을 통해 어떤 아픔과 고통을 호소했으며 또 그것을 어떻게 다스려나갔는가 라는 문제에 가까이 접근할 수 있기 때문이다. 그녀는 최근작에서도 '고생을 고생이라고 생각하면 삶은 그 순간 바로 지옥이 된다. 고생을 다스릴 방법을 찾아야 한다'는 요지의 말을 한 바 있지만,[3] 그녀의 '다스림'에는 특별한 점이 있다. 즉 그녀의 다스림은 지배나 통치가 아니라 "봉사적인 다스림"을 의미한다.[4] 그녀는, 고통을, 나아가 삶을 다

---

3) 조경희, 「옛날 여자, 오늘 여자」, 『치자꽃』, 선우미디어, 1999, 146면.
4) 조경희, 「사랑의 율법」, 『음치의 자장가』, 중앙출판공사, 1971, 63면.

스리기 위해서는 고통에게, 삶에게 봉사하고 순종해야 한다고 말하고 있다. 그녀 특유의 '사랑의 율법'은 이러한 패러독스를 품고 있는 것이다.

'사랑은 봉사적인 다스림'이라는 조경희의 명제는 아Q의 저 유명한 '정신승리법'과 닮았다고 할 수도 있을 것이다. 상대를 사랑한다고 믿고 있지만 그러한 믿음은 상대에게 봉사하고 있는 현실을 가리기 위한 허위의식일 수 있기 때문이다. 예를 들어 조경희는 가정에서나 직장에서나 서로가 '선(線)'을 지키고 '질서'를 지키는 데서 "공로(公路)의 편안함"이 이룩된다고 하면서, 여학교 때 겸양과 양보라는 현모양처의 미덕을 교육받은 것이 자신이 지켜야 할 선(線)을 정하는 데 융통성을 갖게 해주었다고 말하고 있다. "현모양처의 교육은 나의 칼집이었고, 때로는 나를 감싸주는 비단옷이기도 했다."5) '여성적' 미덕이야말로 여성이 적정한 선을 지키고 품위를 유지하게 해줌으로써 궁극적으로 남성들의 공격에 효과적으로 대응할 수 있는 무기가 된다는 것이다. 그러나 여성의 활동 영역과 관심 영역이 과거와 달리 넓어졌다는 것을 인정하면서도 과거의 교육을 바탕으로 선을 설정하자고 말하는 것은 시대 착오일 수 있다. 그녀 역시 이러한 모순을 의식하고 있으며 그녀의 넋두리는 이러한 모순에 대한 인식에서 유래한다.

> 이런 사고방식(현상을 유지하면서 약으로써 치료하려는 사고방식 — 인용자)이란 내가 여성이라는 핸디캡이 가져오는 약점에서 어쩔 수 없이 자기를 감싸기 위한 것인지도 모른다. 항상 과감한 수술을 원하는 나를 알면서 매사에 약을 찾는 나를 발견할 때 모순이 아닐 수 없다. 이런 모순과 부딪치면서 밀고 나가는 것이 또 나라는 인생인지도 모른다.6)

'항상 과감한 수술을 원하는' 경향과 '매사에 수술을 피하고 약으로 치료할 방도를 찾는' 경향 사이의 모순과 갈등은 다른 글에서도 표현되

---

5) 조경희, 「미덕도 칼이 된다」, 『골목은 아침에 나보다 늦게 깬다』, 모모, 1986, 326면
6) 조경희, 「새벽」, 『음치의 자장가』, 중앙출판공사, 1971, 267면.

고 있다.

> 나의 생활의 정신적 지주(支柱)란 삶에 대한 저항적인 면과 체념적인 면이 얽히고 설켜 있는 모순의 덩어리며 물질적인 면에서는 집도 없고 수입도 적다. 그런 것들이 어울려서 나타나는 존재가 물거품처럼 지속되고 유지되고 있을 뿐이다.[7]

조경희는 자신이 정신적·물질적으로 불안정한 상태라고 의식하고 자신의 존재를 '물거품'에 비유하고 있다. '나라는 존재는 흡사 물거품처럼 무력하고 위태롭게 지속하고 있을 뿐이다.' 게다가 저항과 체념, 개혁과 보존이라는 두 가지 정신적 태도가 얽혀 있기 때문에, 그녀는 '저항 끝에는 우울이 남고, 체념 끝에는 명랑이 남는'[8] 기묘한 형국을 피해 갈 수가 없는 것이다. 그런데 조경희의 넋두리는 우울과 명랑 같은 감정이 아니라 지성과 이성에 토대를 두고 있기 때문에 그것은 성찰적 성격을 가진다. 즉 조경희는 「의자고(考)」나 「얼굴」 같은 작품에서 시도한 사상(事想)들에 대한 분석에서뿐만 아니라 자기 성찰이라는 점에서도 지성적 면모를 보여준 여성 수필가로서 기억되어야 할 것이다.

2. 긍정적 문화로서의 수필—전숙희론

전숙희는 한국의 문화계와 교육계를 이끌어 온 여성 지도자의 한 사람이며, 특히 예술학교를 설립·운영함으로써 예술교육의 발전에 크게

---

7) 조경희, 「우울의 비밀」, 위의 책, 237면.
8) 조경희, 위의 글.

이바지했다. "어렵지 않고 비천하지 않은"9) 음악과 춤을 보급함으로써 생활의 즐거움과 활력을 진작할 수 있다는 소신이 예술교육에 관심을 갖도록 하였던 것 같으며, 문학잡지의 발간도 문학을 통해 대중의 문화적 수준을 향상시키고자 하는 목적에서 시작했던 것으로 보인다. 그렇지만 문학을 통한 문화교육이라는 이념이 가장 직접적으로 표현되고 있는 곳은 무엇보다도 그녀의 수필들이라 할 것이다. 1950년대 중반 첫 수필집 『탕자의 변(辯)』으로 출발하여 『이국(異國)의 정서』, 『나직한 말소리로』, 『영혼의 뜨락에 내리는 비』 등 여러 권의 수필집을 통해, 그녀는 대중의 감정과 정신을 순화하고 미화하는 문화교육자의 역할을 자임하였다.

한국에서 처음으로 '에세이'라는 장르를 소개하고 강조한 것은 춘원 이광수였는데, 그는 에세이가 '인생의 영원한 이상, 즉 사랑·우정·행복 등을 제재로 삼아서 이지(理知)와 정의(情意)에 직접적으로 호소하는' 특성을 가진 장르라고 정의한 바 있다. 여기서 '직접성'이란 소설과 시의 간접성과 대비되는 것으로서, 에세이는 소설처럼 허구적 형상을 만들어 내거나 시처럼 언어적 형식을 조탁하지 않는다는 것을 강조한 말이다. 이광수의 에세이론은, 평범한 일상적인 생활, 즉 남녀간의 사랑, 자녀에 대한 사랑, 민족에 대한 사랑과 그에 따른 기쁨과 실망, 희망과 비애를 제재로 한 문학만이 영원한 가치를 가질 수 있다는, 당시 그의 문학론의 연장선상에 있다.10)

이광수의 문학론, 나아가 에세이 이론은 전숙희의 수필을 이해하는 데 중요한 시사점을 제공해준다. "오직 아름다움만이, 오직 정의로움만이, 오직 선함만이 우리들 가슴을 채우게 하소서!"라고 희구하는 데에도 드러나 있듯이,11) 전숙희의 수필은 진·선·미라는 영원불변하는 보편

---

9) 전숙희, 「감정이 메마를 때면」, 『이토록 아름다운 세상에』, 해문출판사, 1987, 39면.
10) 이광수의 문학론과 에세이론에 대해서는 김현주, 「이광수의 문화 이념 연구」, 연세대 박사논문, 2002, 164~178면 참조.
11) 전숙희, 「이토록 아름다운 세상」, 『이토록 아름다운 세상에』, 해문출판사, 1987, 24면.

적인 인간의 이상을 추구하며 그러한 인간적 이상의 바로 남녀간의 사
랑, 자녀와 가족에 대한 사랑, 민족과 나라에 대한 사랑을 통해 실현될
수 있다는 믿음을 담고 있기 때문이다.[12]

전숙희는 30대 초반에 전쟁을 체험했으며, 따라서 전숙희의 초기 수
필은 이러한 전쟁 체험과 깊은 관련이 있다. 물론 전쟁 체험 자체가 중
요한 소재로 등장하는 경우도 있지만, 그보다 전쟁과 직접적인 관련이
없어 보이는 수필들에도 그것은 하나의 배경으로 자리 잡고 있는 듯싶
다. 그녀의 수필 쓰기는 전쟁이 남긴 "죽음과 폐허와 상처"를 무엇에 의
지하여 넘어설 수 있을 것인가 라는 문제에서 출발하고 있다.[13] 그녀는
전쟁으로 인한 생활환경의 파괴, 가치관의 혼란, 편재하는 가난 등 한마
디로 폐허와 절망이라는 전후의 상황으로부터 어떻게 일어설 것인가 라
는 문제에 대하여 '사랑'을 해결책으로 제시한다. 그녀는 사랑의 아름다
움을 높이 찬양하고 있으며,[14] 사랑의 위력을 깊이 신뢰하고 있다.

> 사랑은 인간을 개조하고 사회를 개혁한다. 인간애와 사람들의 본성을 개조하
> 는 조국애는 혼란과 도탄 속에서 그 사회를 개혁하는 힘을 준다. 사랑에는 불
> 가능이 없다. 모든 고난을 극복하고도 남는 용기와 힘을 준다. 사랑은 구구한
> 말과 이론이 필요치 않다. 오직 행동과 신뢰가 있을 뿐이다. 사랑은 퍼내도 퍼
> 내도 마르지 않는 샘물처럼 풍성하고 순결하다.[15]

전숙희가 말하는 '사랑'의 저 깊은 지층에 기독교적 정신이 있다고 할
수 있겠지만, 그 목표가 인간의 개조와 사회의 개혁에 있다는 점에 주목
할 필요가 있다. 즉 혼란과 도탄에 빠진 인간을 개조하고 사회를 개혁하
기 위해서 인간애와 조국애가 불러 일으켜졌다는 것이다. 따라서 그녀의

---

12) 전숙희, 「열심으로 사랑하리」, 『나직한 말소리로』, 서문당, 1973, 294~298면.
13) 전숙희, 「역사 속에 묻힌 상처들」, 『이토록 아름다운 세상에』, 해문출판사, 1987, 55면.
14) 전숙희, 「아름다움 앞에서」, 『전숙희 문학전집』 3, 동서문학사, 1999, 67~69면.
15) 전숙희, 「사랑의 유산(遺産)」, 『나직한 말소리로』, 서문당, 1973, 100면.

사랑의 도덕과 국가에 대한 사랑은 현실적이고도 정치적인 의미를 가진다. 전숙희의 도덕적이고 애국적인 사랑은 전후의 가난과 혼란을 극복하고 강건한 국가를 건설할 정신적 바탕으로 제기된 것이다.

한편 전숙희의 '사랑'은, 전후의 혼란이 극복된 이후 '가진 것은 너무 많지만 마음의 여유와 따스함을 잃어가고 있는'[16] 오늘날 현대사회와 현대인의 결함을 비판하고 교정하기 위한 중요한 기준이 되며, 이때 그녀의 사랑은 특히 복고적인 경향을 띤다. 그녀에 따르면, 물질중심주의와 이기주의 풍조에 물들어 '생활'을 잃고 인간성을 잃어 가는 현대인에게 필요한 것은 "우리 전래의 미풍", 즉 효도, 우애, 의리, 인정을 회복하는 것이다.[17] 전통적인 도덕 이념의 회복에 대한 신념은 이를테면 "여인의 정성과 희생과 봉사 ― 이 마음은 우리들의 잃어져 가는 생활을 되찾게 해줄 것이며 고독한 인간성을 회복해 줄 것"[18]이라는 기대나 '가족 제도의 미풍은 지키고 싶다'[19]는 희망으로도 표현되고 있다.

「열심으로 사랑하리」에는 전숙희의 사랑의 전언이 특히 분명하게 표현되어 있다. 전숙희는 이 글에서 돈 많은 나라인 미국에는 없지만 가난한 빈민가에는 있는 것이 사랑이며 사랑을 주고받는 데서 오는 삶의 기쁨이라고 말하고 있다. 이는 마치 "기적"과도 같은 "사실"이다. "차디찬 노점에 촛불을 켜고 사탕장사를 하는 홀어머니나, 머리가 빠지게 무거운 짐을 이고지고 다니는 장사치 아주머니도 자기가 가르쳐야할 아이들이나, 먹여 살려야 할 가족들을 생각할 때면 추위나 고생도 다 잊고 뼈를 깎는 노동의 고초도 이겨낼 수 있는 것이다."[20] 자녀와 가족에 대한 어머니의 사랑은 나라와 민족에 대한 사랑으로 확대되며, 그 사랑의 위대

---

16) 전숙희, 「역사 속에 묻힌 상처들」, 『이토록 아름다운 세상에』, 해문출판사, 1987, 52~56면.
17) 전숙희, 「넉넉한 인심」, 위의 책, 41~43면.
18) 전숙희, 「그 시절도 좋았어라!」, 위의 책, 139면.
19) 전숙희, 「넉넉한 인심」, 위의 책, 42면.
20) 전숙희, 「열심으로 사랑하리」, 『나직한 말소리로』, 서문당, 1973, 297면.

한 힘이야말로 모든 개인적·국가적 차원의 고통과 가난을 극복할 수 있게 하는 유력하고도 유일한 자원이다. 그녀는 사랑이야말로 인간의 가장 아름답고 위대한 힘이라고 주장하고 있다.

그런데 「열심으로 사랑하리」에서 추위에 노점을 열고 사탕을 파는 여인이나 무거운 보따리를 이고 진 아주머니가 멀리서 본 풍경으로 그려지고 있다는 점에 주목할 필요가 있다. 가난과 고통의 현실은, 강팍한 포장마차의 현실이 노란 카바이트 불빛에 의해 낭만화되기도 하는 것처럼, 작가와의 좁혀지지 않는 거리에 의해 낭만화되는 것이다.

> 강변로 건너 마을의 불빛은 언제 봐도 아름답다. 낮에 보면 더럽고 빈약한 한강 물줄기지만 고요한 새벽 그 속에 길게 꼬리를 늘이고 깜박거리는 마을의 파란 불, 붉은 불이 잠긴 어두운 강면(江面)은 더할 수 없이 아름답기만 하다. (…중략…) 안개라도 낀 날이면 이 모든 풍경은 그 자욱한 안개 속에서 마치 신기루처럼 한결 더 신비롭고 아름답게 떠오른다.21)

그녀는 새벽에 강변에 있는 아파트의 창가에서 강과 강 건너 마을을 건너다보고 있다. 저 멀리 보이는 마을의 불빛은 아름답고, 새벽녘의 어둠을 배경으로 마을의 불빛을 반영하고 있는 강도 아름답다. 거기에 안개까지 더해지고 보면, 그 자욱한 안개 속에서 마을의 불빛과 그 불빛을 비추는 강이 이루어내는 풍경은 '한결 더 신비롭고 아름답게 떠오른다.' 밤과 안개, 그리고 무엇보다도 '거리'가 이 아름다운 풍경화의 핵심일 것이다. 그렇다면 전숙희가 말하는, 비참한 빈민가에 나타나는 기적과 같은 사실로서의 '애정'과 그 애정이 이루어 내는 '삶의 기쁨'이라는 것도 이 거리가 만들어 낸 일종의 환상이 아닐까.

전숙희의 글은 현학적인 것과는 거리가 멀다. 그녀는 단순하고 평이한 문장으로 세상의 아름다움을 찬양하고 생의 영광과 환희에 감사하며 가

---

21) 전숙희, 「내일을 위하여」, 『이토록 아름다운 세상에』, 해문출판사, 1987, 27면.

족과 벗들에 대한 사랑을 고백하고 민족과 조국에 대한 애정을 고무한
다. 그녀의 전언의 핵심은 사랑이며, 그녀가 대중들의 정신과 감정으로
부터 이끌어 내고자 하는 것도 사랑이다. 사랑을 포교하는 그녀의 수필
은 '어렵지 않고 비천하지 않은' 긍정적(positive) 문화를 수립하고자 했다.